深圳健康产业发展报告2022

Shenzhen Health Industry Development Report

深圳市健康产业发展促进会
深圳市保健协会
编

中国经济出版社
CHINA ECONOMIC PUBLISHING HOUSE
·北 京·

图书在版编目（CIP）数据

深圳健康产业发展报告 . 2022 / 深圳市健康产业发展促进会，深圳市保健协会编 . --北京：中国经济出版社，2024. 3

ISBN 978-7-5136-7677-9

Ⅰ. ①深… Ⅱ. ①深… ②深… Ⅲ. ①医疗保健事业-研究报告-深圳-2022 Ⅳ. ①R199. 2

中国国家版本馆 CIP 数据核字（2024）第 047563 号

责任编辑　丁　楠
责任印制　马小宾
封面设计　任燕飞

出版发行　中国经济出版社
印 刷 者　河北宝昌佳彩印刷有限公司
经 销 者　各地新华书店
开　　本　710mm×1000mm　1/16
印　　张　15. 75
字　　数　270 千字
版　　次　2024 年 3 月第 1 版
印　　次　2024 年 3 月第 1 次
定　　价　88. 00 元
广告经营许可证　京西工商广字第 8179 号

中国经济出版社　**网址** www. economyph. com **社址** 北京市东城区安定门外大街 58 号 **邮编** 100011

编辑委员会

发展经营性健康产业和公益性健康事业都是为了让人民过上健康愉悦的幸福生活

李君如

二〇二二年九月一日

中共中央党校（国家行政学院）原副校长　李君如　题词

保障民生优先保健民众

中国保健协会

张凤楼

原国家卫生部副部长　张凤楼　题词

前言
PREFACE

经济发展与人民群众的获得感、幸福感、安全感都离不开健康行业。我国正处于由发展中国家向发达国家转变的关键时期，健康产业也迎来新的发展阶段，即从低技术含量时代进入高质量创新发展时代。2022 年，深圳市发布《关于壮大战略性新兴产业集群和培育发展未来产业的意见》《深圳市促进大健康产业集群高质量发展的若干措施》等“20+8”战略性新兴产业集群和未来产业集群发展新政，首次明确提出将大健康产业作为 20 个战略性新兴产业之一，覆盖精准医疗、精准营养、康复养老、现代农产品、医疗美容、化妆品等行业，在鼓励产业发展、加强监督规范、强化综合保障、给予资金补贴等多个方面进行规划和指导，为深圳相关企业的发展带来崭新的机遇。深圳市良好的政策环境、独特的区位优势、雄厚的产业基础、强大的创新能力、优越的营商环境以及产业集群效应为健康产业发展提供了基础保障。在政府监管、行业自律、市场调节、社会监督等多方共同努力下，深圳健康产业发展环境日趋向好，逐步迈向规范发展新阶段。

为了贯彻落实深圳“20+8”战略性新兴产业集群和未来产业集群发展政策、《“健康中国 2030”规划纲要》、《深圳经济特区健康条例》等文件精神，深圳市健康产业发展促进会、深圳市保健协会连续十二年联合多家行业机构及行业专家共同撰写了《深圳健康产业发展报告 2022》，围绕全球、我国及深圳的健康产业发展维度，以专业视角浅析健康产业的发展现状与特征、热点领域、发展策略及建议，同时展示深圳健康产业优秀企业，以期描述深圳健康产业向着更广覆盖、更高水平、更优质量迈进和提升的发展轨迹。

《深圳健康产业发展报告2022》的撰写离不开深圳市健康产业发展促进会名誉会长李君如先生、张凤楼先生、徐华锋先生和会长张备先生的指导关怀，以及深圳市政府各相关部门、行业协会、优秀企业与行业专家的厚爱和支持，这成为我们再续新篇的重要保障，在此表示衷心的感谢。鉴于编者水平有限，报告中难免有表述不周之处，敬请各界读者批评指正。

本书编者

2023年10月

目录
CONTENTS

第一章　健康产业发展概述

随着人们的健康意识不断增强，以及医疗、科技进步带来的创新发展，健康产业逐渐呈现更加多元化、个性化的特点，全球对健康的关注和重视程度空前高涨，健康产业在全球范围内备受重视。世界各国聚焦促进健康产业发展出台了推动健康技术突破的创新举措，发布未来发展战略和计划，加速抢占产业制高点。

第一节　健康产业定义及统计分类

一、健康产业的定义与统计分类

为加快推动健康产业发展，科学界定健康产业的统计范围，准确反映健康产业发展状况，依据《“健康中国 2030”规划纲要》等文件中有关健康产业的指导意见，2019 年 4 月 9 日，国家统计局发布了《健康产业统计分类（2019）》，首次对健康产业的概念进行了明确定义，为健康产业划出了清晰的边界。

国家统计局发布的《健康产业统计分类（2019）》（以下简称《分类》）中将健康产业定义为：健康产业是指以医疗卫生和生物技术、生命科学为基础，以维护、改善和促进人民群众健康为目的，为社会公众提供与健康直接或密切相关的产品（货物和服务）的生产活动集合，并将健康产业范围确定为医疗卫生服务、健康事务、医药制造等 13 个大类，明确了健康产业的概念和分类范围。《分类》保留了《健康服务业分类（试行）》的主要内容，同时结合健康产业发展新业态、新模式等，增加了健康产业所涉及的第一产业、第二产业内容，丰富调整了健康服务业内容。

根据《分类》，健康产业具体范围划分原则为：第一，生产产品（货物和服务）的目的是维护、改善、促进人的健康状况，与健康直接或密切相关。第二，产品（货物和服务）提供应当以医疗卫生技术、生物技术和生命科学为基础。第三，产业链应当在健康服务业的基础上，延伸至不因物理形态等变化而改变其健康目的和功能的行业。据此原则，健康产业涵盖第一、第二、第三产业，包括以中药材种植、养殖为主体的健康农业、林业、牧业和渔业，以医药和医疗器械等生产制造为主体的健康相关产品制造业，以医疗卫生、健康保障、健康人才教育及健康促进服务为主体的健康服务业。

《分类》根据健康产业概念、范围及统计分类编制原则，将健康产业范围确定为医疗卫生服务，健康事务、健康环境管理与科研技术服务，健康人才教育与健康知识普及，健康促进服务，健康保障与金融服务，智慧健康技术服务，药品及其他健康产品流通服务，其他与健康相关服务，医药制造，医疗仪器设备及器械制造，健康用品、器材与智能设备制造，医疗卫生机构设施建设，中药材种植、养殖和采集等 13 个大类，又细分 58 个中类和 92 个小类，分属三大产业，具体如下。

第一产业包括中药材种植、养殖和采集大类中的 1 个中类、1 个小类。

第二产业包括医药制造，医疗仪器设备及器械制造，健康用品、器材与智能设备制造，医疗卫生机构设施建设 4 个大类，与其相应的 28 个中类、29 个小类以及中药材种植、养殖和采集大类中的 1 个中类、1 个小类。

第三产业包括医疗卫生服务，健康事务、健康环境管理与科研技术服务，健康人才教育与健康知识普及，健康促进服务，健康保障与金融服务，智慧健康技术服务，药品及其他健康产品流通服务，其他与健康相关服务 8 个大类，以及相应的 28 个中类、61 个小类。

其中，第三产业部分保留了《健康服务业分类（试行）》的主体内容，结合健康服务业新业态、新模式等相关发展和政策要求，丰富调整了健康服务业内容。依据《国民经济行业分类》（GB/T 4754—2017）的修订版，第三产业在《健康服务业分类（试行）》的 4 个大类基础上调整为 8 个大类。

二、健康产业统计标准分类的意义

由于健康产业涉及三大产业，既有健康保健品、药品原料种植、养殖，也有健康食品、药品和健康用品的生产制造，还有很大一部分企业着力于医疗卫生、健康管理和健康促进、健康保险以及健康商业服务等，这些产业的管理涉及多个政府职能部门，各部门如何分清职责、协同管理需要有据可依。因此，界定健康产业的内涵与外延，科学界定健康产业的统计范围，厘清产业内部各细分行业的分类与界限，准确反映健康产业发展状况，对更清楚地把握产业结构、清晰定位各政府部门职能、探索企业行业发展方向、促进深圳健康产业整体快速发展，具有重要的意义。

第二节　全球健康产业发展概况

一、全球健康产业发展现状

（一）全球市场规模稳步增长

近几年，伴随着科技进步及健康理念不断提升，尤其是受三年新冠疫情的影响，全球对健康的关注和重视程度空前高涨，人们的健康意识达到新高度，对健康产品和健康服务的需求也迅速增加，这为健康产业的发展提供了广阔空间。随着全球经济从新冠疫情的冲击中复苏，2022 年，全球健康产业市场规模约为 5.0 万亿美元，复合年均增长率（CAGR）达到 10%左右，到 2031 年全球健康产业市场规模将增长到近 12.8 万亿美元（见图 1-1）。

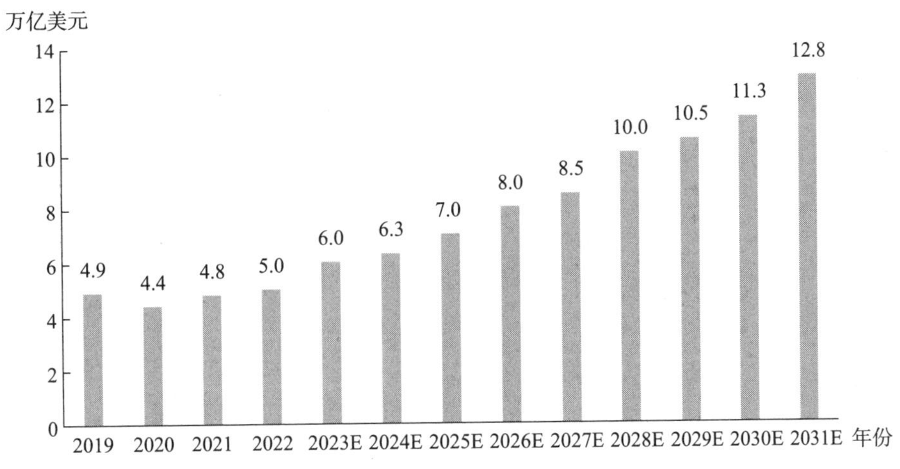

图 1-1　2019—2031 年全球健康产业市场规模

资料来源：共研产业咨询（共研网）。

公开数据显示，美国、法国和德国的健康消费支出占 GDP 的比重均超过

15%，英国、日本、澳大利亚则在10%左右。亚太地区（除日本外）健康消费支出占GDP的比重接近5%，中东和非洲等地区健康消费支出占GDP的比重低于4%。亚太地区是近年来健康消费增长最快的市场之一，也是在新冠疫情期间收缩最少的地区，这与该地区能很好地控制新冠疫情密不可分。

从全球健康产业市场细分发展来看，医药（含药品和药械）、医疗服务、保健食品等行业作为健康产业的重要组成部分，2022年的市场规模平稳增长。公开数据显示，2022年全球医药（含药品和药械）市场规模达1.4万亿美元，同比增长4.6%；医疗服务市场规模达3.98万亿美元，同比增长3%；保健食品市场规模超过1万亿美元，同比增长5.31%。

（二）新技术新应用市场规模凸显

随着生物技术与信息技术高速发展，全球健康产业领域的新技术、新产品、新业态不断涌现，科技应用的市场价值在健康领域日益凸显。

1. 生物技术发展迅速

根据Precedence Research的数据，2022年全球生物技术市场规模为12243.1亿美元，预计2032年将达到39952.2亿美元，复合年均增长率为12.5%（见图1-2）。

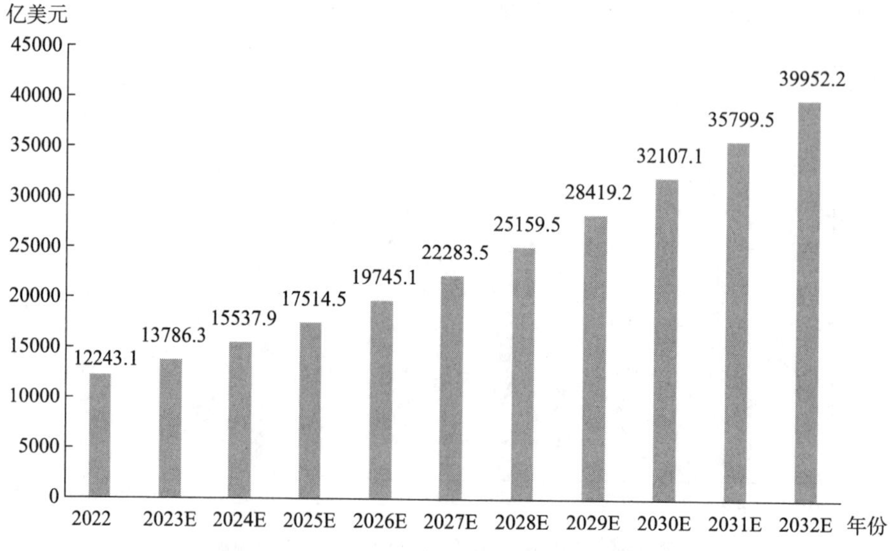

图1-2　2022—2032年全球生物技术市场规模

资料来源：Precedence Research。

据Precedence Research的研究，生物技术市场分为五大应用板块，包括生物制药（41.46%）、生物工业（24.41%）、生物服务（7.51%）、生物农业（20.70%）、生物信息学（5.92%）。其中，生物制药是生物技术市场的最大应用领域，占据了近一半市场份额，这主要缘于生物制药在治疗癌症、糖尿病、自身免疫性疾病等方面的突破。生物制药是使用各种生物手段，如微生物发酵、细胞培养等技术生产药物，分子量一般在 1kDa 以上，即大分子药物。相较于传统药，生物制药在工艺上避免了高污染、高耗能、合成工艺危险性高的负面影响，但却因为技术壁垒高、储藏与运输条件苛刻，产能不易保障。北美作为最大的生物技术市场，占据了全球 1/3 以上市场份额（37.76%）。其中，美国在北美生物技术市场占主导地位。亚太地区生物技术市场增速最快，2022 年占据全球 23.80%的市场份额（见图 1-3）。

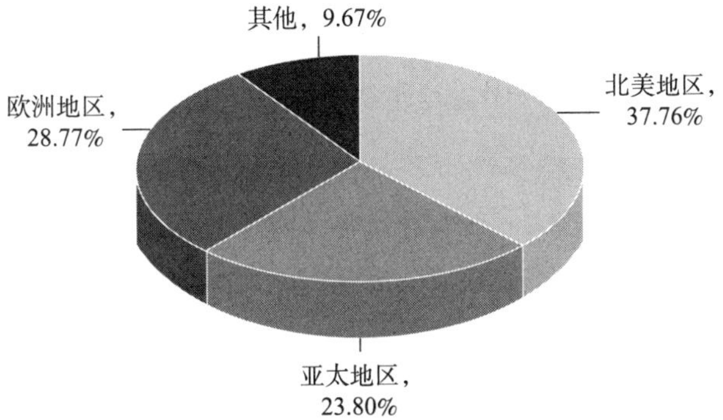

图 1-3　2022 年全球生物技术市场分布情况

资料来源：Precedence Research。

在生物技术领域，当前以 CAR-T 细胞治疗技术发展最为明显。全球 CAR-T细胞治疗技术的市场规模在2022 年达到38.27 亿美元，预计到2032 年将达到 885.28 亿美元，复合年均增长率为 29.8%（见图 1-4）。CAR-T 细胞疗法在血液瘤的治疗中大放异彩，如急性淋巴细胞白血病（ALL）和非霍奇金淋巴瘤等疾病，但在实体瘤的开发上却举步维艰。与此同时，CAR-T 细胞疗法的不良反应（CRS 与神经系统毒性）、复杂的制备工艺、高昂的价格都在一定程度限制了其发展。

在精准肿瘤学领域，全球精准肿瘤学市场规模预计将从 2022 年的 1000.6 亿美元增长到 2032 年的 2583.5 亿美元，复合年均增长率为 9.9%（见图 1-5）。

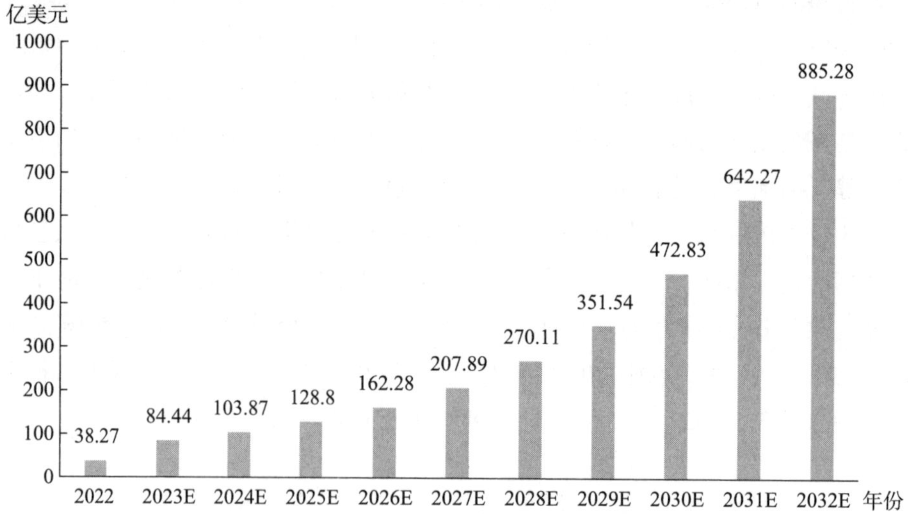

图 1-4　2022—2032 年全球 CAR-T 细胞治疗技术市场规模

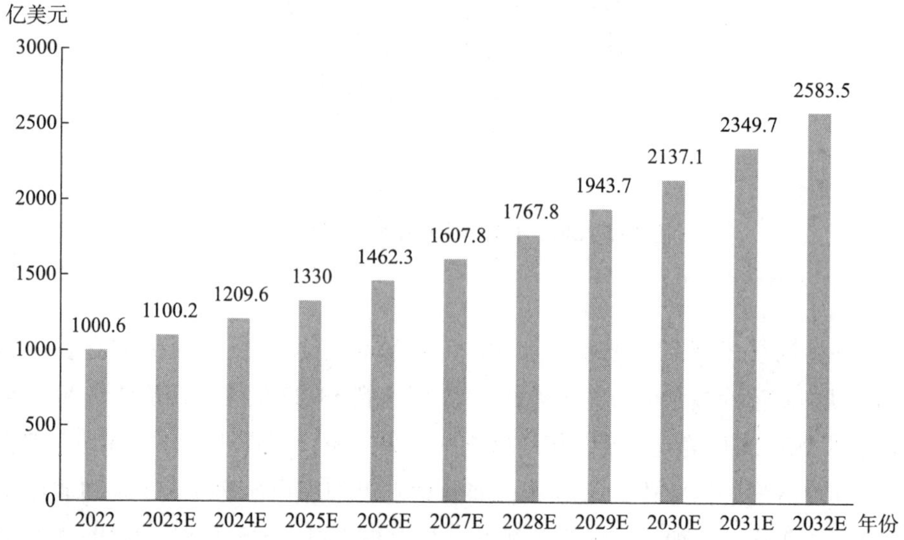

图 1-5　2022—2032 年全球精准肿瘤学市场规模

目前，癌症仍然是全球常见的死亡因素之一，癌症发病率的上升是推动精准肿瘤学市场规模增长的关键因素。根据美国癌症协会（ACS）发布的《2023 年度癌症统计报告》，2023 年全球将有 190 万新发癌症病例（每天约有 5370 例）和 60. 982 万人死于癌症（每天约有 1670 人）。肿瘤精确治疗是通过发现易感癌基因和检测这些基因在分子水平上的变化，来提供生物指标和信息，从而达到个体化和预见性治疗。虽然近几年来肿瘤分子病理、基因检测等领域的研究进展颇丰，临床数据的采集和积累也突飞猛进，但是将这些数据和成果以及它们的系统整合应用于医疗实践才刚刚开始，肿瘤的精准医疗在提升全民医疗福利、疾病早期诊断、合理配置医疗资源、有效控制医保费用等方面依然任重道远。

2. 数字化健康成为热点

在5G技术推动下，全球健康产业进入变革时代，呈现以数字化医疗为代表的“智慧+”模式。数字医疗正以前所未有的速度改变着行业的面貌，医疗保健不再仅仅是在疾病出现时提供治疗，而是更多地关注预防、早期诊断和个性化治疗。患者不再被动地接受治疗，而是积极参与管理自己的健康。传统的医疗模式正在逐渐演化为更加高效、智能和个性化的健康护理体系。从远程医疗咨询到智能健康监测，数字健康科技正为患者和医疗专业人员带来前所未有的机会和挑战。

根据美国斯坦福数字医疗中心的划分方法，数字医疗技术分为五类：一是AI（人工智能），即机器学习和算法，例如计算机医学成像、医疗档案的自然语言处理，AI在诊疗、开具处方等方面多有应用。二是健康管理IT系统，主要指电子病历，包括客户健康信息的注册和数据流管理，可为医疗机构提供自动化的数据支持，为远程医疗提供互联网解决方案和云服务。三是远程医疗和网页APP应用，包括平台线上服务、云支撑软件和社交媒体等。四是新的临床治疗模式应用，包括远程手术和患者遥控监测等。五是可穿戴设备，例如智能手环、心电监测和虚拟耳机等新型移动传感设备。

近几年，数字医疗的发展可谓一日千里，在全球成为行业风口。医疗服务上下游，包括医疗器械厂商、互联网科技公司、传统医疗服务机构等，纷纷围绕医疗行业数字化转型，运用人工智能、物联网、云计算、大数据等技术在互联网、数据挖掘、机器学习、人工智能、应用程序、移动化、可穿戴技术、深度学习、机器人、决策支持系统等数字医疗细分领域进行布局（见图1-6）。2018年1月至2022年10月，全球超过50个国家和地区共申请了15.4万件数字医疗领域的相关专利。其中专利申请数量最多的国家分别是中国、美国和韩国，专利申请数量分别为66016件、29167件和9958件（见图1-7）。申请量最高的三个子领域是医疗保健信息学、诊断与鉴定、图形数据处理。

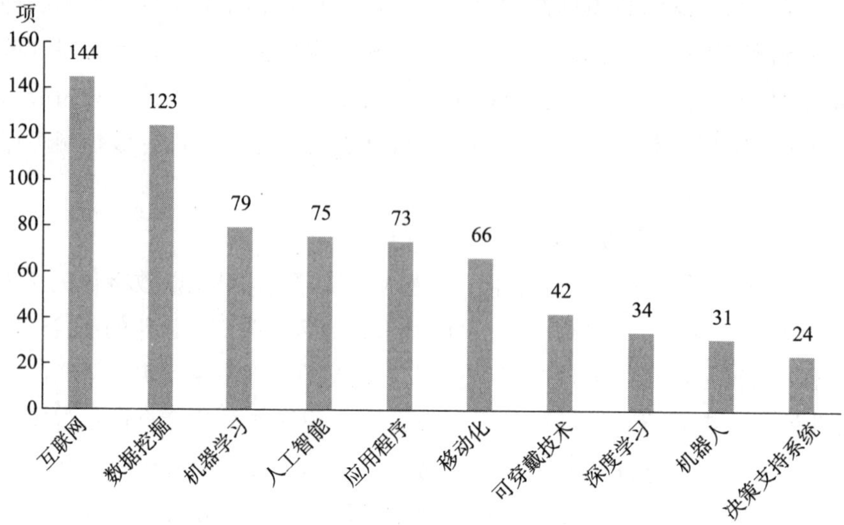

图 1-6　2022 年全球数字医疗研究方向 Top10

资料来源：公开资料整理。

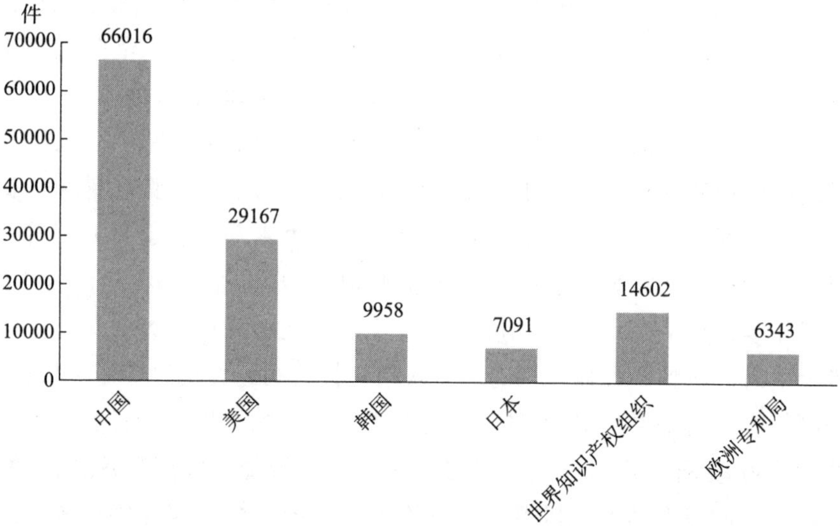

图 1-7　2018 年 1 月至 2022 年 10 月全球数字医疗领域专利申请情况

资料来源：公开资料整理。

据统计，2022 年全球数字医疗市场的收入达 2100 亿美元，未来预计年增速将高达 18%。北美是数字医疗市场最为发达的地区，在远程医疗和数字设备生产等方面走在世界前列。欧洲是全球第二大市场，英国的国家卫生服务系统已推行电子病历制度，居民可通过手机 APP 获得门诊预约、医疗建议和健康监测等服务，也可通过手机或电子邮件接收医生开具的电子处方。亚太地区则是新兴市场，伴随老龄化程度不断加深和数字经济崛起，中国和印度是其中数字医疗发展最快的两个国家。

（三）投融资趋势整体放缓

受新冠疫情多点频发、能源危机、美联储货币紧缩政策等宏观环境影响，2022 年全球健康产业融资市场整体趋于冷静。2022 年，全球健康产业共发生 3057 起融资事件，与 2021 年相比下降 14.9%；融资总额达 729 亿美元（约合 5213 亿元人民币），同比下降 42.6%（见图 1-8）；单笔融资超过 1 亿美元的项目有 164 个，同比下降 54.4%。随着全球经济逐步复苏，健康产业的融资表现也将逐步恢复。

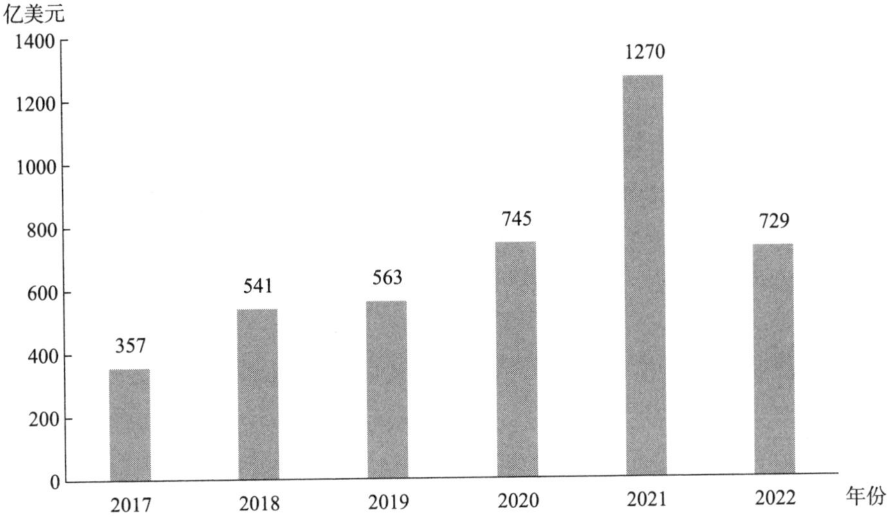

图 1-8 2017—2022 年全球健康产业融资情况

资料来源：动脉网、蛋壳研究院。

美国和中国是全球健康产业投融资最为活跃的两个国家。2022 年，全球健康产业融资事件发生最多的五个国家分别是美国、中国、英国、以色列和印度（见图 1-9）。其中，美国以融资事件 1257 起、融资额 44.03 亿美元位列第一，中国紧随其后。中美两国的融资额占所有国家融资总额的 75%，融资事件的 81%。

从细分领域融资额占比来看，2022 年，全球生物医药、器械与耗材领域的融资总额占比略微上涨，数字健康领域的融资总额占比下降明显。生物医

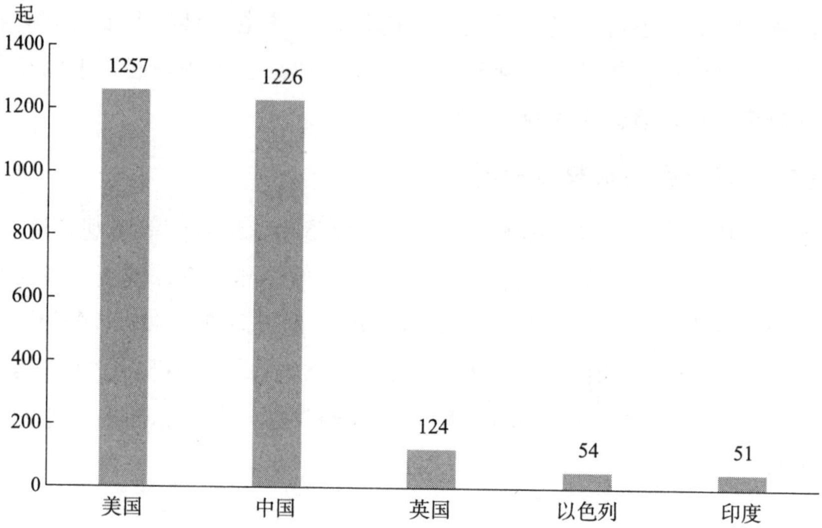

图 1-9　2022 年全球健康产业融资热点区域分布

资料来源：共研产业咨询（共研网）。

药领域凭借 1094 起融资事件、累计约 346. 10 亿美元融资总额强势领先其他细分领域，再次荣登细分领域融资榜首（见图 1-10）。数字健康领域共产生 879 起融资事件，融资总额约为 183. 46 亿美元，与 2021 年相比，融资事件数减少 165 起，融资总额下降 53%，平均单笔融资额减少超 1500 万美元。由于 2021

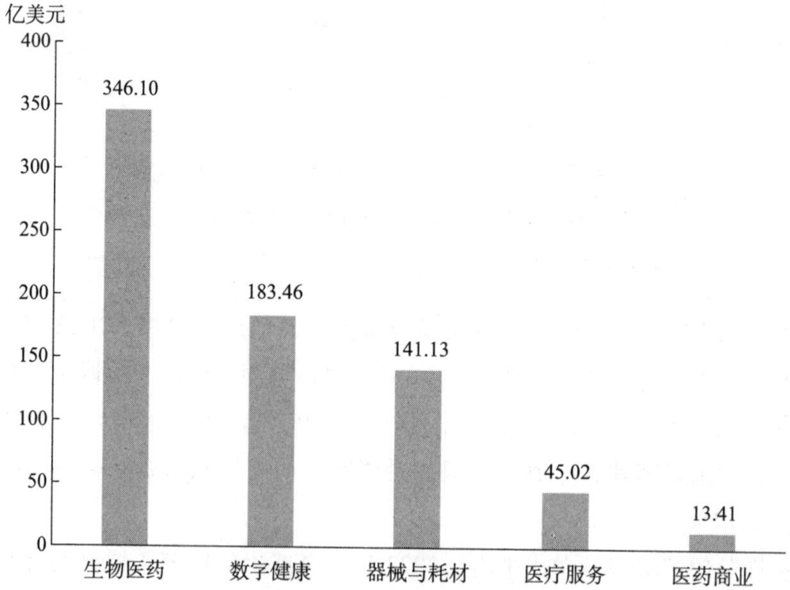

图 1-10　2022 年全球健康产业细分领域融资情况

年数字化重构传统医疗行业，导致行业融资火爆，存在市场估值过高等问题，2022 年数字健康企业的融资环境较为艰难，市场投资整体放缓。

尽管全球健康投融资市场缩紧，但资本并未放弃对于人工智能辅助药物研发的关注。2022 年，全球“AI+药物研发”领域共发生 144 起融资事件，总金额为 62.02 亿美元（约合 426.66 亿元人民币），同比增长 47%。相较于 2021 年共计 73 起、总金额 42 亿美元的融资情况呈现双双上涨的态势。

投融资活动仍然主要活跃在美国、中国和欧洲地区。其中美国的 AI 药物研发融资事件为 71 起，吸纳了市场上的绝大部分资金，占融资总额的 77%。中国的 AI 药物研发融资事件为 43 起，主要集中于珠三角、京津冀以及长三角等医药产业较为发达的地区。中国 AI 制药企业融资金额的占比也在减少，由 2021 年占融资总金额的 34%，下滑到 2022 年的 9%，主要原因是大额融资的减少，以及 2022 年市场融资主体多为早期初创公司。其他国家和地区的 AI 药物研发融资事件为 30 起，融资金额占融资总金额的 14%。

在融资轮次分布上，2022 年全球“AI+制药”的融资仍以早期融资为主。获得种子轮和天使轮融资的初创企业在增加，原因是市场涌现了一批新兴的 AI 企业，这些公司大多成立于近几年，研发成果与各类具体疗法（例如蛋白质降解药物、mRNA 疫苗、基因编辑等）结合得更加紧密，且对于各类数据和工具（如蛋白质组学、单细胞组学、表型数据等）的运用更加纯熟，易获得资本的青睐。此外，A 轮融资最多，总计为 48 起（见图 1-11）。

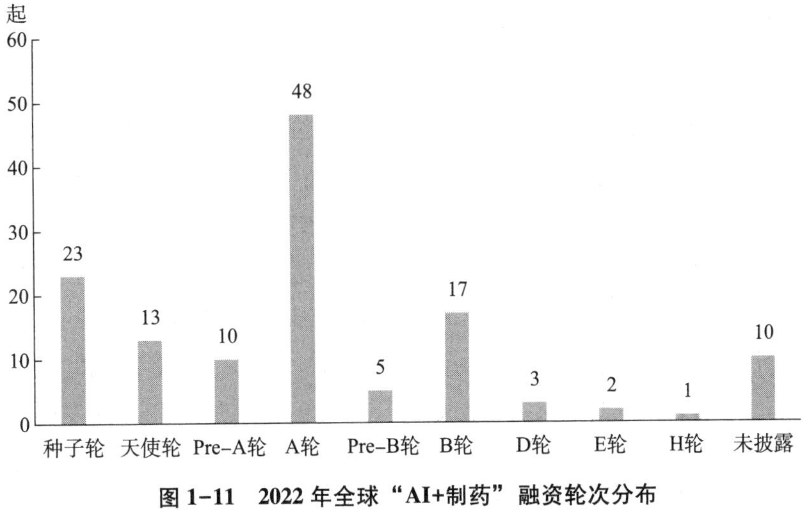

图 1-11　2022 年全球“AI+制药”融资轮次分布

整体而言，2022年“AI+制药”赛道的融资金额在上涨，但是在市场普遍缺乏资金的情况下，对待新技术的押注会更加谨慎。相关内容见表1-1。

表1-1　2022年全球医疗健康领域投融资重磅事件（部分）

融资方	融资金额	轮次	主营业务
Altos Labs	30.00亿美元	天使轮	细胞再生研发
Verily	10.00亿美元	未公开	健康管理
Novotech Health	7.60亿美元	未公开	合同研究组织
National Resilience	6.25亿美元	D轮	开发创新生物制造技术
Ultina Genomics	6.00亿美元	B轮	基因组测序研究
Eikon Therapeutics	5.18亿美元	B轮	生物药品研发
厦门未名医药	4.35亿美元	战略投资	生物制药
香港亚洲医疗集团	4.00亿美元	D轮	医疗服务
Areteia Therapeutics	3.50亿美元	A轮	哮喘治疗药物研发
Tessera Therapeutics	3.00亿美元	C轮	基因治疗与基因编辑技术研发
Acelyrin	3.00亿美元	A轮	抗体药物开发

资料来源：根据公开资料整理。

（四）健康问题呈现全球性与复杂性

随着全球化的加强和人口的增长，许多健康问题变得更加严峻，呈现复杂性和全球性，包括人口老龄化、疾病预防、气候变化和环境污染等多个方面，影响着世界各个国家的经济、社会和人民生活。

由于健康和医疗条件改善、受教育机会增加，人们的寿命正在延长，人口老龄化已经成为全球性问题。根据联合国发布的《2023年世界社会报告》，2021年，全球65岁及以上人口为7.61亿，到2050年这一数字将增加到16亿，80岁及以上人口的增长速度将更快。从全球看，欧洲与北美洲的老年人口比例最高，西亚、北非和撒哈拉以南非洲的老年人口数量预计在未来30年增速最快。感染性疾病如肺炎、流感、带状疱疹等在老年人群中的发病率和致死率高，已成为全球重大公共卫生问题之一。此外，与老龄化问题相关的是国家之间、国家内部的一系列矛盾，特别是医学的进步和一些发达国家对长寿的追求可能会进一步加剧这些矛盾。如何健康地进入老龄化以及维护老龄化人群的健康，已成为世界各国尤其是发展中国家共同面对的难题。

非传染性疾病继续成为全球最高的疾病负担。世界卫生组织于2023年5

月发布的《2023世界卫生统计报告》数据显示，2019年四种主要慢病导致了约3330万人死亡，相比2000年，增加了28%。这四种慢病分别为：心血管疾病（1790万人死亡）、癌症（930万人死亡）、慢性呼吸系统疾病（410万人死亡）、糖尿病（200万人死亡）。另外，随着艾滋病等一些传染病跌出前列，一些非传染性疾病和伤害（包括糖尿病）的排名迅速上升。特别是在美洲地区，糖尿病已超过卒中，成为导致伤残调整寿命年（DALYs）的第二大因素。全球成人肥胖比例也涨幅明显，东南亚地区的涨幅最大。世界肥胖联盟公布的最新版《世界肥胖地图》预测，到2035年，在全球超过5岁的人群中，超重人数将由2020年的26.03亿人攀升至2035年的40.05亿人，超重率将从2020年的38%增加到2035年的51%；肥胖人数将由2020年的9.88亿人攀升至2035年的19.14亿人，肥胖率将由2020年的14%上升至2035年的24%，肥胖和超重带来的全球经济损失将超过4万亿美元。特别值得注意的是，儿童青少年肥胖率在所有年龄段中上升最快，2020—2035年，全球男性儿童的肥胖率将从10%上升至20%，女性儿童的肥胖率将从8%上升至18%。

气候变化正在全球范围内造成广泛的健康风险。气候变化对人类健康的影响包括极端高温、洪水、干旱、风暴等自然灾害。这些气候危害直接或间接地影响健康，增加了死亡、非传染性疾病、传染病的出现和传播以及卫生紧急情况的风险。极端天气事件和与气候有关的环境变化降低了水和土壤的安全，增加了水传播和食源性疾病的风险。《2023世界卫生统计报告》数据显示，全球大约有20亿人缺乏安全的饮用水；全球约有6亿例食源性疾病病例，5岁以下儿童承担了食源性疾病负担的40%，每年导致12.5万名儿童死亡。

环境污染对人类健康的威胁增大。环境污染是指空气污染、水污染、化学品暴露等对人类健康造成不利影响的现象。环境污染每年造成约900万人死亡，其中约90%发生在低收入和中等收入国家。联合国环境规划署的《全球环境展望》系列报告指出，随着支撑地球上人类生命的最基本系统开始瓦解，继续沿着当前的经济发展道路走下去，地球淡水系统中污染物所导致的抗生素耐药性增加可能成为2050年人类的头号致死因素，将给数十亿人的生存带来前所未有的困难。

二、全球健康产业发展趋势

随着新一轮科技革命和产业变革的蓬勃兴起，受经济全球化、人口老龄化以及各国医疗体系改革等因素的影响，全球健康产业正加速发展。

（一）各国加速产业政策推进，激活产业增长新引擎

近年来，健康产业在全球各国战略发展中的地位进一步提高，各国持续促进产业创新发展，在夯实创新基础、提高产业关键技术竞争力、发布未来发展战略和计划等方面，出台相关措施引领产业发展。

大力提高产业关键技术竞争力。2022 年 2 月，美国白宫更新《关键和新兴技术清单》，这是自 2020 年 10 月发布《关键技术和新兴技术的国家战略》后的首次更新，重点关注了生物技术 6 个核心子领域，包括核酸和蛋白质合成，基因组和蛋白质工程，多细胞系统工程，病毒和病毒传递系统的工程设计，生物制造和生物加工技术，功能表型研究的多组学和其他生物计量学、生物信息学、预测建模和分析工具。俄罗斯加大力度发展国产科学仪器以替代外国进口仪器和设备，并向俄罗斯制药公司提供资金，助力建设重要药物标准样品库。韩国在 2022 年发布《国家战略技术培育方案》，重点培育包括高科技生物在内的 12 项国家战略技术，并继续推进“BIG3”计划，将系统半导体、未来汽车、生物健康定位为“三大创新增长产业”，将这三大领域的 65 项技术指定为“国家战略技术”，计划投资 6.3 万亿韩元（约合 345.87 亿元人民币）。与此同时，为支持疫苗和原材料产业发展，韩国政府计划在 2024 年前向民间设备投资领域提供 6.3 万亿韩元的财政补助。

持续发布推动产业发展的国家战略。2021 年 6 月 29 日，法国政府颁布“健康创新 2030”投资计划，目标是支持法国成为欧洲第一的卫生健康创新国家。该计划宣布了涵盖学术研究领域的七大重点举措，呈现了法国医疗健康行业的发展趋势。2022 年 9 月，英国生物技术与生物科学研究理事会（BBSRC）发布《战略执行计划 2022—2025》，投资超 4 亿英镑，建立生物学“创新区”，用以保障英国生物科学研究领域在全球竞争中的地位，以及应对未来在科技前沿领域的各种挑战。2022 年 10 月，美国启动了《国家生物防御战略和实施计划：应对生物威胁、加强大流行病防范和实现全球卫生安全》，其中提到政府将在五年内拨款约 880 亿美元支持生物防御，保护美国免受下一轮大流行病及其他生物威胁产生的影响；同时美国国立卫生研究院（NIH）

继续支持癌症登月计划、精准医学计划、脑科学计划，并发布“国家生物技术和生物制造计划”，推动生物技术创新。2022 年 10 月，欧盟生物经济会议成功举行，会议强调了《欧盟生物经济战略进展报告》的要点和生物经济政策的作用，分享了欧盟研究和创新的生物经济成功案例及相关要素。法国发布《法国医药卫生创新 2030 战略》，重点宣布创建大型科研“集群”，拟将逾 40 亿欧元的公共资金用于科研，旨在重新将法国塑造成一个医药卫生领域的创新国家。

在亚洲地区，日本发布《综合创新战略 2022》，继续将生物技术、健康与医药、食品作为战略重点领域进行支持，并进一步推进全基因组分析计划进入“疑难病症全基因组解析”阶段。韩国发布《生物健康产业创新战略》，以推进创新药、医疗器械和医疗技术发展，推动生物健康产业出口增长。印度在 2021 年制定实施《2021—2025 年国家生物技术发展战略：知识驱动生物经济》后，于 2022 年发布《2022 年印度生物经济报告》，提出了 9 项关键战略，并布局了推动这些关键战略实现的实施计划。澳大利亚于 2022 年 4 月发布了《健康与医药生物技术战略计划》，宣布将 63 亿澳元用于医学研究未来基金（MRFF）实施的第二轮十年投资计划，该计划涵盖患者、研究任务、研究人员和研究转化四大主题的 21 个计划。

（二）健康科技创新持续发力，带动产业发展新机遇

全球科学技术进步带动健康产业取得了一大批颠覆性、战略性的成果，让人类在疾病预防、药物研发、健康管理与服务等多个领域取得了突破性进展。《生命科学》2022 年的科学成果报告显示，生命健康科学技术发展将为产业带来崭新的机遇，并呈现以下特点与发展趋势。

生命组学技术不断革新，对生命的认识与解析更加深入。2022 年，继空间转录组学技术被 *Nature Methods* 评为 2020 年度技术之后，*Nature* 又将空间组学（Spatial Omics）技术列为最值得关注的七大技术之一，其有可能彻底改变我们对复杂组织微环境和动态生物过程的理解。聚合酶克隆索引文库测序技术（Polony-indexed Library-sequencing，Pixel-seq）创新开启单细胞或亚细胞水平空间转录组学研究的变革，实现高效率、高空间分辨率、低成本的空间测序。组蛋白修饰分析技术——空间靶向剪切及标记技术（Spatial-cleavage under Targets and Tagmentation，Spatial-CUT&Tag）和染色质可及性分析技术——空间染色质转座酶可及性测序技术（Spatial-assay for Transposase-accessible Chromatin Using Sequencing，Spatial-ATAC-seq）的突破实现了发育和疾病相关表观调控的空间映射。新空间蛋白质组技术——基于有机溶剂的器官三维透明成像质谱分析技术（Three-dimensional Imaging of Solvent-cleared organs Profiled by Mass Spectrometry，DISCO-MS）推动了空间组学分析从二维向三维发展。

人工智能的生物分子结构预测与设计能力不断增强。“创造性人工智能的快速发展”是2022年度*Science*的十大突破之一，研究人员现已能够利用人工智能Alpha Fold2和Rose TTA Fold预测或设计出蛋白质已有或全新的结构，并应用于制药、疫苗等多个领域。蛋白质结构预测平台Colab Fold开发出了与上述两者相结合的同源搜索，将搜索速度提高了40~60倍。此外，人工智能技术还在预测人类核孔复合体的亚细胞结构、生成氨基酸序列、设计功能蛋白质等方向取得了里程碑式的突破。

基因编辑技术持续迭代，技术更高效、更安全，操作更简单、更灵活，临床试验效果表现积极。“先导编辑”技术持续优化，实现了对完整长片段基因的精确删除、置换或插入，甚至可以对多个基因位点同步编辑。截至2022年12月，全球已开展了77项基因编辑疗法临床试验。线粒体A-G碱基转换编辑器、人类胚胎中线粒体C-T碱基转换的突破，扩展了线粒体基因编辑的范围；新型CRISPR系统Cas12a2可在切割靶标RNA的同时，降解细胞中的其他ssRNA、ssDNA和dsDNA，从而限制病毒复制，可进一步改造开发为高灵敏CRISPR诊断工具。在应用方面，中国科学院动物研究所、北京干细胞与再生医学研究院利用CRISPR基因编辑工具，在全球首次实现了哺乳动物完整染色体的可编程连接，创建了具有全新核型的小鼠，深入认识哺乳动物的染色体大规模重构等结构变异对其生长发育、繁殖演化乃至物种形成等的影响，开拓了“建物致知”的合成生物学研究范围并奠定了相应的技术平台。

脑科学、类脑智能及“脑—机接口”领域迅速突破。毫秒级时间分辨率下的神经元活动直接成像技术、基于内源性RNA编辑酶的细胞RNA“读取器”技术等的开发，可促进对人脑细胞和神经网络的深度研究；记忆存放与提取机制的解码、序列记忆在大脑中的存储机制的揭示、人脑发育图谱的绘制、人脑细胞基因活动变化图谱的揭示、国际上最大的小鼠全脑介观神经联接图谱数据库构建等研究成果，有力地推动了对脑发育、神经回路及脑疾病发生机制的探索，也为类脑智能的开发和深入研究高级认知功能奠定了基础，进一步接近临床应用。随着“脑—机接口”技术逐步走向成熟，类脑智能逐渐向高效、便携、低功耗发展，如新开发的神经拟态芯片使能耗降低至当下的千分之一、新一代植入脊柱的神经刺激装置帮助重度脊髓损伤患者迅速恢复运动功能。同时，多款无芯片、无电池、超薄、无线传感器的开发标志着下一代传感器向更小、更薄、更灵活方向发展。

合成生物学研究与应用技术不断取得突破和提升。基于原核细胞的类真核合成细胞、超过 100 个菌株的合成肠道微生物群落等人工合成系统陆续被开发出来，基于 DNA 折纸技术的纳米级旋转马达、可用于体内成像的基因编码传感器等技术也相继面世，不断夯实合成生物学的应用基础。在合成生物学与工程生物学的支撑下，医药产品的生产手段也越发丰富。抗癌药物长春碱的前体分子、潜在抗生素黑莫他丁、潜在镇痛药物河豚毒素、抗糖尿病药物阿卡波糖等天然产物的生物合成途径均已构建完成。

干细胞转化进程加速。在基础研究方面，化学小分子诱导技术取得系列突破，陆续实现了人类成体细胞转变为多能干细胞、小鼠多能干细胞转变为全能干细胞、大鼠心脏的原位再生，以及红细胞向巨核细胞和血小板的转化。在应用研究方面，干细胞衍生的胰腺细胞实现了无须免疫抑制剂来治疗糖尿病，成为 20 年来寻找胰岛素生成细胞替代品进程中的重要突破；干细胞结合基因疗法治疗渐冻症的疗效和安全性也获得初步证实。截至 2022 年，全球批准及上市的干细胞产品已累计达到 23 种。

类器官技术水平快速提升。人脑类器官实现了在大鼠体内成熟，并与大鼠大脑建立连接；人工构建小鼠早期胚胎也获得了成功。在此基础上，类器官对组织器官生理、病理的模拟水平不断提升，如证实了干细胞衍生的胰岛与天然胰岛在功能、代谢和基因表达等方面的相似性，将有助于防治糖尿病；利用大脑类器官重现了人类大脑发育过程中的关键事件。

精准医学体系逐渐形成，大型人群队列不断升级，疾病精准分型研究持续突破，推动了疾病精准防诊治方案的研发和推广。如英国生物样本库（UK Biobank）等大型队列资源平台持续迭代升级；多器官、泛肿瘤、单细胞、多组学疾病特征谱的绘制为疾病精准分型及精准防诊治方案的开发奠定基础；新型疾病诊断技术不断出现并优化，基于表观遗传学的液体活检技术、细胞游离 DNA 片段的表观遗传推断技术、血浆核小体表型分析工具能实现高灵敏度、高特异性的肿瘤检测分型及伴随诊断。

免疫疗法等新型疗法助力实现个性化精准治疗。免疫检查点抑制剂疗法和免疫细胞疗法是当前癌症免疫疗法领域的热门方向，全球 PD-1/L1 抑制剂已有十余款产品获批上市。如全球首个用于治疗 18 个月及以上芳香族 L-氨基酸脱羧酶缺乏症（L-amino Acid Decarboxylase，AADC）的基因疗法 Upstaza（Eladocagene Exuparvovec）已获得欧盟委员会的上市许可；全球首个针对 A 型血友病的基因疗法 Roctavian（Valoctocogene Roxaparvovec）获得美国食品药品监督管理局（FDA）批准；2022 年，全球第 5 款 siRNA 药物 Vutrisiran 先后获美国 FDA 和欧洲药品管理局（EMA）批准上市；继新冠 mRNA 疫苗研发成功之后，美国宾夕法尼亚大学等开发出一种可编码所有已知 20 种甲型和乙型流感病毒亚型抗原的通用流感 mRNA 疫苗；此外还有 CRISPR 基因编辑治疗相关产品也进入上市申请阶段。

大数据、人工智能与医疗深度融合，助力智能诊疗在全生命周期健康管理、医院管理、药物研发等多个应用场景落地。截至 2022 年，全球约有 51 个候选人工智能药物进入临床试验阶段，美国 FDA 批准了超 300 个人工智能医疗器械，我国获批三类医疗器械注册证的人工智能辅助诊疗产品达到 36 种。自主机器人 STAR、远程机器人系统相继被开发出来，标志着手术机器人在微创或远程精细操作、获得细胞和分子信息的原位/在体表征，以及高精度开展靶向治疗等应用方向上的快速推进。

当前，健康产业呈现新的科技发展趋势，一是学科融合交叉越发深入，不断产生颠覆性、变革性技术；二是数据密集型科研范式广泛应用于生命健康科技研究中，数据驱动正在加速科学新发现；三是新兴技术的出现和广泛渗透，正加快生命健康科技研究的速度；四是生命健康科技已进入大数据、大平台、大发现时代，更需要大规模的组织模式，越来越多的科学研究以大科学计划的形式组织起来。这些趋势变化推动健康科技成为最活跃、发展最快的创新领域之一，并大力支撑经济社会的发展。

（三）消费者健康理念深化，引发多元化健康需求

NielsenIQ 发布的《健康新消费需求洞察报告》显示，消费者在健康诉求属性上呈现不断细化及颗粒化的趋势，早期的健康诉求逐渐从另类边缘变成主流，如五年前或更早期处于边缘的可穿戴设备、乳制品替代品、生酮低碳水及古式饮食、营养标识、低糖/无糖等已在 2022 年变为主流。当前的另类边缘诉求，比如低碳水饮食、免疫系统增强饮食、碳足迹/排放等绿色环保或企业社会化责任的 ESG 要素、健康追踪技术和应用、强制性包

装正面健康标识等，可能在不远的将来也会成为主流的健康生活方式。

随着健康理念越发深入，消费者更加关心健康营养和属性呈现。定期健身体检、主动及时地了解健康生活资讯、提高定制化/个性化主动膳食选择能力是消费者为了达成长期健康诉求而愿意果断付出的行动。此外，在过去的五六年，中国的高端医疗保险市场规模呈爆发式增长，也凸显了中国消费者对于长期投资健康、寻求更好的健康服务的重视。

不同地域的消费者，呈现差异性健康诉求。在通货膨胀等大环境因素影响下，全球消费者在普遍共性意识上会更谨慎，特别是提升对高性价比商品的诉求。NielsenIQ 的全球调研发现，全球消费者未来在生鲜采购上的计划支出会更多，例如新鲜蔬菜/水果、生鲜肉类、冷冻食品、预包装食品或预制菜等。同时全球约 2/3 的受访者表示会通过控制饮食来关注健康，从全球宏观地域角度来看会略有差异。比如中国消费者仍然将低糖/无糖、低热量、低脂等“三低”饮食列为最关注的饮食习惯；北美和欧洲地区的消费者将高蛋白饮食列为首位，但同时关注低脂诉求，例如强调食材的新鲜、天然及安全，保持食品美味的同时注重多种食物搭配，少油、少糖，注重饮水及每日有氧运动；地中海地区的学者提出了一种终止高血压的膳食疗法（DASH 饮食），即一种低盐、低糖、低脂肪、富含蛋白质和纤维素的健康饮食模式。

同时，消费者对于不同品类的健康诉求也有所不同，以饮料类快消品为例，Omega-3、胶原蛋白、植物蛋白、植物萃取成分以及褪黑素会成为未来的机会点。从全球范围来看，中国和印度消费者更关注植物蛋白；北美、非洲和中东地区消费者更关注纤维类元素；欧洲、拉丁美洲和东南亚的消费者更关注 Omega-3、胶原蛋白等元素，这说明不同地域的消费者由于不同的饮食习惯和膳食体系，健康属性也有所差异。

第三节 我国健康产业发展概况

一、我国健康产业发展现状

（一）全面深入实施健康中国战略的方针政策

健康是促进人的全面发展的必然要求，是经济社会发展的基础条件，是民族昌盛和国家富强的重要标志，全面推进健康中国建设充分体现了党中央以人民为中心的发展理念和增进民生福祉的发展取向。“十四五”时期是开启全面建设社会主义现代化国家新征程的起步阶段，也是实施健康中国战略承上启下的关键时期。《中华人民共和国国民经济和社会发展第十四个五年规划和2035年远景目标纲要》明确提出坚持大卫生、大健康理念，推动卫生与健康事业发展从以治病为中心向以人民健康为中心转变，建立政府、社会和个人共同行动的体制机制，强化每个人是自己健康第一责任人的意识，推进健康中国建设人人参与、人人尽责、人人共享。

2022年1月，工业和信息化部、国家发展改革委、科技部、商务部、卫生健康委、应急管理部、国家医保局、国家药监局、国家中医药局等九部门联合印发《“十四五”医药工业发展规划》，提出以保障人民群众健康为根本目标，促进医药工业发展向创新驱动转型，提升产业链稳定性和竞争力，推动国际发展全面提速，使行业发展成果满足人民群众健康需求，为全面建成健康中国提供坚实保障。2022年2月，国务院印发的《“十四五”国家老龄事业发展和养老服务体系规划》围绕推动老龄事业和产业协同发展、推动养老服务体系高质量发展，提出了“十四五”时期养老服务供给不断扩大，老年健康支撑体系更加健全，为老服务多业态创新融合发展，要素保障能力持续增强，社会环境更加适老宜居，推动全社会积极应对人口老龄化格局初步形成，老年人获得感、幸福感、安全感显著提升。2022年3月，国务院办公厅印发的《“十四五”中医药发展规划》明确了“十四五”时期中医药发展的十项重点任务，统筹考虑医疗、教育、科研、产业、文化、国际合作等多个领域，进一步增强中医药的健康服务能力，完善中医药高质量发展体系。2022年5月，国家发展改革委发布《“十四五”生物经济发展规划》，明确了生物经济四大重点发展领域，一是顺应“以治病为中心”转向“以健康为中心”的新趋势，发展面向人民生命健康的生物医药；二是顺应“解决温饱”转向“营养多元”的新趋势，发展面向农业现代化的生物农业；三是顺应“追求产能产效”转向“坚持生态优先”的新趋势，发展面向绿色低碳的生物质替代应用；四是顺应“被动防御”转向“主动保障”的新趋势，加强国家生物安全风险防控和治理体系建设。同期，国务院办公厅印发《“十四五”国民健康规划》，提出要提高重大疫情救治能力，提升二级以上综合医院感染性疾病科室和发热门诊等的专科服务能力，提高医疗卫生机构实验室的检测能力；提高县级医院的传染病检测和诊治能力；加强医疗机构应急物资配置，鼓励企业、机关单位和居民参与储备；推动医药工业创新发展，促进医疗装备和健康用品制造生产，推进健康相关业态融合发展。2022 年 12 月，中共中央、国务院印发了《扩大内需战略规划纲要（2022—2035 年）》，指出全面推进健康中国建设，深化医药卫生体制改革，完善公共卫生体系，促进公立医院高质量发展。支持社会力量提供多层次多样化医疗服务，鼓励发展全科医疗服务，增加专科医疗等细分服务领域的有效供给。积极发展中医药事业，着力增加高质量的中医医疗、养生保健、康复、健康旅游等服务。

站在新时代新阶段，各省市也围绕“十四五”规划纲要和《“健康中国 2030”规划纲要》，纷纷出台地方医疗卫生健康体系建设规划，推进公共卫生、医疗服务、全民医保等卫生健康体系建设，加快优质医疗资源扩容和区域均衡布局（见表 1-2）。

表 1-2 2022 年各省市出台健康产业相关政策（部分）

省市	发布时间	政策文件	重点内容
河北省	2022 年 5 月	《河北省“十四五”国民健康规划》	中药材种植面积达到 173 万亩，4 个以中药为特色的优势区入选国家特色农产品优势区，规模以上生物医药工业企业达到 324 家；建成 1 个国家中医药健康旅游示范区、3 家示范基地；6 个特色小镇入围首批国家体育总局运动休闲特色小镇试点
上海市	2022 年 9 月	《上海打造未来产业创新高地发展壮大未来产业集群行动方案》	到 2030 年，在未来健康、未来智能、未来能源、未来空间、未来材料等领域涌现一批具有世界影响力的硬核成果、创新企业和领军人才，未来产业产值达到 5000 亿元左右
上海市	2022 年 11 月	《上海市加快打造全球生物医药研发经济和产业化高地的若干政策措施》	瞄准合成生物学、基因编辑、干细胞与再生医学、细胞治疗与基因治疗、人工智能辅助药物设计等重点领域，布局若干市级科技重大专项和战略性新兴产业重大项目
江苏省	2022 年 9 月	《江苏省智慧健康养老产业发展行动计划（2022—2025 年）》	到 2025 年，智慧健康养老产业规模国内领先，占全国总规模的 10%以上，年均增速保持 10%以上。培育一批具有产业主导力的龙头骨干企业，打造一批国内知名的品牌产品和服务平台，形成一批百亿级智慧健康养老产业集聚区，产业竞争力和创新力达到国内一流、国际先进水平
南京市	2022 年 3 月	《南京市 2022 年经济社会发展重大项目计划》	明确了 2022 年文旅健康产业、现代农业等业态的重点建设任务

续表

省市	发布时间	政策文件	重点内容
苏州市	2022年8月	《苏州市康养产业高质量发展行动计划（2022—2025年）》	着力增加康养服务和产品供给，坚持走数字化、连锁化、品牌化之路，培育一批规模型康养总部企业和品牌企业，努力把苏州康养产业培育成为新的经济增长点
湖南省	2022年11月	《湖南省中医药健康服务业发展行动计划（2022—2025年）》	提升中医药健康服务业发展水平，助推全省中医药产业高质量发展
贵州省	2022年11月	《贵州省大健康产业“十四五”发展规划》	从“医养健管游食”6个方面安排部署了推动健康产业高质量发展的具体工作任务：一是持续推进健康医药制造业转型发展；二是重点推进健康养老产业融合发展；三是深度推进健康运动产业高效发展；四是积极推进健康管理业创新发展；五是快速推进健康旅游业提质发展；六是加快推进健康食药材业发展
河南省	2022年9月	《河南省“十四五”中医药发展规划》	明确到2025年，建设3个以上国家（中医）区域医疗中心，争取建设国家级创新平台，中医药强省建设取得积极成效
重庆市	2022年9月	《重庆市中医药发展“十四五”规划》	到2025年，建成一批国家和市级区域医疗中心，全市三级中医医院达到20家以上
云南省	2022年9月	《云南省“十四五”中医药发展规划》	提出到2025年，中医药高质量发展体制机制进一步健全，中医药发展政策和体系更加完善，中医药服务能力明显提升，中医药事业产业发展取得积极成效，中医药在健康云南建设中的重要支撑作用进一步凸显
		《云南省“十四五”医疗卫生服务体系规划》	到2025年，基本建成与我省国民经济和社会高质量发展目标相适应，与建设我国面向南亚和东南亚辐射中心定位相匹配，城乡统筹、功能互补、区域协同、优质高效的整合型医疗卫生服务体系
安徽省	2022年6月	《安徽省“十四五”中医药发展规划》	明确打造中医药医疗、保健、科研、教育、产业、文化“六位一体”高质量发展的中医药强省
吉林省	2022年5月	《吉林省中医药发展“十四五”规划》	明确了10项重点任务，旨在推进中医药传承创新与高质量发展

续表

省市	发布时间	政策文件	重点内容
福建省	2022 年 5 月	《福建省“十四五”中医药健康发展规划》	明确了“十四五”时期该省中医药发展的指导思想、基本原则、发展目标、建设任务和实施保障
山东省	2022 年 12 月	《山东省“十四五”医疗卫生服务体系规划》	以基层医疗卫生机构、医院、专业公共卫生机构为主体，以“一老一小”为重点人群的卫生健康服务机构为补充，传承创新中医药特色服务，以卫生健康监督为保障，面向全人群、全生命周期，提供健康促进、预防、保健、治疗、护理、康复、安宁疗护等健康全过程的连续型医疗卫生服务
浙江省	2022 年 6 月	《浙江省人民政府办公厅关于印发促进生物医药产业高质量发展行动方案（2022—2024 年）的通知》	明确加快构建“一核两带两圈”的产业发展空间格局，力争培育形成 2 个千亿级、3 个 500 亿级生物医药产业集群，生物医药产业总产值达到 4500 亿元左右
杭州市	2022 年 10 月	《杭州市关于加快生物医药产业高质量发展若干措施的通知》	在提升创新研发能力、完善临床研究应用、促进产业集聚发展新药研发、健全生态服务体系 4 个方面，划分 25 条政策举措，从医药企业、创新能力、临床应用、生态体系等多维度加速构建生物医药创新高地
广东省	2022 年 11 月	《广东省制造业高质量发展“十四五”规划》	重点发展岭南中药，加快推动中医药标准化、国际化，打造一批从原料药、中药材到药品的示范产业链；推动化学药物品质全面提升，加速小分子化学创新药物的产业化，发展新型制剂技术产品；加速创新药物战略布局，大力发展抗体、蛋白及多肽、核酸等新型生物技术药物，着力突破精准医学与干细胞、新药创制、生物安全、生物制造等关键核心技术
广州市	2022 年 4 月	《广州市关于加快推动医学检验产业集群发展的实施方案》	打造千亿级医学检验产业集群，建设医学检验产业高地
	2022 年 3 月	《广州市卫生健康事业发展“十四五”规划》	到 2025 年，覆盖城乡居民的基本医疗卫生制度更加成熟健全，全方位全周期卫生健康服务体系更加完善，广州成为最具安全感城市，区域医疗中心功能全面强化，健康城市建设走在全国前列

续表

省市	发布时间	政策文件	重点内容
深圳市	2022年6月	《深圳市关于发展壮大战略性新兴产业集群和培育发展未来产业的意见》	发展以先进制造业为主体的20个战略性新兴产业集群，前瞻布局八大未来产业，稳住制造业基本盘，增强实体经济发展后劲，加快建设具有全球影响力的科技和产业创新高地
		《深圳市培育发展大健康产业集群行动计划（2022—2025年）》	2025年大健康产业营收达1200亿元，培育上市企业12家，新增10亿级以上企业10家，努力打造产业结构合理、产业链条完善的大健康制造业生态体系，建成辐射粤港澳大湾区的健康服务示范中心
	2022年12月	《深圳经济特区中医药条例》	坚持中西医并重和优势互补，遵循中医药发展规律，通过加强中医医疗资源配置、规范中医药专业技术人员执业、促进中药产业发展和提升中药质量，推进中医药医疗、预防、保健、产业、科研、教育、文化的全面协调发展
		《深圳经济特区细胞和基因产业促进条例》	规范细胞采集储存行为，支持开展临床研究与临床试验，完善药物拓展性临床试验制度，鼓励基因技术研发使用，助力产品申请上市许可，加大产业扶持力度

资料来源：根据公开资料整理。

（二）多元健康需求正推动产业整体跃迁

随着国民收入增长、新兴技术涌现、人口结构变化等，国民的基本健康需求、投资性健康需求、新兴健康消费需求、结构性健康需求等多元健康需求正成为健康产业发展的内在驱动力。

在基本健康需求方面，国民基本医疗保健支出正高速增长。数据显示，国内2020—2022年的人均医疗保健消费支出分别为1843元、2115元、2120元。2020年的人均医疗保健消费支出有所回落，仍高于2018年的人均医疗保健消费支出。2022年的人均医疗保健消费支出不仅恢复到疫情前的水平，更是达到了新高度（见图1-12）。预计到2030年人均医疗保健支出占人均消费支出的比例将从2022年的8.60%上升到10.10%。

国民投资型的健康支出不断增长。随着国民收入水平不断提升，如日常保健、健康检测、健康促进等消费性医疗和高端医疗服务消费支出也相应增长。在过去的五六年，国内高端的医疗保险市场规模呈爆发式增长，更是凸显了国内消费者对于长期投资健康、寻求更好的健康服务等方面的重视。

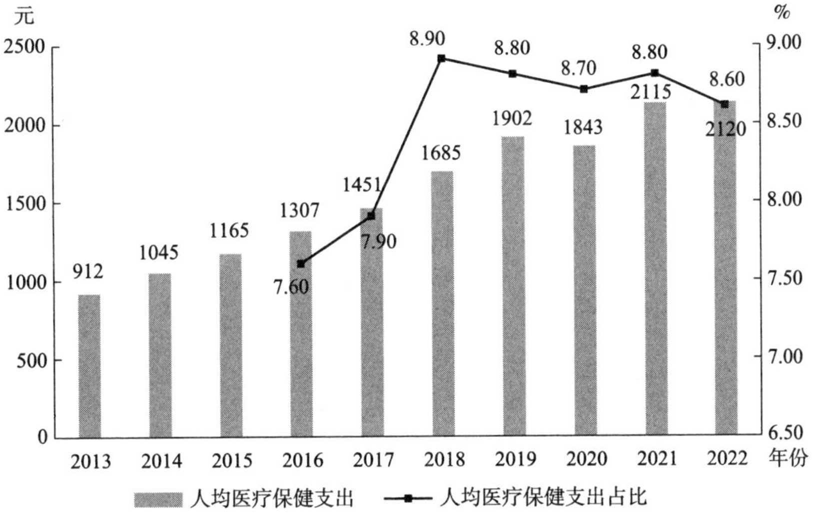

图 1-12 2013—2022 年中国人均医疗保健消费支出情况

资料来源：国家统计局、中康 CMH。

新兴健康消费热点不断涌现。在人工智能、移动互联、大数据等现代信息技术的驱动下，“互联网+”与医疗、体检、健身等领域相融合的新兴健康消费业态层出不穷。个性化医疗、休闲健身、养生保健、健康膳食等消费业态依托数字技术为用户提供有效、精准的健康服务成为新趋势，数字健康需求不断提升也倒逼物流行业、医疗行业进行信息化改造与数字化升级，大幅提高了健康类商品和服务的可及性。

人口结构变化带动健康需求释放。我国人口老龄化进程不断加剧，人口老龄化趋势越发明显。截至 2022 年末，我国 65 岁及以上人口已超 2 亿人，占总人口的比重为 14.9%，老龄化程度持续加深。老龄人口对医疗健康（如慢性病预防与治疗）和社会护理系统的需求也将不断飙升。据民政部预测数据，“十四五”期末我国 60 岁以上的老年人口将突破 3 亿人，占全国人口总数的 24%，我国将进入“中度老龄化”社会，这也助推新一轮“银发经济”的崛起。

疾病谱变迁引发的健康需求增长。在抗生素未被发明以前，传染性疾病是导致人类死亡的主要疾病，历史上黑死病的暴发甚至改变了人类文明的进程。在 20 世纪 50 年代，急性传染病仍高居人类死因的第二位，白喉、结核病、脑炎、肺炎等传染性及感染性疾病，仍是早亡的主要原因。但近年来，心脑血管疾病、肿瘤、糖尿病、退行性疾病等慢性疾病导致的死亡人数增加。

根据《中国卫生健康统计年鉴 2022》的数据，2021 年我国城市居民的疾病死亡率排在前三位的依次是心脏病、恶性肿瘤和脑血管病（见表 1-3），这三种疾病的死亡人数合计占了城市居民死亡人数的 72%左右；我国农村居民的疾病死亡率排在前三位的依次是心脏病、脑血管病和恶性肿瘤（见表 1-4），这三种疾病的死亡人数合计占了农村居民死亡人数的 71%左右。可以看出，城市和农村居民的疾病死亡率排在第一位的都是心脏病，但第二位和第三位的排序不同；而第四位至第十位疾病死亡率的排序，城市和农村是相同的。

表 1-3　中国城市居民主要疾病死亡率　　(1/10 万)

序号	疾病名称指标	1900 年	1995 年	2000 年	2005 年	2010 年	2015 年	2021 年
1	恶性肿瘤	128. 03	128. 58	146. 61	124. 86	162. 87	164. 35	158. 7
2	心脏病	92. 53	90. 1	106. 65	98. 22	129. 19	136. 61	165. 37
3	脑血管病	121. 84	130. 48	127. 96	111. 02	125. 15	128. 23	140. 02
4	呼吸系统疾病	92. 18	92. 54	79. 92	69	68. 32	73. 36	54. 49
5	损伤和中毒外部原因	40. 43	40. 57	35. 57	45. 28	38. 09	37. 63	35. 22
6	内分泌、营养和代谢病	10. 19	13. 79	17. 99	13. 75	18. 13	19. 25	24. 15
7	消化系统疾病	23. 53	19. 49	18. 38	18. 1	16. 96	14. 27	15. 41
8	神经系统疾病	4. 99	5. 06	5. 53	4. 6	5. 84	6. 9	9. 44
9	泌尿生殖系统疾病	9. 26	9. 15	9. 01	8. 58	7. 2	6. 52	6. 75
10	其他疾病	7. 56	7. 12	3. 38	11. 98	9. 58	6. 15	5. 57
11	传染病（含呼吸道结核）	20. 47	9. 35	6. 9	6. 45	6. 76	6. 78	5. 3
12	精神障碍	6. 3	7. 16	6. 7	5. 19	2. 9	2. 79	3. 45
13	诊断不明				4. 09	4. 12	2. 26	3. 19
14	肌肉骨骼和结缔组织疾病				1. 16	1. 61	1. 79	1. 95
15	血液、造血器官及免疫疾病	1. 47	1. 22	1. 41	0. 93	1. 5	1. 22	1. 33
16	先天畸形、变形和染色体异常	5. 45	3. 92	3. 15	1. 85	2. 02	1. 73	0. 87
17	围生期疾病	8. 81	5. 08	3. 14	3. 5	2. 03	1. 7	0. 69
18	寄生虫病	0. 39	0. 34	0. 63	0. 06	0. 13	0. 04	0. 07
19	妊娠、分娩产褥期并发症	0. 29	0. 2	0. 13	0. 28	0. 11	0. 07	0. 02

表 1-4 中国农村居民主要疾病死亡率 (1/10 万)

序号	疾病名称指标	1900 年	1995 年	2000 年	2005 年	2010 年	2015 年	2021 年
1	恶性肿瘤	69.6	61.98	73.43	62.13	111.34	144.79	167.06
2	心脏病	112.36	111.43	112.57	105.99	144.11	153.94	188.58
3	脑血管病	103.93	108.05	115.2	111.74	145.71	153.63	175.58
4	呼吸系统疾病	159.67	169.38	142.16	123.79	88.25	79.96	65.23
5	损伤和中毒外部原因	68.48	72.71	64.89	44.71	52.93	53.49	52.98
6	内分泌、营养和代谢疾病	5.41	5.86	6.84	6.19	10.33	14.28	21.09
7	消化系统疾病	32.2	30.17	23.89	17.11	14.76	14.16	15.98
8	神经系统疾病	3.6	3.11	2.85	4.75	3.84	6.51	10.15
9	泌尿生殖系统疾病	9.51	8.47	9.27	6.98	6.31	7.2	7.86
10	其他疾病	35.08	18.4	12.45	6.07	6.25	7.72	6.91
11	传染病（含呼吸道结核）	4.57	5.7	2.89	9	12.64	6.17	6.52
12	精神障碍	5.42	4.89	4.14	2.34	2.99	2.83	3.54
13	诊断不明				4.85	4.57	2.41	2.61
14	肌肉骨骼和结缔组织疾病				0.91	0.88	1.54	2.48
15	血液、造血器官及免疫疾病	6.03	3.65	2.92	2.07	2.14	1.78	1.36
16	先天畸形、变形和染色体异常	16.17	11.98	6.99	4.19	2.51	2.19	1.04
17	围生期疾病	1.28	1.12	0.86	0.59	0.9	1.16	0.79
18	寄生虫病	1.31	1.15	0.56	0.1	0.2	0.07	0.04
19	妊娠、分娩产褥期并发症	106	0.75	0.565	0.4	0.13	0.1	0.04

无论是城市居民还是农村居民，心脏病，恶性肿瘤，脑血管病，呼吸系统疾病，损伤和中毒外部原因，内分泌、营养和代谢疾病，消化系统疾病等 7 个领域的疾病是居民疾病死亡的主因。心脏病，恶性肿瘤，脑血管病，内分泌、营养和代谢疾病，神经系统疾病，肌肉骨骼和结缔组织疾病等的死亡率呈上升趋势。值得注意的是，神经系统疾病、泌尿生殖系统疾病、传染病（含呼吸道结核）、其他疾病、精神障碍、诊断不明、肌肉骨骼和结缔组织疾病等，目前都是临床需求未被满足的疾病或疾病领域。

（三）医疗健康领域投融资趋向理性

2022 年，全国医疗健康领域投融资事件共有 1049 起，已披露的投融资总金额约为 1258.1 亿元，较 2021 年同期事件数量及总金额有所下降，趋向理性，市场保有乐观态度（见图 1-13）。除 2021 年外，近 5 年医疗健康行业投融资事件稳定在 1000 起左右，交易总金额整体呈稳步上升趋势，由 2017 年的 701.5 亿元增长至 2022 年的 1258.1 亿元，增幅达到 79.34%。

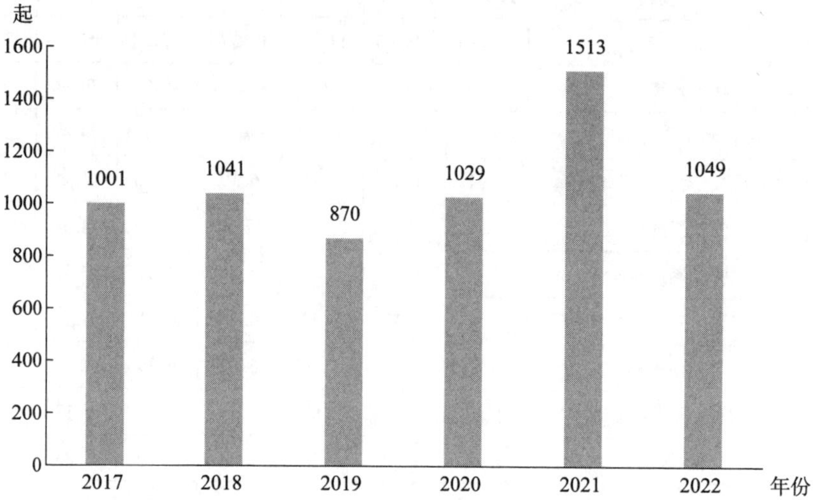

图 1-13　2017—2022 年中国医疗健康领域投融资情况

2022 年，生物技术及制药领域凭借着 520 起投融资事件及 751.1 亿元的投融资总额强势领先其他细分领域，取得了较为亮眼的投融资成绩（见图 1-14）。从数量来看，生物技术及制药领域交易件数占全行业交易总数的约 50%；从金额来看，生物技术及制药领域投资额占全行业投资总额的约 60%。近年来，国家政策利好、生物技术突破，新冠疫情的发生也在一定程度上促使生物技术及制药领域成为热门赛道，其高技术壁垒、高资金缺口，以及潜在的高投资回报率持续吸引资本市场关注与重金投入。医疗器械及硬件领域以 260 起投融资事件、231.2 亿元的投融资总额紧随其后，医疗信息化排名第三。

具体来看，早期轮次投融资事件数量稳中有升，B 轮后投融资事件数量降幅较大，A 轮依旧是投融资事件最多的轮次（454 起）。其中，生物技术及制药领域发生 210 起 A 轮投融资事件，占比达到 46%；医疗器械及硬件领域占比 28%。中后期投融资事件数量小幅下降，而天使轮/种子轮投融资事件数量同比呈现上升趋势。

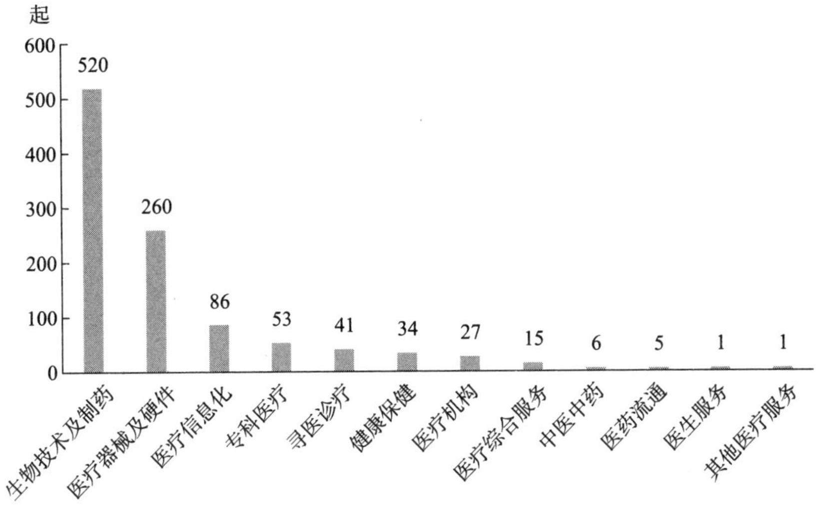

图 1-14　2022 年中国医疗健康行业投融资细分领域情况

从投融资事件发生的地域分布看，2022 年中国医疗健康投融资事件发生最为密集的五个省份依次是江苏、上海、广东、北京和浙江，超半数（53%）仍发生在北上广地区。江苏首次以 222 起投融资事件成为中国医疗健康投融资交易最为火热的地区。上海、广东分别以 214 起、191 起列第二位、第三位。从投资总金额来看，上海以 309.6 亿元占据第一，占全国投资总金额的 24.6%（见表 1-5）。位于上海的凯莱英生物，在 2022 年 3 月获得 23.45 亿元的战略投资，获 1.6 亿美元 B 轮融资的方拓生物也位于上海。

表 1-5　2022 年中国医疗健康行业投融资活跃地区 TOP10

省份	投融资事件（起）	投融资金额（亿元）	重点领域 TOP3 及占比（%）
江苏	222	236.6	生物技术及制药（53.6%）、医疗器械及硬件（30.6%）、医疗信息化（3.6%）
上海	214	309.6	生物技术及制药（54.7%）、医疗器械及硬件（19.2%）、医疗信息化（10.3%）
广东	191	186.2	生物技术及制药（49.7%）、医疗器械及硬件（28.8%）、医疗机构（3.7%）
北京	159	176.9	生物技术及制药（44.7%）、医疗器械及硬件（18.9%）、医疗信息化（13.8%）
浙江	131	134.7	生物技术及制药（42.0%）、医疗器械及硬件（26.7%）、医疗信息化（11.5%）

续表

省份	投融资事件（起）	投融资金额（亿元）	重点领域 TOP3 及占比（%）
四川	30	43.3	生物技术及制药（50.0%）、医疗器械及硬件（16.7%）、医疗信息化（16.7%）
湖北	20	16.4	生物技术及制药（55.0%）、医疗器械及硬件（25.0%）、健康保健（5.0%）
安徽	16	7.9	生物技术及制药（56.3%）、医疗器械及硬件（12.5%）、医疗信息化（12.5%）
山东	14	26.1	生物技术及制药（50.0%）、医疗器械及硬件（42.9%）、专科医疗（7.1%）
湖南	12	11.5	生物技术及制药（50.0%）、医疗器械及硬件（25.0%）、医疗信息化（8.3%）

据不完全统计，2022 年国内一级市场投资机构超 2500 家。其中，活跃的投资机构如启明创投、红杉资本中国基金、君联资本、元生创投等，均偏好投资早期项目，尤其关注生物技术及制药、医疗器械及硬件两个热门赛道。启明创投及红杉资本中国基金偏好轮次分别为天使轮、A 轮，A 轮、B 轮，涉及干细胞治疗新药研发企业士泽生物、创新基因治疗药物研发企业方拓生物、眼科创新医疗器械研发企业朗目医疗、临床质谱产品和医疗检测企业谱聚医疗等热门企业（见表 1-6）。

表 1-6　2022 年中国投资机构活跃度 TOP10

投资方	投融资事件（起）	投资领域	轮次	被投企业
启明创投	35	生物技术及制药、医疗器械及硬件	天使轮、A 轮	士泽生物、朗目医疗
红杉资本中国基金	35	生物技术及制药、医疗器械及硬件	A 轮、B 轮	方拓生物、谱聚医疗
君联资本	29	生物技术及制药、医疗器械及硬件	A 轮、B 轮	惠利生物、瑞莱谱
元生创投	29	生物技术及制药、医疗器械及硬件	天使轮、A 轮	君赛生物、晟视科技
深创投	19	生物技术及制药、医疗器械及硬件	A 轮、B 轮	励楷科技、吉美瑞生

续表

投资方	投融资事件（起）	投资领域	轮次	被投企业
同创伟业	18	生物技术及制药、医疗器械及硬件	A 轮、B 轮	萱嘉生物、纯钧新材料
夏尔巴投资	19	生物技术及制药、医疗器械及硬件	A 轮、B 轮	科伦博泰、金仪盛世
高瓴创投	19	生物技术及制药、医疗器械及硬件	天使轮、A 轮	华深智药、汉赞迪
礼来亚洲基金	18	生物技术及制药、医疗器械及硬件	A 轮、B 轮	新码生物、徕瑞医疗
普华资本	18	生物技术及制药、医疗器械及硬件	A 轮、B 轮	百明信康、科库医疗

（四）健康产业产值占 GDP 比重持续上升

在政策、需求、投资等多因素驱动下，国内健康产业产值也相应增长。编者对政府相关部门、第三方研究机构发布的国内健康产业规模数据进行核算，预测国内健康产业产值占 GDP 比重将持续上升。

根据国家卫生健康委卫生发展研究中心披露的健康产业核算分析数据，2019—2021 年，我国健康服务业市场规模年均增长 7.0%，从 7.7 万亿元增长到 8.8 万亿元。据预测，受益于国家政策的优化调整以及消费需求的恢复，2023 年国内健康产业将实现比较大的发展，其产值占 GDP 比重将持续上升。

从产业规模结构看，其中与药品相关的市场规模约为 2.9 万亿元；与医疗器械和诊断相关的市场规模约为 1.1 万亿元；医疗服务、数字医疗以及泛健康市场参与者直接面向终端消费者，与整个医疗健康服务相关的市场规模约为 8.3 万亿元，其中包含了通过医疗服务机构面向终端消费者销售的药品和器械。相关内容见图 1-15。

按照上述口径，从 2023 年开始计算的未来八年里，预计国内与药品相关的市场规模将增长到 4.8 万亿元，复合年均增长率达到 6.50%；与医疗器械和诊断相关的市场规模将增长到 3.0 万亿元，复合年均增长率达到 13.70%；与医疗健康服务相关的市场规模将增长到 17.5 万亿元，复合年均增长率达到 9.80%；如果剔除重复计算的部分，我国健康产业的总市场规模将接近 26 万亿元，复合年均增长率将达到 9.50%~10.00%（见表 1-7）。

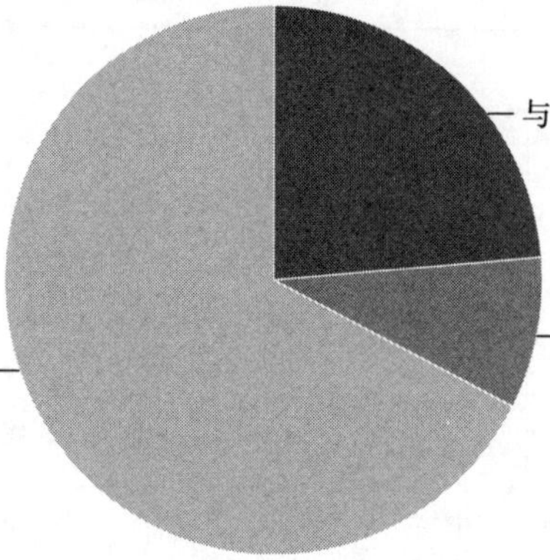

图 1-15　2022 年中国健康产业规模结构测算

资料来源：易凯资本。

表 1-7　2023—2030 年中国健康产业规模增速预测

细分市场	2023—2030 年的 CAGR（%）	规模（万亿元）
与药品相关的市场	6. 50	4. 8
与医疗器械和诊断相关的市场	13. 70	3. 0
与医疗健康服务相关的市场	9. 80	17. 5
健康产业总规模	9. 50～10. 00	25. 3

资料来源：易凯资本。

二、我国健康产业发展趋势

（一）健康产业进入全方位发展阶段

自《“健康中国 2030”规划纲要》发布，到“健康中国”上升为国家战略，再到《中华人民共和国国民经济和社会发展第十四个五年规划和 2035 年远景目标纲要》，我国提出从制度体系、机构设施、核心制造、创新突破、数字建设、环境安全六大方向出发，丰富医疗健康体系建设的内涵，标志着我国的健康产业步入快车道，进入全方位发展阶段。

健康产业从孵化、转化到加速产业化不断发展完善，基本实现产品升级、服务升级、主体升级和市场升级。产品升级主要表现在健康产品的技术创新和健康产品的生态有机发展上；服务升级主要表现在大数据健康服务向大商业健康服务模式的转变上；主体升级表现在企业跨界发展、医院改制、外商加速布局、基金投资等多领域中；市场升级表现在由全球化市场向全龄化市场的转变上。

（二）集群化发展推动健康产业升级

由于健康产业链条长、关联度高、覆盖面广，各环节之间联系紧密，产业集群化发展已成为国内各地打造全产业链条的重要载体。2022 年以来，各地区各部门大力推动巩固延伸优势产业、培育壮大新兴产业、前瞻布局未来产业，主动向建设现代化产业体系稳步迈进。

在国家政策导向下，国内各地区竞相布局，加入健康产业发展赛道，构建健康产业集群。当前我国的健康产业已经形成京津冀地区、长三角地区、成渝地区双城经济圈和粤港澳大湾区等重要的产业集群。例如，湖北武汉江夏千亿级健康产业集群正在加速崛起；河北秦皇岛正在加快培育壮大生命健康产业集群；四川成都更是一直在推动数字健康产业集群发展，抢占数字健康产业发展高地。未来，在京津冀协同发展、长江经济带发展和粤港澳大湾区建设三大国家重大发展战略影响下，健康产业集聚效应将会更加突出，健康产业全链条建设必将加速推进。

（三）主动健康逐渐成为社会共识

“主动健康”是人类围绕生命健康价值创造展开的所有社会活动的总和，包括从所有社会活动源头控制健康危险因素，在所有社会活动过程中创造健康价值，在所有社会活动环节积极应对人口安全危机等。“主动健康”具有四个重要的转变：在服务理念上，从既往的“以疾病为中心”转变为“以健康为中心”；在服务对象上，从既往的“以患者为中心”转变为“以人为中心”，进而体现全生命周期健康；在服务供给上，从既往的以医疗卫生服务机构为主的单一服务主体转变为卫生、体育、养老、教育等多主体协同的多元服务主体；在服务内容上，从既往的以疾病诊疗服务为主转变为涵盖预防、诊断、治疗、康复、护理、养生等的全健康服务链条。

我国早在 2015 年就提出“主动健康”的概念。2016 年，中共中央、国务院在《“健康中国 2030”规划纲要》中明确提出要推动健康服务供给侧结构性改革，除了传统的卫生行业外，要求体育等其他行业也需协同供给，以“主动适应人民健康需求”。2017 年 5 月 16 日，科技部、国家卫生计生委（现为国家卫生健康委）、体育总局、食品药品监管总局（现为市场监管总局）、国家中医药局、中央军委后勤保障部联合印发《“十三五”卫生与健康科技创新专项规划》，正式将“主动健康”列入国家科技创新专项规划，其总体目标中指出要“以主动健康为导向，重点突破人体健康状态量化分层、健康信息连续动态采集、健康大数据融合分析、个性化健身技术等难点和瓶颈问题”。2017 年 5 月 26 日，科技部印发《“十三五”健康产业科技创新专项规划》，提出“以主动健康为方向，积极开展个人健康状况的监测、评价、预警和干预的研究，提供连续性疾病和健康管理服务，将医疗健康服务延伸到个人、家庭和社区”。2022 年 4 月 27 日，国务院办公厅印发的《“十四五”国民健康规划》中也明确提到：要倡导主动健康理念，普及运动促进健康的知识。持续三年的新冠疫情更是让大众意识到，主动健康是应对人类疾病谱变化、预防突发病毒攻击的最简单易行的方法。

当下，人民群众的健康意识、健康素养和消费能力逐步提升，医疗需求已经不是人民群众的第一需求。人民真正需要的是面向全人群、全生命周期、全健康链条，健康饮食、运动、身体、心理、环境、文化等各类非药物干预与药物干预相协同，集预防、诊断、治疗、康复、护理、养生等健康服务于一体，攻防兼备、标本兼治的新型医疗健康一体化连续服务。

（四）科技创新赋能高质量发展

随着新技术和新医疗健康服务模式的不断改进，以及数字化浪潮为健康领域带来更多的创新解决方案，近年来，我国健康产业的创新生态发生显著变化，产学研医用各领域的创新积极性得到极大释放，产出一系列标志性成果。中国科学院发布的《大健康研究和转化发展态势与展望》报告显示：2017 年到 2021 年间，全球科研人员在疾病防控与健康促进、疾病筛查与诊断、疾病治疗、疾病管理和公共卫生五大健康技术领域共发表了 329 万篇论文。其中，我国在健康产业五个技术领域的发文量都位居世界前三，共发表了 55 万篇论文，占全球同期发文总量的 16.7%。

更多科研成果的发展与转化落地有利于加速我国健康产业“卡脖子”问题的解决，增强产业链供应链自主可控能力，带动行业向更高层次迈进。未来应当加强公共卫生领域的国际创新合作，建立能快速响应和开放协同的科技创新体系，着力推动科技成果转移转化应用，从而推动医学重心由疾病治疗向疾病预防转变，疾病诊断向精准化、便携化、智能化方向发展，新技术驱动创新药物研发模式变革，大数据、人工智能赋能公共卫生、健康管理及服务体系建设。

第四节 深圳健康产业发展情况

面对国内外形势和超预期因素影响，2022 年，深圳坚持稳字当头、稳中求进，高效统筹疫情防控和经济社会发展，全年经济基本盘稳固，新动能增长，实现质与量的同步提升。

一、深圳健康产业发展环境

（一）经济环境

1. 经济质量效益同步提升

2022 年，深圳全年经济稳定发展，质量效益同步提升。全市地区生产总值为 3.24 万亿元，增长 3.3%（见图 1-16）。地方一般公共预算收入达 4012 亿元，同口径下降 0.6%。固定资产投资约为 9000 亿元，增长 8.4%。社会消费品零售总额为 9708 亿元，增长 2.2%。进出口总额为 3.7 万亿元，增长 3.7%，其中出口增长 13.9%，总量连续 30 年居内地城市首位。

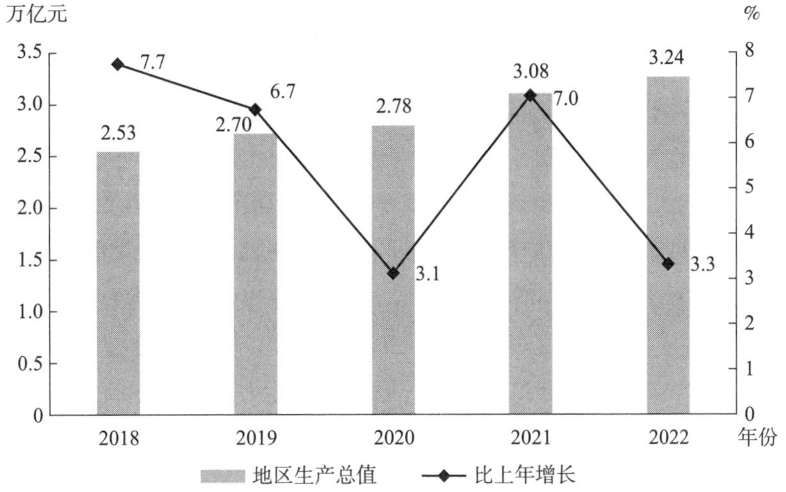

图 1-16 2018—2022 年深圳地区生产总值及增长速度

资料来源：深圳市统计局。

工业生产持续增长。2022 年，深圳规模以上工业增加值同比增长 4.8%。从行业门类看，规模以上采矿业、制造业、电力热力燃气及水生产和供应业增加值分别增长 14.7%、4.1%、9.5%。在主要行业大类中，规模以上汽车制造业增加值增长 104.5%，石油和天然气开采业增加值增长 13.6%，专用设备制造业增加值增长 4.8%，计算机、通信和其他电子设备制造业增加值增长 1.8%。主要高技术产品产量持续快速增长，其中，新能源汽车、充电桩、民用无人机、5G 智能手机产量分别增长 183.4%、113.8%、34.7%、22.3%。“专精特新”企业发挥强力支撑作用，全年增加值合计增长 8.3%，对全市规模以上工业增加值的贡献率达 22.1%。

固定资产投资较快增长。2022 年，深圳固定资产投资同比增长 8.4%。工业投资继续保持良好增势，增长 19.2%。其中，制造业投资增长 15.4%，房地产开发投资增长 13.3%。分产业看，第二产业投资增长 19.3%，第三产业投资增长 6.2%。高技术产业投资活跃，高技术制造业投资增长 17.0%。其中，电子及通信设备制造业投资增长 21.0%，信息传输、软件和信息技术服务业投资增长 43.8%。社会领域投资快速增长，其中，卫生和社会工作投资增长 64.1%，文化、体育和娱乐业投资增长 22.9%。

2. 战略性新兴产业引领突出

深圳坚持以推动高质量发展为主题，加快建设具有深圳特点的现代化产业体系，突出战略性新兴产业的引领作用。2022 年，深圳战略性新兴产业增加值合计 13322.07 亿元，比 2021 年增长 7.0%，占地区生产总值的比重为 41.1%。其中，新一代电子信息产业增加值为 5811.96 亿元，增长 2.6%；数字与时尚产业增加值为 3327.74 亿元，增长 8.8%；高端装备制造产业增加值为 538.98 亿元，增长 5.1%；绿色低碳产业增加值为 1730.62 亿元，增长 16.1%；新材料产业增加值为 364.74 亿元，增长 21.9%；生物医药与健康产业增加值为 676.78 亿元，增长 6.7%；海洋经济产业增加值为 871.26 亿元，增长 11.5%。

“十四五”期间，深圳将着力提升原始创新能力、协同创新能力、开放创新能力，发挥全过程创新生态链整体效应，做强战略性新兴产业，落实“六个一”工作体系，健全“链长制”，提升生物医药、高端医疗器械、大健康产业发展能级，力争到 2025 年，战略性新兴产业增加值超过 1.5 万亿元，开辟战略性新兴产业发展新蓝海。

3. 人均可支配收入保持增长

深圳住户收支与生活状况调查数据显示，2022 年深圳居民人均可支配收入为 72718 元，比 2021 年名义增长（以下如无特别说明，均为同比名义增长）2.6%，扣除价格因素影响，实际增长0.3%；恩格尔系数为29.7%。按收入来源分，人均工资性收入为61157元，增长3.5%；人均财产净收入为6761元，增长0.2%；人均经营净收入为6989元，下降3.4%；人均转移净收入为-2189元，下降1.9%（见表1-8）。

2022年，深圳居民人均消费支出为44793元，下降3.2%，扣除价格因素影响，实际下降5.4%。其中，深圳居民人均食品烟酒消费支出为13304元，下降2.9%；人均衣着消费支出为1810元，下降16.9%；人均居住消费支出为12296元，下降1.1%；人均生活用品及服务消费支出为2346元，下降6.8%；人均交通通信消费支出为6735元，增长6.0%；人均教育文化娱乐消费支出为4367元，下降16.3%；人均医疗保健消费支出为2007元，下降15.2%；人均其他用品和服务消费支出为1928元，增长27.1%（见表1-9）。

表1-8 2022年深圳居民收入情况

指标	金额（元）	增幅（%）
人均可支配收入	72718	2.6
一、工资性收入	61157	3.5
二、经营净收入	6989	-3.4
三、财产净收入	6761	0.2
四、转移净收入	-2189	-1.9

资料来源：深圳市统计局。

表1-9 2022年深圳居民消费支出情况

指标	金额（元）	增幅（%）
人均消费支出	44793	-3.2
一、食品烟酒	13304	-2.9
二、衣着	1810	-16.9
三、居住	12296	-1.1
四、生活用品及服务	2346	-6.8
五、交通通信	6735	6.0
六、教育文化娱乐	4367	-16.3
七、医疗保健	2007	-15.2
八、其他用品和服务	1928	27.1

资料来源：深圳市统计局。

（二）社会环境

1. 居民的健康环境持续改善

健康深圳行动推进委员会办公室在《深圳市居民健康白皮书（2022 年度）》中提到，深圳已提前达成 13 项“健康中国 2030”规划目标中的 10 项主要指标，核心健康指标持续向好并优于全国平均水平。2022 年，深圳居民人均预期寿命、婴儿死亡率、孕产妇死亡率、5 岁以下儿童死亡率等核心健康指标持续改善，并保持在发达国家和地区水平。其中，深圳孕产妇死亡率为 7.21/10 万，婴儿死亡率为 1.18‰，5 岁以下儿童死亡率为 1.60‰，深圳居民人均预期寿命升至 83.93 岁。2022 年深圳成年人超重率、肥胖率分别比全国第五次国民体质监测的成年人超重率、肥胖率低 5.1 个和 7.1 个百分点，分别为 29.9%和 7.5%。

深圳市政府持续提高医疗卫生方面的财政支持力度，拓展高水平医教研平台。2022 年，全市医疗卫生事业费投入 675.50 亿元，卫生健康支出占地方财政支出比例为 13.52%，新增两家国家重点临床专科医院，总数达 18 家；新增 7 家三甲医院，总数达 32 家，提前完成三甲医院倍增计划；中国医学科学院阜外医院深圳医院、中国医学科学院肿瘤医院深圳医院获批成为国家区域医疗中心，成为深圳市医疗高地建设新里程碑，对深圳卫生健康行业发展意义重大。

深圳始终坚持均衡布局、扩容提质，全市基本公共卫生服务人均经费补助维持高水平，公共卫生服务持续高质量供给。截至 2022 年末，深圳共拥有医疗卫生机构 5201 家、卫生工作人员 14.52 万人，新增社区健康服务机构 35 家，总数达 877 家；新增健康场所近 400 家，全市现有 656 家为老年人提供健康服务的医疗机构，完成老年友善医疗机构创建；儿童免疫规划疫苗接种率持续保持在高水平。

2. 人均体育消费水平领先全国

深圳立足自身发展特色，加快建设国家体育消费试点城市，规划符合城市侧重点的消费发展路径，持续推广“健身+消费”模式，推动体育消费创新升级。深圳市文化广电旅游体育局发布的《2022 年度深圳市体育产业统计调查报告》显示，深圳体育产业总产出稳步提升。2022 年深圳实现体育总产出 1354.03 亿元，同比增长 6.5%；体育产业创造增加值 532.60 亿元，同比增长 6.0%；体育从业人员达 318836 人，同比增长 1.2%。

2020 年至 2022 年，深圳居民人均体育消费持续提升且稳居全国前列。从消费规模看，2022 年深圳居民体育消费总规模达 665.01 亿元，较 2021 年增长 7.70%；从消费水平看，2022 年深圳人均体育消费支出达 3765.24 元，占人均消费支出比重的 8.41%，较 2021 年增加 273.03 元。

深圳体育产业呈现“制造业占主导、服务业次之、体育场地设施建设规模最小”的发展格局。2022 年，深圳体育制造业企业在数字化转型、科技研发和品牌升级等方面多点发力，加速转入高质量发展的轨道，全年实现产出 693.64 亿元，同比增长 8.9%，创造增加值 167.34 亿元，同比增长 8.3%；体育服务业总产出为 642.88 亿元，同比增长 4.4%，创造增加值 361.00 亿元，同比增长 5.1%，总产值仍保持稳定增长；体育场地设施建设总产出为 17.51 亿元，创造增加值 4.26 亿元。

数字化、智能化推进线上体育运动产品消费升级，线上线下相结合的运动模式提升了市民参与运动的体验，体育传媒与信息服务业总产出为 46.76 亿元，同比增加 7.4%，创造增加值 24.98 亿元，成为体育产业中的“增长大户”之一。

（三）产业环境

1. 持续出台产业利好政策

为促进产业高质量发展，深圳出台多项产业政策条例夯实健康产业的发展基础。2022 年 6 月，深圳市人民政府在《关于发展壮大战略性新兴产业集群和培育发展未来产业的意见》中指出：培育发展壮大“20+8”战略性新兴产业集群和未来产业集群，即发展以先进制造业为主体的 20 个战略性新兴产业集群，前瞻布局八大未来产业，稳住制造业基本盘，增强实体经济发展后劲，加快建设具有全球影响力的科技和产业创新高地。到 2025 年，深圳战略性新兴产业增加值将超过 1.5 万亿元，成为推动经济社会高质量发展的主引擎。

深圳市发展和改革委员会、深圳市科技创新委员会、深圳市工业和信息化局、深圳市市场监督管理局、深圳市卫生健康委员会联合发布的《深圳市培育发展大健康产业集群行动计划（2022—2025 年）》提出：到 2025 年大健康产业营收达 1200 亿元，培育上市企业 12 家，新增 10 亿元以上企业 10 家，努力打造产业结构合理、产业链条完善的大健康制造业生态体系，建成辐射粤港澳大湾区的健康服务示范中心。深圳的产业总体水平处于全国前列，居民健康水平明显提升，全市力争成为全国大健康产业发展的集聚高地。

2022 年 12 月，深圳市七届人大常委会第十四次会议表决通过《深圳经济特区中医药条例》《深圳经济特区细胞和基因产业促进条例》等重要法规，且均自2023年3月1日起施行。《深圳经济特区中医药条例》规定深圳每个行政区应至少建设一家公立中医综合医院。此外，公立综合医院、妇幼保健院、传染病医院和其他有条件的专科医院应设置中医科室和中药房。社区医院、社区健康服务中心应配备中医药专业技术人员，提供中医药服务。同时提出符合规定条件的中医药专业技术人员可以上门为有需要的居民提供中医医疗服务、养生保健指导、中药用药指导、中医居家护理等中医药服务。

《深圳经济特区细胞和基因产业促进条例》系全国首部细胞和基因产业专项立法，该条例立足于对细胞和基因产业的促进与扶持，通过提高审批效率、开辟绿色通道、提供指导服务等支持国家药品监督管理局药品审评检查大湾区分中心和医疗器械技术审评检查大湾区分中心建设。该条例对细胞采集和储存行为进行规范，包括提高细胞和基因采集效率，降低采集成本，规定通过损伤性或者侵入性手段获取细胞进行的血液样本和组织样本的采集，应当由具有相应资质和条件的医疗卫生机构进行。聚焦临床研究与临床试验，推动细胞和基因产业高质量发展。规定开展细胞和基因领域临床研究与临床试验，应当维护受试者的尊严，保障受试者生命健康权、知情同意权、隐私权、退出权以及获得医疗救治和经济补偿等权益；通过鼓励保险公司开发细胞和基因领域保险产品，分担细胞和基因领域临床研究与临床试验风险，提高各方参与的积极性，保障群众利益。

2. 营造完善良好创新生态

创新是引领发展的第一动力，深圳之所以能够一次次突破“增长极限”，刷新发展高度，关键在于从未停下创新的步伐。2022年，深圳全社会研发投入占地区生产总值的比重为5.49%，基础研究投入占全社会研发投入的比重为7.25%。深圳高新区综合排名全国第二。PCT国际专利申请量稳居全国城市首位。“深—港—穗”科技集群在全球百大科技集群中连续3年排名全球第二。

由上海市科学学研究所、施普林格·自然集团共同完成的《2023理想之城——迈向教育、科技与人才高度发展的全球城市》调查报告显示，深圳已成为全球创新人才最为向往的“理想之城”之一。根据全球科学家评价综合统计分析结果，理想城市排名前十的包括三座中国城市（北京、上海、深圳）和三座美国城市（纽约、波士顿、旧金山）。以新加坡、深圳为代表的新兴科技城市的地位超越了纽约、伦敦、东京、旧金山等具有影响力的传统科技创新中心城市（见图1-17）。这显示了当前在全球科技创新城市网络中掀起了新一轮变革的澎湃潮流，新兴城市在拥抱信息时代、提供创新机遇、研发组织创新和政府治理创新等方面都体现了显著的后发优势，吸引了大量的科技创新人才和资本加速汇聚，正在崛起成为全球创新版图中不可忽视的新高地。

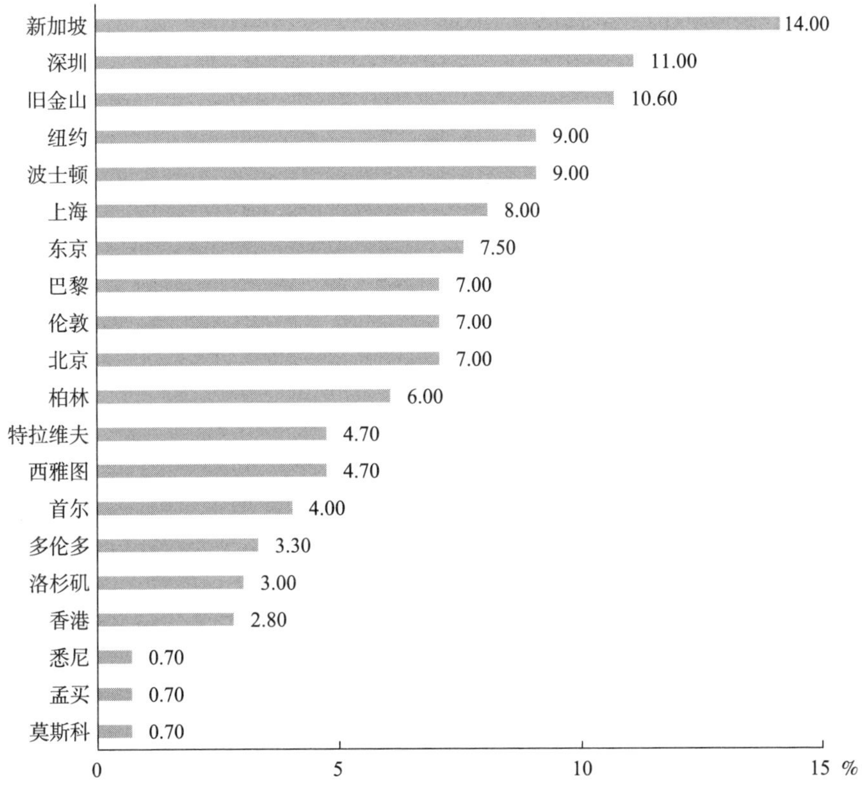

图 1-17 科技创新理想城市评价综合排名（部分）

资料来源：根据公开资料整理。

打造全球创新人才向往之城。近年来，深圳实施了从人才计划、奖励补贴、税收优惠到安居保障、子女教育等一系列有效的科技人才引进支持政策和一系列基础设施保障政策，充分发挥了政策的引才聚才效应。依托蓬勃发展的高技术产业和粤港澳大湾区科技创新中心的人才流动便利优势，深圳吸引了全球大量科学家的目光，特别是 35 岁以下青年科学家把深圳看作事业发展、价值实现的热土。数据显示，2022 年深圳新增全职院士 17 人，院士总人数达到 94 人，高层次人才累计超 2.4 万人，留学回国人员超 20 万人。多年来，深圳全面推进科技、产业、管理、金融、文化、行业模式等方面创新，以“企业为主体、市场为导向、政产学研资介相结合”为特征的综合创新生态体系初步形成，整个城市正成为一个大的创新创业“孵化器”。

在2022年关于全球科学家心目中理想生活城市的调查中，深圳跃居榜首（见图1-18），北京、上海进入前五名，这证明了中国城市综合宜居环境的显著改善，特别是深圳作为“青年友好型”城市，吸引了越来越多的国际人士关注。

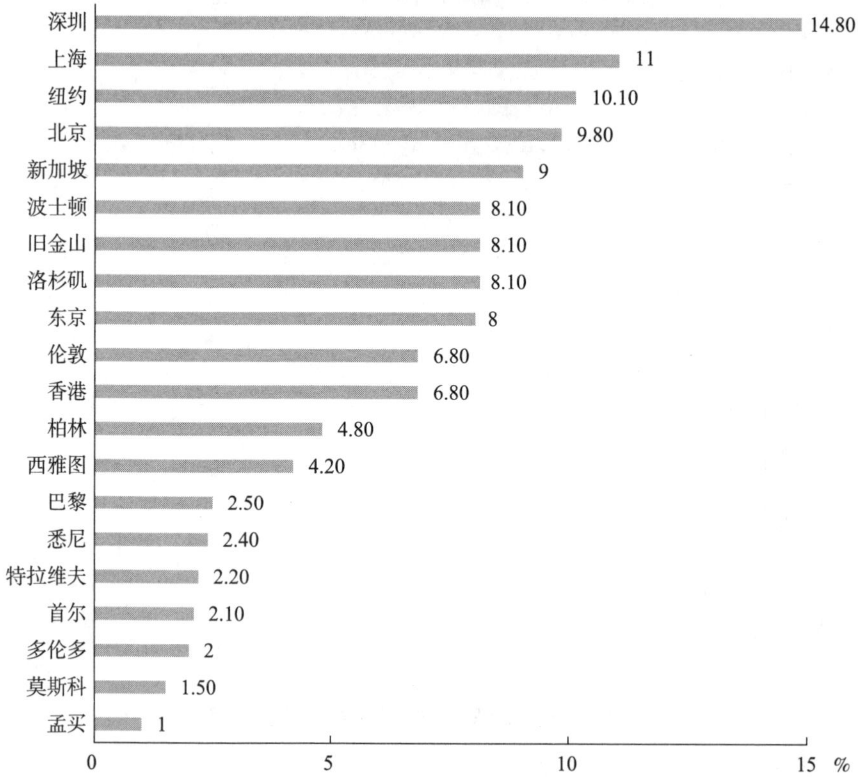

图1-18　2022年全球科学家心目中理想生活城市排名（部分）

资料来源：根据公开资料整理。

向国际创新生态标杆城市稳步迈进。深圳加快建设高水平人才高地，深入推进科技人才评价改革综合试点，加快建设深圳零一学院、深圳科创学院，优化外籍人才服务管理。推动科技金融深度融合，设立产业子基金，用好用足科技创新再贷款政策工具，设立实施知识产权证券化专项计划。打造国际一流创新环境，推动科研物资跨境自由流动，探索新领域新业态知识产权保护规则。

加大创新政策支持力度。为了增强自主创新能力，深圳市加快构建自主可控的产业链，抓住国家战略科技力量布局建设的重大机遇。深圳市政府发布的《深圳市科技创新“十四五”规划》中提出：到2025年，原始创新能力实现较大提升，关键核心技术攻关取得重要突破，产业创新能力跻身世界一流，高新技术产业整体迈向中高端，建成现代化国际化创新型城市，成为粤港澳大湾区国际科技创新中心的重要引擎。

3. 全力打造优质营商环境

营商环境是国际竞争力和发展软实力的重要标志。作为国家首批营商环境创新试点城市，深圳于2022年4月出台了《深圳市建设营商环境创新试点城市实施方案》，开启营商环境5.0改革，提出200项改革措施，为各类市场主体投资创业持续营造市场化、法治化、国际化的一流营商环境。

在创建国家营商环境创新试点城市的过程中，深圳将营造竞争有序的市场环境摆在首要位置，打通阻碍投资兴业的痛点、堵点。通过落实国家发展改革委、商务部《关于深圳建设中国特色社会主义先行示范区放宽市场准入若干特别措施的意见》，深圳大胆闯、大胆试，在全国率先放宽科技、金融、医疗、教育文化、交通等领域准入门槛，落实市场准入24条措施，努力消除制度性障碍与隐性壁垒。开放绿色低碳、高端装备、智慧医疗等重点领域应用场景，支持企业新技术、新产品、新业态先行先试，从“给优惠”向“给机会”转变。同时针对市场主体反映强烈的诉求和期盼，连续出台助企纾困、培育壮大市场主体、联动生产促消费、工业稳增长提质量、推动经济稳定增长5方面“30条”措施，全力帮助市场主体降低经营成本，已落地减负资金超1500亿元，惠及市场主体753万家次。

作为我国改革开放的重要窗口、试验田、示范区，深圳肩负着构建与国际接轨的开放环境、积极推进高水平对外开放的重要使命。通过创设“大湾区组合港”通关模式，2022年深圳港已累计开通26个组合港点位，覆盖大湾区近90%的城市，通过组合港模式实现的进出口吞吐量超过19万标准箱，组合港水中转集装箱的进出口物流整体时长由5~7天压缩至2天，节省货主报关成本约30%。深圳还发布了国内首个《基于跨境活动的企业信用报告格式规范》，为不同国家、地区企业信用报告提供转化支撑和互认依据；揭牌成立深圳数据交易所，实现国内首单场内跨境数据交易；发布全国首个经国际认证的医院评审标准，便利高水平医疗机构使用“国产标准”融入国际，推进大湾区及跨境医疗服务规则衔接；建立国际职业资格证书认可清单制度，持有相关职业资格的国际专业人员在深圳备案登记后即可提供专业服务。

深圳深入打造高效便利的政务环境，不断优化企业全生命周期服务。启用“智慧警务舱”，可“一窗办理”户政、出入境、车驾管等16项公安政务服务事项，有效解决了“多地多窗”“分头办理”的难题，累计为企业节约创业资金超2亿元。上线远程办税服务平台，推出“要素化”纳税申报和数字人民币缴税费服务，让办税从“最多跑一次”到“一次都不用跑”。实施不动产登记“税费一次缴清”服务，实现税费、登记费“前台一次缴纳、后台自动清分”，办理人可“实时申报、实时缴款、实时开票”。打造全市统一的市场主体培育服务平台“深i企”，聚焦数据赋能、政策赋能、科技赋能，为企业提供高效、精准、全覆盖的整体式、一站式、主动式服务，市场主体可一站式获取政策信息、享受惠企服务、提出诉求建议，实现“政策一站通、诉求一键提、业务一窗办、服务一网汇”。

深圳以市场主体需求为导向，出台一系列务实举措，奋力打造全球创新创业和投资发展最佳城市。2023年8月，深圳市政府以组合拳形式出台《深圳市优化市场化营商环境工作方案（2023—2025年）》《深圳市优化法治化营商环境工作方案（2023—2025年）》《深圳市优化国际化营商环境工作方案（2023—2025年）》等政策，激发市场主体活力，推动各类市场主体高质量发展，将优化营商环境的工作推上新台阶。

营商环境市场化、法治化、国际化是相辅相成的，深入推进“放管服”改革，使各项改革相互促进，形成强大合力，有助于激发市场活力和发展内生动力，为经济社会高质量发展赋能增力。《深圳市优化市场化营商环境工作方案（2023—2025年）》提出：深圳将围绕产权保护、市场准入、公平竞争、社会信用等重点领域，创新政府管理和服务方式，用好用足放宽市场准入特别措施等政策优势，持续发力打造产权保护更有效、准入制度更完善、市场竞争更公平、信用体系更健全、要素配置更高效、政务服务更便捷的市场化营商环境。该方案明确的主要任务包括加强市场主体产权保护、持续放宽市场准入门槛、维护公平竞争的市场秩序、提升信用监管和服务水平、提升要素保障服务水平、优化政府管理和服务方式等6个方面共23条具体举措。根据该方案，深圳将优化企业登记与退出服务，到2025年，全面实现破产相关信息“一键查询”、破产事务“一网通办”；健全公平竞争审查机制，开展公平竞争指数试点；加强信用服务跨境合作，建成跨境信用综合服务平台；加大土地要素支撑力度，到 2025 年整备工业用地达到约 15 平方公里；便利企业获取资本要素，2025 年将普惠小微企业贷款占各项贷款比重提升至 18%；推广应用新技术新产品，到 2025 年完成重大技术装备首台（套）、新材料首批次、软件首版次推广应用 450 个以上；加快培育数据要素市场，健全深圳市公共数据开放平台，2024 年在企业登记监管、卫生健康、交通运输、气象、金融、电力等重点领域开展公共数据授权运营试点。

法治环境是营商环境的重要组成部分，也是判断营商环境优劣的关键。深圳一直致力于构建完善的法治环境，保护市场主体合法权益，助力企业在公平公正的环境中健康成长。深圳在《深圳市优化法治化营商环境工作方案（2023—2025 年）》中提出将全面推进科学立法、严格执法、公正司法、全民守法，更好地发挥法治固根本、稳预期、利长远的保障作用，依法平等保护各类市场主体的合法权益，以高质量法治保障高质量发展，加快建设中国特色社会主义法治先行示范城市。同时明确涉及完善营商环境制度体系、推进规范文明监管执法、推进严格公正高效司法、完善公共法律服务体系等 4 个方面的 20 条具体举措。

一流的国际化营商环境是深圳作为我国改革开放重要窗口的应有之义。《深圳市优化国际化营商环境工作方案（2023—2025 年）》中提到：将加快推进规则、规制、管理、标准等制度型开放，持续推进贸易和投资自由化便利化，率先建设更高水平开放型经济新体制，不断提升深圳对全球优质要素资源的强大吸引力和国际竞争力。方案明确的主要任务涉及创建开放式产业创新生态、创建全球资源要素配置国际服务体系、创建高标准投资贸易保障机制、创建高品质的宜居宜业环境等 4 个方面共 12 条具体举措。根据该方案，深圳将打造国际化的生产性服务业体系，到 2025 年，现代服务业增加值占服务业增加值的比重达到 77% 以上；推动数据要素安全高效跨境流动，支持前海蛇口自贸片区创新数字贸易制度、河套深港科技创新合作区打造国际科技信息枢纽；更大力度吸引和利用外资，到 2025 年，高技术产业实际使用外资规模达到 40 亿美元以上；创新知识产权全链条法律服务，形成政府支持，律师事务所、公证处、司法鉴定机构、仲裁机构等法律服务机构参与的全过程、多维度、全方位法律服务链。

二、深圳健康产业总体情况

（一）产业规模

得益于深圳市政府对产业政策的大力支持与营商环境的优化，深圳健康产业发展整体向好。根据深圳市统计局监测数据，2022 年深圳健康产业规模以上企业资产总计 4452.9 亿元，同比增长 43.69%；营业收入为 3322.5 亿元，同比增长 43.69%；行业利润总额为 288.5 亿元，同比下降 12.58%（见图 1-19）。

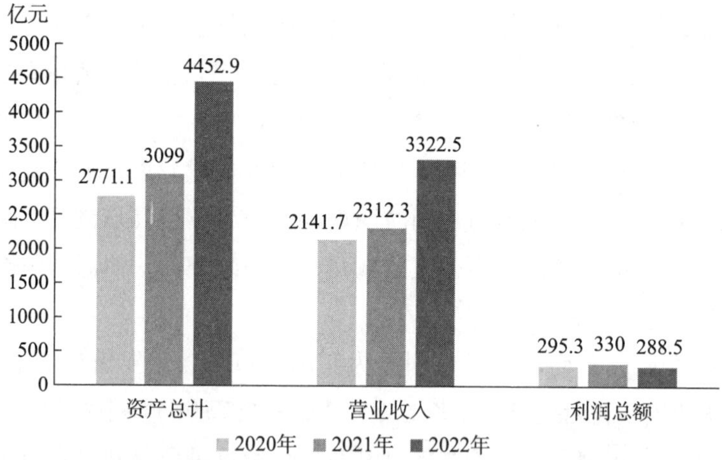

图 1-19　2020—2022 年深圳健康产业规模以上企业经济指标

资料来源：深圳市统计局。

从 2022 年深圳各区健康产业规模以上企业分布的情况来看，南山区的分布最多，规模以上企业数量占比为 25.14%；龙岗区紧随其后，规模以上企业数量占比为 17.31%；罗湖区规模以上企业数量占比为 13.74%；宝安区规模以上企业数量占比为 12.02%；龙华区规模以上企业数量占比为 8.24%；坪山区规模以上企业数量占比为 7.42%；福田区规模以上企业数量占比为 7.34%；光明区规模以上企业数量占比为 5.63%；盐田区规模以上企业数量占比为 1.92%；大鹏新区规模以上企业数量占比为 1.03%；深汕合作区规模以上企业数量占比为 0.21%（见图 1-20）。

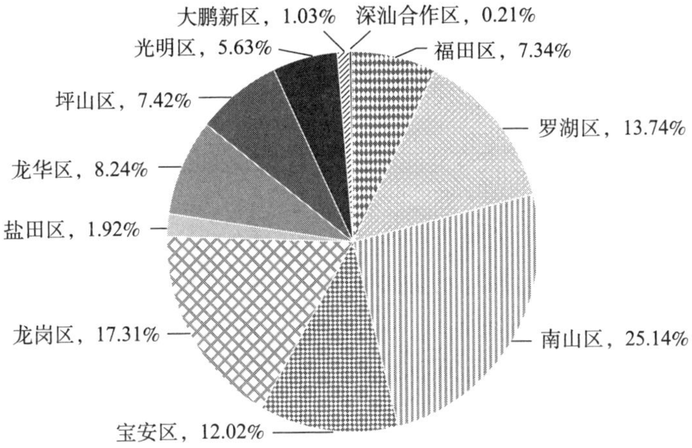

图 1-20 2022 年深圳市健康产业规模以上企业分布

资料来源：深圳市统计局。

（二）企业运营情况

1. 经营目标完成情况

2022 年新冠疫情对企业经营的冲击面显著扩大，深圳大部分健康产业企业的经营受到影响。调研数据显示，有 53.61%的受访企业明确表示，受疫情、市场等因素影响较大，企业经营出现部分困难，仅实现部分经营目标；有 27.84%的受访企业认为受疫情、市场等因素影响较小，企业经营遇到少量困难，基本实现目标；有 14.43%的受访企业认为受疫情、市场等因素影响严重，企业经营面临严重困难，无法实现经营目标；有 4.12%的受访企业表示未受任何影响，超额完成或已实现既定经营目标（见图 1-21）。

2. 企业的投资方向

2022 年关于企业的投资方向，有 72.16%的健康产业企业倾向于研发新产品或开展新服务；有 35.05%的企业以技术改造/设备升级为主；有 31.96%的企业向产业链条上下游延展；为应对数字化转型趋势，有 24.74%的企业倾向于企业数字化基础及配套设施建设；有 17.53%的企业进行产品/服务升级；有 15.46%的企业进行产业协同的收购/并购（见图 1-22）。

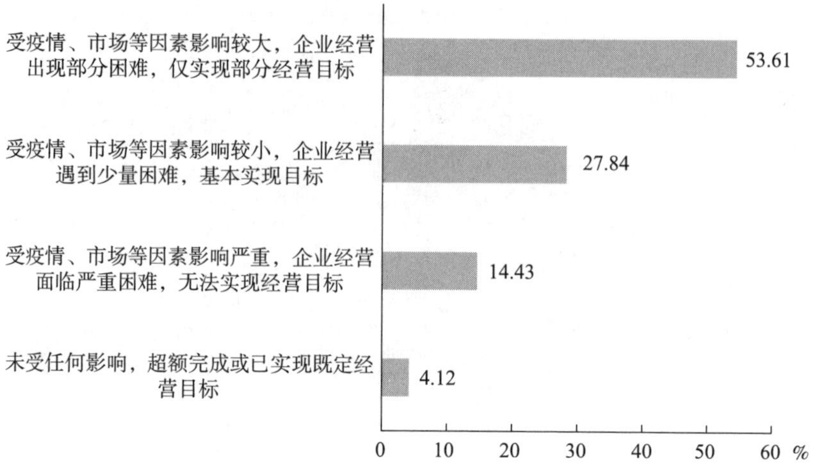

图 1-21　2022 年企业经营目标完成情况

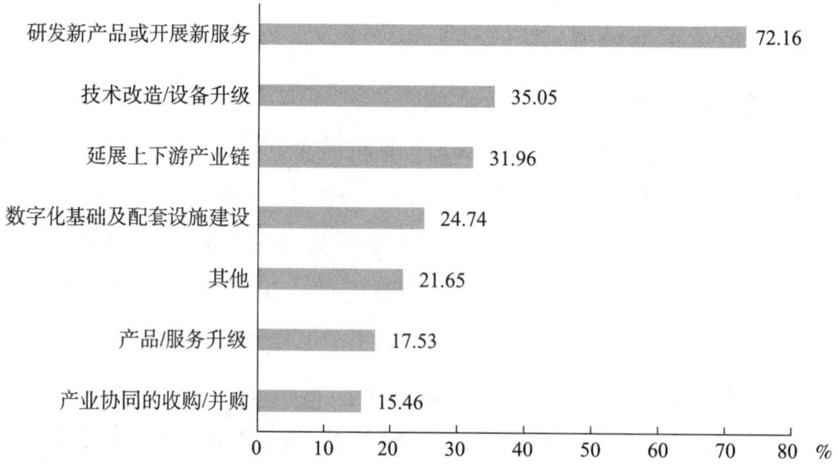

图 1-22　2022 年企业投资方向

3. 企业业务发展方向

在后疫情时代，健康产业企业正以前所未有的速度和方式，创新和调整自己的商业模式，以适应这个瞬息万变的环境。调研显示，有 65.98%的企业调整市场定位，开拓新市场；有 60.82%的企业增加产品研发，提升产品附加值或升级迭代；有 48.45%的企业加大数字化、智能化、自动化力度；有 45.36%的企业调整商业模式；有 37.11%的企业提质增效，降低成本投入；有 25.77%的企业调整融资结构；有 2.06%的企业转型其他领域（见图 1-23）。

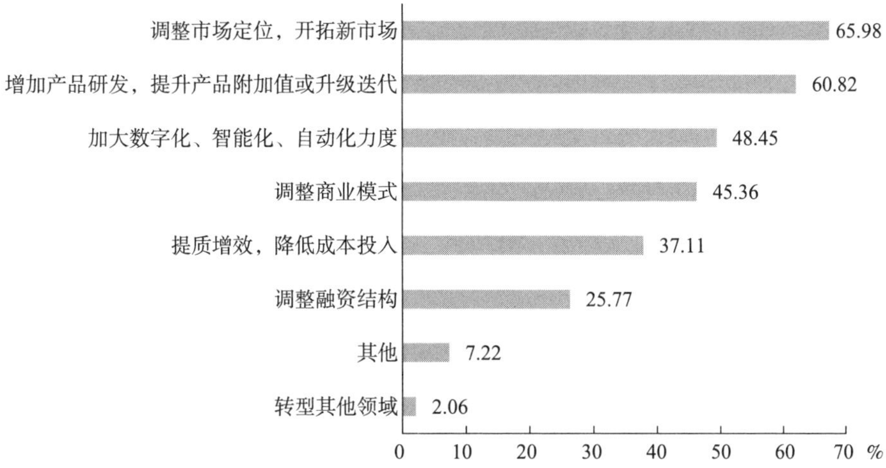

图 1-23　企业未来重点规划的发展方向

（三）企业研发创新情况

1. 企业开展科研活动情况

深圳健康产业企业的科研创新意识较强，大部分企业高度重视科技创新与成果转化，积极开展产学研联动。调查显示，有 81.25%的企业进行新产品、新工艺、新技术研发；有 9.38%的企业开展方案整合、平台通融类项目；另有 9.37%的企业进行其他类研发活动（见图 1-24）。

其中，在企业研发项目来源中，有 87.50%的企业为自主研发；有 42.19%的企业为合作开发或技术购买；有 34.38%的企业为高校院所科技成果转化（见图 1-25）。

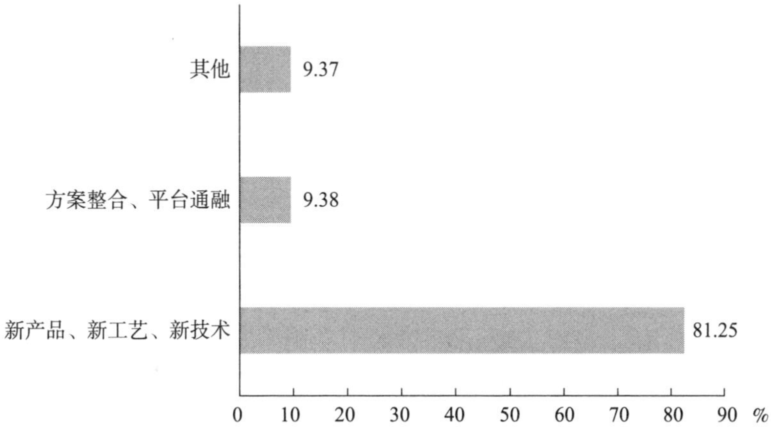

图 1-24　企业研发方向

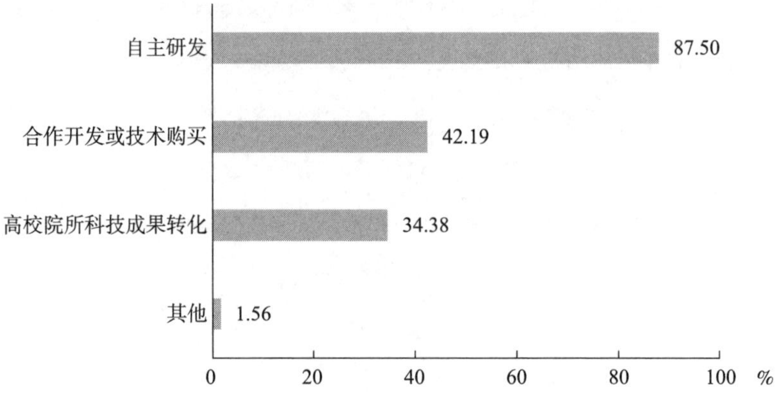

图 1-25　企业研发项目来源

企业选择项目研发合作对象时，大部分倾向于与科研机构、高校开展合作。调研显示，有 65. 63%的企业选择了科研机构；有 53. 13%的企业与高等院校合作；有 32. 81%的企业与社会组织合作；有 21. 88%的企业选择与其他单位合作；有 15. 63%的企业与政府机构合作（见图 1-26）。

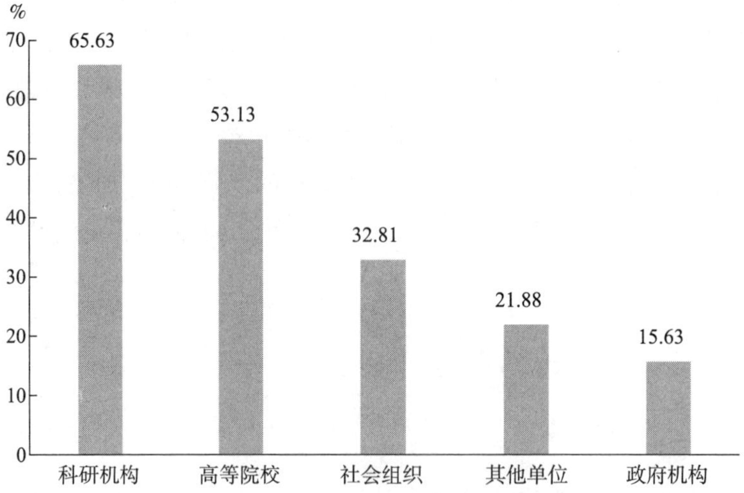

图 1-26　企业项目研发合作对象

在研发经费来源方面，有 90. 63%的企业为自筹；有 20. 31%的企业通过资本市场融资；有 18. 75%的企业获得政府资金资助；分别有 17. 19%的企业通过银行借贷或其他途径筹资（见图 1-27）。

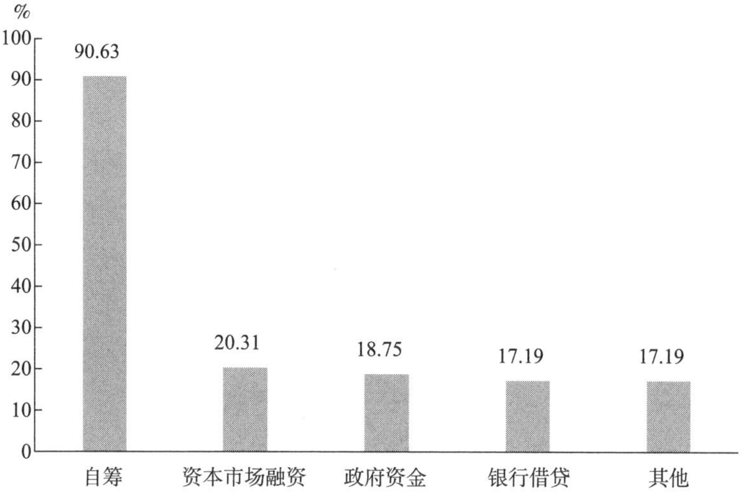

图 1-27 企业研发经费来源

2. 企业自主创新时的难点

深圳健康产业企业在积极参与创新、提高自身竞争力的同时，也面临种种艰难险阻。产业政策未能全面覆盖，支持奖励额度占企业研发投入的比例不高，医疗器械、保健食品产品审评审批周期长等难点痛点，在一定程度上限制了整个产业的良性发展。

调研数据显示，有 32.99%的企业认为科技创新面临的困难是研发资金不足；有 24.74%的企业认为深圳健康产业政策专项资金覆盖面不够广泛，相关政策扶持广度力度不足；有 16.49%的企业认为缺少专业技术人员；有 9.28%的企业遇到的困难是其所研发的产品/服务缺乏相应标准或认定依据，导致其无法进入市场；有 3.09%的企业出现的问题是其所拥有的设备仪器迭代不及时，影响了创新的积极性（见图 1-28）。根据市场需求的新变化来灵活调整产业政策，牢牢把握当前产业发展的重点领域和关键环节，方能促进产业在稳健运行中实现质的提升，迈向更高质量的经济发展新阶段。

（四）企业享受政策扶持情况

1. 企业了解扶持政策的程度

2022 年，为帮助中小微企业渡过受新冠疫情持续影响的难关，深圳市各级政府相关部门出台了多项利好政策。但与 2021 年相比，企业对各级政府出台的各种支持政策的了解程度没有明显上升，政策宣传不足的情形没有改变。调研

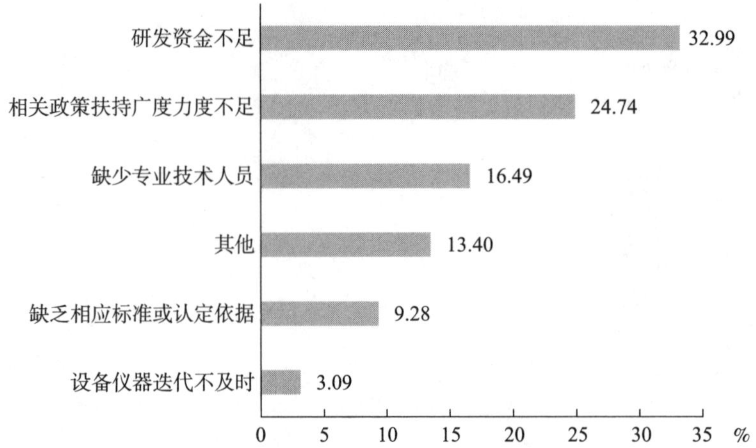

图 1-28　企业在自主创新时的主要难点

显示，有 42.27%的受访企业表示对相关惠企政策略有所闻，但不知具体申报细节；有 20.62%的企业基本了解相关惠企政策，并已自主/委托申报各项扶持；仅有 14.43%的企业完全了解相关政策，一旦企业符合条件均自主申报；有 22.68%的企业完全不了解政策情况，从未申请过任何项目扶持（见图 1-29）。

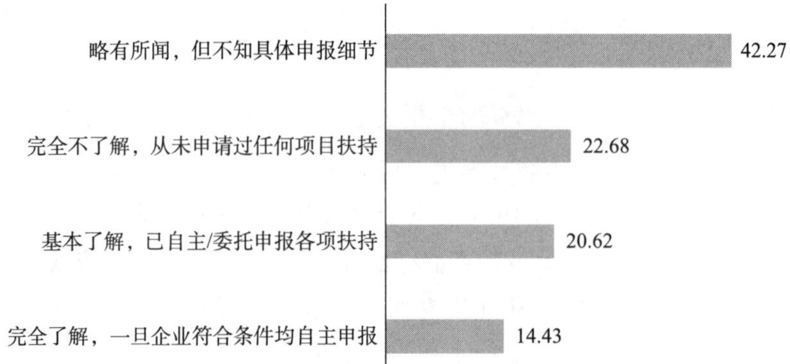

图 1-29　企业对政府扶持政策的了解程度

2. 政府扶持政策的受惠面

从实际效果看，企业比较普遍地享受到政府政策支持，但不同类型企业、不同行业细分领域企业在不同政策上的受惠面明显不平衡。调研发现，有 26.80%的企业享受过政府的奖励与补贴；有 22.68%的企业享受过创新创业专项；有 20.62%的企业享受过高新技术企业税收减免；有 14.43%的企业享受过民营及中小企业服务体系建设扶持；有 9.28%的企业享受过平台和载体专项；有 8.25%的企业享受过基础研究专项；有 8.25%的企业享受过协同创新专项；有 7.22%的企业享受过技术改造扶持；但有 42.27%的企业未享受到任何政策（见图 1-30）。

进一步看，企业不了解扶持政策详情的占比为 40.21%；有 37.11%的企业信息渠道匮乏，无法及时获取相关信息；有 27.84%的企业觉得自身不符合扶持政策条件；有 25.77%的企业认为政策扶持力度不够；有 17.53%的企业认为人力有限，缺乏相关专业人员；有 15.46%的企业觉得申请流程烦琐（见图 1-31）。

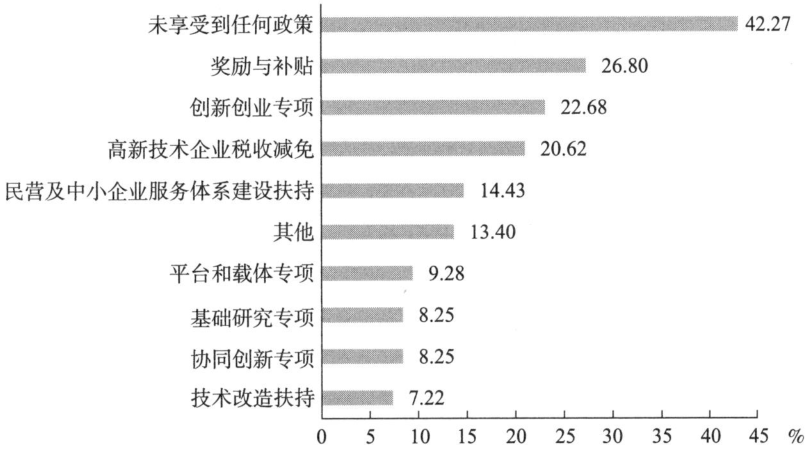

图 1-30 政府扶持政策的受惠面

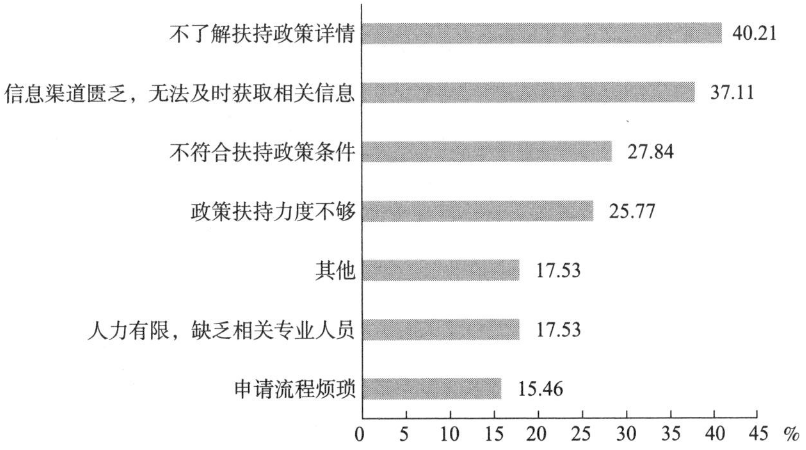

图 1-31 企业无法获得政策支持的原因

3. 企业的发展诉求

面对日益激烈的竞争环境和不断变化的市场需求，企业家们不断寻求创新与发展。数据显示，有58.76%的企业认为要提升政策知晓度，缩短业务审批流程；有58.76%的企业认为要出台更积极的产业扶持政策，加大扶持力度，提高政策落实效果；有56.70%的企业认为应减征税费，降低企业运营成本；有45.36%的企业希望政府建设并完善公共服务平台，推动产学研用资才介全面合作；有43.30%的企业希望政府强化人才培养、引进、认定力度，加强人才队伍建设；有39.18%的企业希望政府设立产业引导创新服务基金，加大政府采购支持中小企业力度；有38.14%的企业希望降低企业融资难度，拓宽融资渠道；有34.02%的企业希望政府加大稳岗促就业力度，落实“一企一策”；有29.90%的企业希望政府推动企业升级改造，加大培育优质企业力度；有28.87%的企业希望政府加强社会共治，充分发挥行业协会、学会、民非等社会组织作用；有27.84%的企业希望政府加强知识产权保护，优化公平竞争的市场环境；有15.46%的企业希望市场信息公开透明，政府加强舆论监督（见图1-32）。

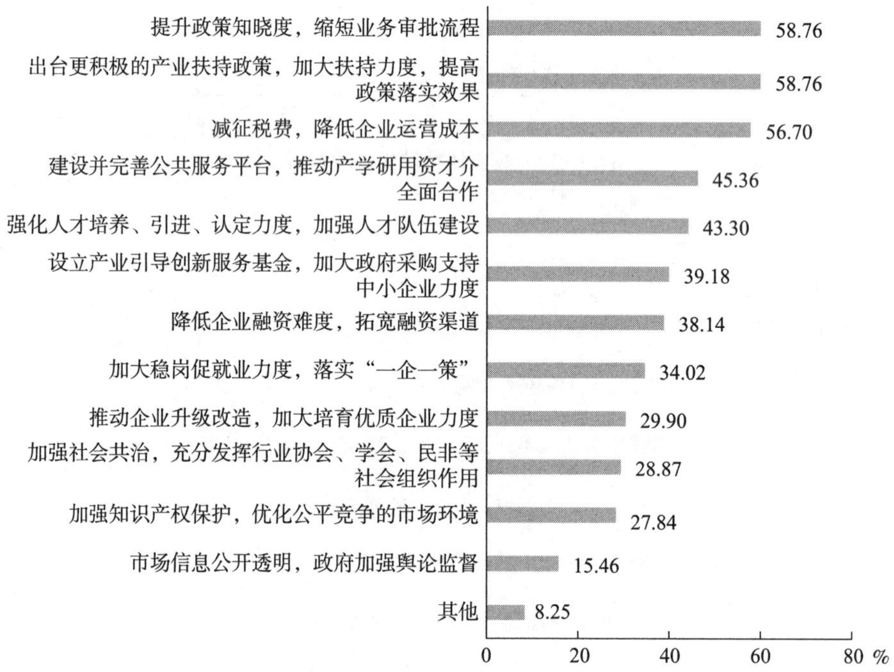

图1-32　企业各项发展诉求

（五）对产业发展趋势的预判

1. 影响企业发展的因素

一个企业，必须能够应对不断变化的社会环境，而宏观环境中影响企业的因素有很多，对企业的影响程度也不相同。调研显示，未来三五年，有48.45%的企业认为经济社会等宏观环境发生改变对企业发展影响最为重要；有37.11%的企业感受到消费者需求发生转变；有29.90%的企业认为新进入本领域的类似企业太多；有27.84%的企业关注体制改革与制度法规的变更；有26.80%的企业看重竞争对手；有22.68%的企业认为市场趋于饱和；有7.22%的企业认为原有的外部资源逐步减少；有3.09%的企业的客户关系与政府关系不融洽（见图1-33）。

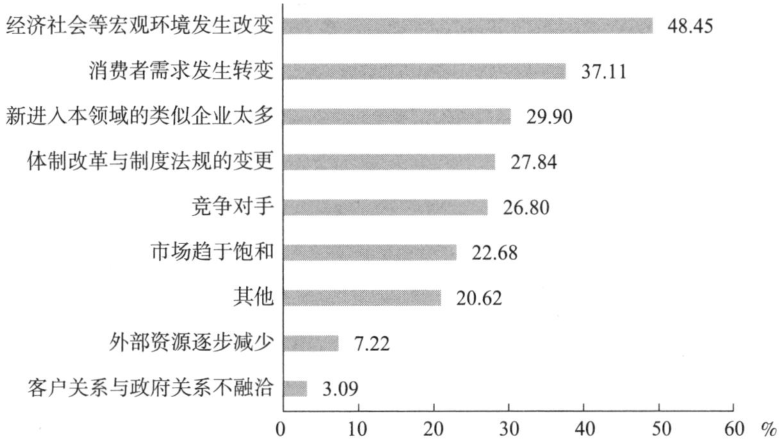

图1-33 未来三五年影响企业发展的因素

2. 预测产业发展的趋势

近年来，在诸多有力政策支持下，深圳健康产业实现快速发展，呈现重点领域发展壮大、新增长点涌现、创新能级跃升、竞争实力增强等诸多特点，形成了良好的发展局面。调研数据显示，有62.89%的企业预计营收将会增长，有30.93%的企业预计营收保持稳定，有6.19%的企业预计营收下降（见图1-34）。

尽管全球经济下行，国内经济形势复苏缓慢，过半企业仍对经营业绩保持乐观态度。对2023—2025年利润额的判断，有51.55%的企业预计盈利，有43.30%的企业预计保持稳定，仅有5.15%的企业预计亏损（见图1-35）。

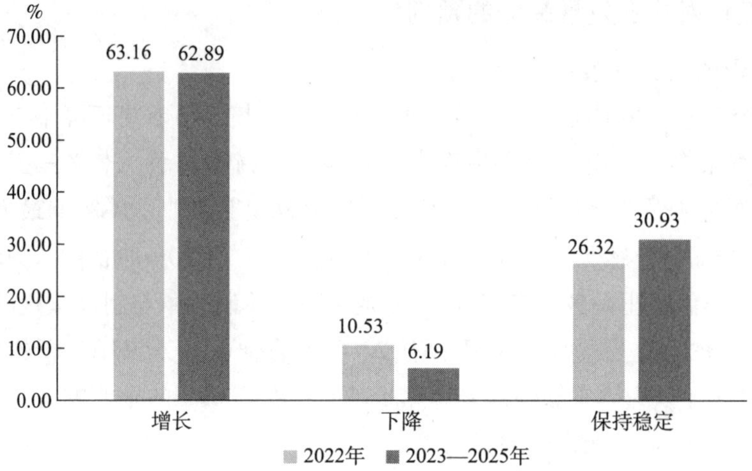

图 1-34　企业对 2023—2025 年营收状况的预判

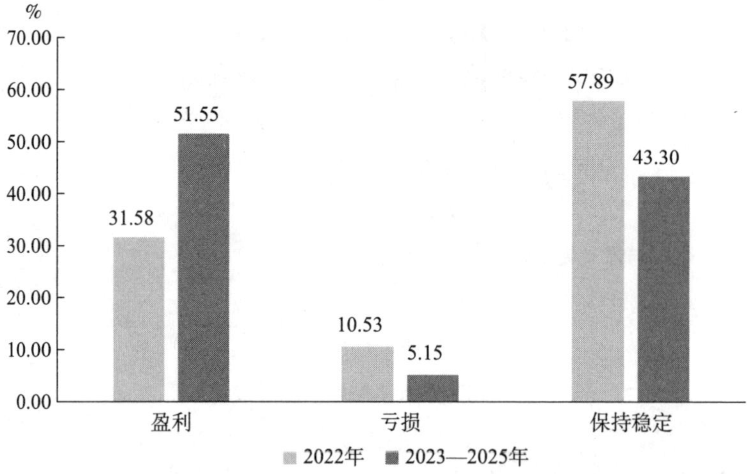

图 1-35　企业对 2023—2025 年利润额的预判

三、深圳健康产业发展建议

近年来，深圳出台一系列利好政策，为深圳健康产业的高速发展提供了有力保障，产业发展已具备良好基础。政府有关部门清醒地认识到深圳健康产业整体还处于发展初期，大部分以中小微企业为主，产业结构仍需优化，技术自主创新及研发能力仍需提升，产业质量效益仍待提高。面对国家对健康中国建设的高度重视，以及新一轮科技革命和产业变革的加速到来，深圳作为中国特色社会主义先行示范区，应加快完善产业体制及机制，建立系统化产业生态系统，优化产业发展环境，打造完善的产业链条，推动深圳健康产业可持续、高质量发展，力争成为全国健康产业发展的集聚高地，加速打造健康中国“深圳样板”。

（一）激发政策活力，促进产业加速集聚

目前，深圳建设战略性新兴产业集群和未来产业集群的政策体系已经初步建立，应进一步丰富相关内容，发挥好政策“放大器”作用，加快完善有利于推动产业进步的政策和法规体系。一是加强扶持政策效果，扩大奖补政策范围，细化政策补短板，按细分领域、行业引领、填补空白等维度制定实施细则，选取重点类别进行产业扶持。二是针对健康领域的中小企业，细化强化支持措施，以培育更多“专精特新”“独角兽”“瞪羚”企业为目标，从技术创新、市场开拓、投资融资、品牌创建等方面加大扶持力度，助力创新型中小企业发展壮大。三是加大补链强链工作力度，梳理细化健康产业链情况，摸清产业链的弱点、空白点和断裂点，以产业链思维完善政策、推动发展。四是发挥龙头企业的带动作用，借助龙头企业的资本、研发、人才等优势，制定专门招商产业政策，引育为龙头企业配套的企业，健全上下游产业链协同发展机制，优化健康产业发展生态圈。五是探索政策和制度创新突破。目前如器械类的产品行政审批周期长、审核材料繁冗等，在一定程度上阻碍了企业创新的积极性，可充分利用河套地区先行先试，探索推动提高审评审批效率的有效机制，针对器械类产品/用品，特别是具有重大临床价值的创新器械，减少注册审批流程。

（二）强化科技赋能，重塑产业价值体系

新技术、新理念与新需求不断刺激健康产业进化和发展，需加强以创新驱动产业结构战略性转变的底层逻辑观念，引领产业高质量发展。如以人工智能、大数据、5G 技术、工业互联网等为代表的新一代信息技术在健康产业的融合发展；合成生物技术在医药、健康食品、医疗美容等领域的创新应用。技术与产业的互动加速、技术之间的互动互融，对产业结构转变产生深刻影响，健康产业的底层逻辑正在发生根本性改变，指向产业结构升级的演进方向，重塑健康现代化产业的价值。发展壮大深圳健康产业，需要进一步强化科技创新的支撑作用，以科技为底层逻辑建构未来健康产业体系，推动产业发展进入新周期。

加大对健康产业科技创新的支持力度。围绕健康产业新兴领域、热点方向，依托公共技术平台，重视颠覆性和替代性技术等的创新与应用，开展关键核心技术攻关，布局重大科技产业专项研究；创新多元化的科研评价与激励机制，鼓励企业加大创新研发力度，对进行健康领域新材料、新技术、新工艺、新原理等前沿领域的基础研究和技术攻关给予资助；鼓励企业与国内外知名院校及科研院所密切合作，实现研究成果落地转化，做好对创新产品的示范应用，给予产品全生命周期支持。同时，树立开放意识，吸引利用国内外的资源和要素，构建起创新驱动产业优化升级的大循环，大力提升各类平台与载体的能级，吸纳和聚集创新资源、创新要素、创新型企业，为推动健康产业高质量发展提供有力支撑。

（三）扩大产业资金规模，吸引社会资本参与

深圳健康产业还处于发展初期，大部分企业为中小企业，因此有必要加大对健康产业的资金支持力度，促进其良好快速发展。一方面全力保障资金，通过合理加大财政资金对健康产业的扶持力度、积极争取成立相关产业专项基金等，充分发挥政府引导基金“筑渠引流”的金融支持作用，吸引并撬动社会资本扩大资金池以共同推进深圳健康产业高质量发展；推动有助于健康产业金融发展的债券、股权、基金、保险市场的建设，加快建立高效的健康产业金融市场，满足多元多层次的投融资需求。另一方面构建正向的激励机制，积极落实健康产业惠企的资金政策，包括企业创新研发和创新力提升的资金政策、企业转型扶持奖励政策、企业落户激励政策、税费优惠政策等。

（四）完善标准体系，健全监督管理体系

标准体系建设在推进产业发展中发挥着基础性、引领性作用。从政府治理角度看，标准化应成为治理现代化的重要手段；从经济转型升级角度看，标准化是创新技术产业化、市场化的关键环节，是支持企业“走出去”参与合作与竞争，保障经济利益和经济安全的重要手段。健康产业与广大人民群众息息相关，无论是企业参与国内外的市场竞争，还是满足人民群众日益增长的健康需求，加快健康行业标准体系建设刻不容缓，这也是将健康行业推向规范化、专业化发展轨道的重要举措。

因此，加快打造深圳标准，提升深圳质量，规范深圳标准认证活动，促进深圳先进标准的应用，开展多个健康产业细分行业标准制定工作，推行产品、服务的深圳标准认证，制定和发布深圳标准认证产品和服务“白名单”

势在必行。以国际一流为标杆，加快构建覆盖深圳健康产业各领域的多层次、高水平的标准体系，推动行业标准达到国内领先、国际先进水平，在若干重点领域成为国际行业标准引领者，实现有质量的稳定增长、可持续的全面发展。以行业引领为标杆，鼓励行业协会、企业积极主导或参与国际标准、国家标准、行业标准、地方标准以及团体标准的制定，加大知识产权保护力度，支持企业建立先进、完善的质量管理体系，以高标准引领行业高质量发展，提升行业整体竞争力。提升产品备案、生产许可等技术评审水平，提高评审质量，简化评审流程，加快产品上市推广速度，真正把标准化落到实处，促进企业生产与服务规范化、规模化。

（五）强化人才保障，提升行业人才素质

人才是产业发展的根本基础和主导力量，推动健康产业的高质量发展，需要加强健康产业的人才体系建设，充分发挥人才在健康产业发展中的核心作用，以人才带动健康产业的升级转型。

依托高层次人才引进计划布局健康产业，积极引进掌握或具有产业核心技术创新能力的领军人才、团队；建立健全人才培养、评价评定、激励机制，加强高校的健康学科建设和专业配置，鼓励企业与高校、科研院所建立健康人才联合培养机制，提高人才供给能力；促进国内外人才市场开放融通，推动人才发展国际化，打通健康人才流通渠道。

同时，重视行业人才的教育培训，促进培训多元化、模式多样化、内容多层化，形成覆盖行业发展不同领域、不同阶段的人才培训体系，实现人才培养和产业发展全链条融合。一方面加强行业基础教育与专业化培训工作，开展行业基础知识、从业人员资格、职业技能资格、行业紧缺人才培训，既培养从事理论研究和研发的专业人才，又培养能在一线进行专业化服务的实操人员，提高行业从业人员的技能水平与职业素养。另一方面开展管理型人才的培训工作，包括管理能力、产业化资本与技术等与企业发展相关的人力资源、法律、知识产权、企业管理、标准化建设等专项培训。

（六）行业协会走到台前，积极发挥主导作用

各级政府为调整经济结构、促进企业转型升级出台了不少政策措施，虽然起到一定的引领作用，但总的来看政策精准度不高、效率不高、覆盖面不广。究其原因，在于政府很难第一时间了解企业真实的发展状况和发展需要，无法准确把握市场的变化。行业协会是同行企业自己的组织，能够深刻而敏

锐地察觉到所处行业的生存状态、存在问题、潜在危险和发展前景，对行业内不同企业的管理水平、技术储备和核心竞争力水平等情况非常熟悉。在引导参与企业转型升级的过程中，应该让行业协会走到台前，鼓励其发挥主导作用，规范组织行为。

转变政府职能的关键就是将“市场的事交给市场去做”。可精心设计和完善行业协会的评价机制，制定政府授信行业协会目录，建立起行业内“标准普尔”性质的社会组织，提供全社会认可的专业服务，建立起具有国际水准的行业评价品牌。政府以行业协会提供的数据信息为依据制定行业政策，将政府评价企业或影响企业发展方向的行政工作，逐步转移给行业协会等社会组织。如政府有关部门将涉企资金项目的申报、评价、发放工作，各级各类涉企评优奖励工作，企业评价、产品评价、认证等工作转移给相关行业协会执行，政府只做好监督和规范工作。在制订重点技术创新、智能化改造项目等有关企业转型升级计划时，可以采用委托研究或购买服务等方式，由行业协会起草计划方案，经政府有关部门确认后颁布执行。

第二章　健康产业热点领域

第一节　合成生物学

一、行业发展现状

（一）概述

合成生物学（Synthetic Biology）以生物科学为基础，汇聚化学、物理、信息等学科，融合工程学原理，设计改造天然的或合成新的生物体，揭示生命运行规律（造物致知）、变革生物体系工程化应用（造物致用），又称为工程生物学（Engineering Biology）。合成生物学作为认识生命的“钥匙”、改变未来的颠覆性技术，打开了从非生命物质向生命物质转化的大门，实现生命体系的理性设计与编辑，为生命科学研究提供了新范式，促进生物技术迭代发展成为未来生物产业发展的驱动力。

合成生物学方面的使能技术（Enabling Technology）系列不断取得突破，为解析生命运行规律提供了全新的手段，并加快了合成生物学的工程化应用。合成生物使能技术涵盖DNA测序、合成与组装，新一代基因组编辑，蛋白质设计工程，基因线路工程，底盘细胞工程，无细胞体系，人工多细胞体系，类器官工程，非天然编码与合成生物体系，生物—非生物杂合体系，生物自动化铸造工厂，以及元器件资源与信息平台等方向。

合成生物学的广泛赋能特性为医药、化工、能源、环境、农业（包括食品/饲料）等诸多行业奠定新基础，为应对全球可持续发展问题提供可行性方案。设计功能强大、性能优越的人工生物系统可实现燃料、材料及各类高值化学品的转型升级和绿色发展；重塑构建植物的信号或代谢通路，可实现高效光合、固氮和抗逆，破解农业发展的资源环境约束；创建人工细胞工厂，可实现稀缺天然产物、药物的高效合成，推进医药健康产业的高质量发展；

设计构建疾病发生发展的人工干预途径，可实现基因治疗、干细胞治疗、免疫治疗等生物治疗领域的新突破；人工合成微生物及群落，可大幅提升环境污染监测、修复和治理能力，助力健康环境和生态文明建设。

（二）宏观发展环境

1. 全球宏观形势分析

战略布局方面。合成生物学具有重大的科学价值和广阔的应用前景，既造福人类，也体现国家利益，各主要国家均将其视为科技发展战略的重中之重。美国、欧盟、英国、加拿大、澳大利亚等国（地区）高度重视合成生物学的战略研究，相继发布了合成生物学路线图，以利用合成生物学来应对人类健康安全、资源与能源安全、生态与环境安全、食品与粮食安全等方面的重大挑战。近期，美国发布系列政令与措施，旨在通过高强度投入和政府各职能部门协同确保其在该领域的领先地位，包括《国家生物技术和生物制造计划》《生物技术与生物制造的宏大目标》等。英国政府更新《科学技术框架》，将采取系列新措施促进创新投资，吸引世界上最优秀的人才，以开发和维持其在工程（合成）生物学等方面的全球领先地位。

科技进展方面。作为合成生物学发源地，美国在合成基因网络调控、人工合成基因组病毒和细胞、人工合成酵母染色体（中国学者深度参与）、拓展遗传密码子、合成新蛋白以及合成青蒿素和阿片等领域成效显著，多项成果入选 *Science* 年度十大科学突破。合成生物学赋能技术也在美国出现，如基因编辑技术使得基因网络编辑成为可能，人工智能蛋白质结构预测技术 Alpha Fold 及其升级版将加速蛋白质的从头设计合成；基于核酸人工设计合成 mRNA 疫苗等技术也将进一步推动合成生物学的医学应用。

经济社会方面。当前，全球产业正处于由生物技术驱动的工业革命的风口浪尖。2022 年 9 月，美国《国家生物技术和生物制造计划》预测，合成（工程）生物学的赋能应用在未来十年将占全球制造业产出的 1/3 以上，价值接近 30 万亿美元，将彻底颠覆传统制造业，推动经济、社会发展，并创新人们的生活。

2. 我国宏观形势分析

战略布局方面。我国高度重视合成生物学的发展。科技部从“973 计划”开始布局合成生物学，“十三五”期间启动“合成生物学”重点专项强化实施，并于“十四五”期间持续支持。国家发展改革委、教育部、中国科学院及国家自然科学基金委员会等均着力布局合成生物学。深圳、天津、上海等地方政府通过设立专项研发计划、新型研究机构、人才培养载体、重大科技基础设施和产业发展基金等举措推动合成生物学发展。

我国通过自上而下的政府战略协调、人才招聘计划、高研发支出不断缩短与国际的差距。当前，涌现了一批具有实力的创新团队，成为国际合成生物学领域具有影响力的重要科研力量，主要包括中国科学院分子植物科学卓越创新中心、中国科学院天津工业生物技术研究所、中国科学院深圳先进技术研究院等建制性专业机构，以及分布在清华大学、北京大学、上海交通大学、华东师范大学等高校和研究院所的优秀研究团队。此外，国际基因工程机器大赛（iGEM）以及合成生物学竞赛（SynBio Challenges）为我国合成生物学发展提供了丰厚的人才储备，形成了一批具有代表性的科研基地。

国内许多高校和科研机构在合成生物学实验室和研究中心等科研基地的建设上都有实际举措，其中最为集中的是上海、天津和深圳。自 2008 年中国科学院在上海建立首个合成生物学重点实验室以来，上海陆续建立了微生物代谢国家重点实验室等合成生物学相关实验室和研究中心。天津是我国合成生物学重镇，教育部 2018 年批准天津建设合成生物学前沿科学中心，科技部 2019 年批准天津建设国家合成生物技术创新中心。深圳是合成生物学发展的后起之秀，2017 年以来，深圳市政府先后批准成立深圳先进技术研究院合成生物学研究所、定量工程生物学重点实验室和深圳合成生物学创新研究院，建设全球最大的合成生物研究重大基础设施，正在筹建中的深圳理工大学已设立合成生物学院。2020 年，深圳批准建设工程生物学产业创新中心，首创国内“楼上楼下创新创业综合体”模式被国家发展改革委作为“深圳经验”，向全国各地推广。

科技进展方面。20 世纪，我国实现了化学法人工合成蛋白质（牛胰岛素）和核糖核酸（酵母丙氨酸 tRNA），这是合成生物大分子的标志性早期实践。我国合成生物学领域的基础研究起步晚于欧美约 10 年，但发展迅猛，在合成生物学基础理论、使能技术与应用等方面取得系列原创性发现和创新成果，成为国际合成生物学研究领域中的一支重要力量。我国在合成生物领域取得了一系列重要成果，近五年 3 次入选年度十大科学进展。例如，完成 4 条真核生物酿酒酵母染色体的从头设计与化学合成（*Science* 2017 年，中国十大科学进展）；将酿酒酵母的 16 条天然染色体人工创建为具有完整功能的单条染色体（*Nature* 2018 年，中国十大科学进展）；揭示了生物系统“有序性”的形成原理（*Nature* 2019 年）；在 CRISPR 基因簇内部发现了其前所未见的双 RNA 型护卫系统（*Science* 2021 年）；首次实现了二氧化碳到淀粉的体外从头合成（*Science* 2021 年，中国十大科学进展）及葡萄糖和脂肪酸的胞内合成（*Nature Catalysis* 2022 年）；揭示了新型三萜类天然产物合成机制（*Nature* 2022 年）。

尤其值得一提的是，我国合成生物学在助力"双碳"目标实现方面取得重要进展。比如，我国科学家利用无细胞系统中的二氧化碳和氢合成淀粉的化学—生化混合途径，将二氧化碳化为淀粉，比玉米中的淀粉合成速率高约 8.5 倍，为未来从二氧化碳中合成化学—生物杂化淀粉开辟了道路。2022 年 4 月 28 日，我国科学家通过电催化结合生物合成的方式，将二氧化碳高效还原合成高浓度乙酸，进一步利用合成生物改造微生物合成葡萄糖和油脂长碳链分子，这就在捕获二氧化碳的同时，创造了高附加值产物，助力"双碳"目标实现，促进低碳经济发展。

经济社会方面。我国是全球生物资源最丰富、健康消费市场最广阔的国家之一，一些生物技术产品和服务已处于第一梯队，依托强大的国内市场、完备的产业体系、丰富的生物资源和显著的制度优势，生物经济发展前景广阔。据 SynBioBeta 预测，到 2025 年，中国合成生物市场将占据全球市场的 15%；到 2030 年，欧美地区将占据全球市场的 60%，中国市场的占比将提升至 20%。生物经济快速发展的同时也面临不少挑战，一方面要应对各种突发性疫情演变，传统生物安全问题和新型生物安全风险相互叠加；另一方面生物产业原创能力仍较为薄弱，生物资源保护开发利用体系尚不完备，生物经济发展尚缺乏顶层设计和统筹协调等。

3. 深圳行业宏观分析

深圳在合成生物学领域进行了前瞻性布局，目前已初步形成"基础研究+技术攻关+成果产业化+科技金融+人才支撑"的全过程创新生态体系，首创的"楼上楼下创新创业综合体"模式被国家发展改革委作为科技成果高效转化的"深圳经验"，向全国推广。深圳同时集聚形成了一支以青年"海归"为主、全球规模最大的多学科交叉团队，在合成生物定量设计与理论构建、基因组合成、合成生物化学、材料合成生物学、医学合成生物学等领域具备先发优势。

2022 年 6 月，深圳市政府出台《关于发展壮大战略性新兴产业集群和培育发展未来产业的意见》，明确将合成生物列入深圳八大未来产业，进行重点培育；《深圳市培育发展未来产业行动计划（2022—2025 年）》进一步加大对合成生物创新与产业发展的支持力度；光明区政府发布的《光明区关于支持合成生物创新链产业链融合发展的若干措施》为全国首个合成生物领域专项扶持政策。此外，深圳市发展和改革委员会、深圳市科技创新委员会也相继出台了支持合成生物产业发展的相关政策。

（1）部市联动

“十三五”期间，国家在合成生物学方向的科技投入约为23.161亿元，共支持135项任务。深圳单位参与的任务共有50项，占全国的37%；其中牵头的项目有30项，占全国的22%，较“十二五”期间增长显著。合成生物学重点专项青年科学家项目由深圳单位牵头13项，占全国的42%。通过承担国家战略任务，深圳有效聚集了各方科技资源，实现了跨地域、跨行业、跨创新主体的协同创新，为科技及经济发展提供持续性支撑与引领。“十三五”期间部市联动专项助力深圳合成生物学在原始创新方面产出系列重要成果，例如发现合成生物建构定量公式；成功将二氧化碳高效还原合成高浓度乙酸，进一步利用微生物合成葡萄糖和油脂；在酵母中重构大麻素全合成途径；利用合成生物技术开发活胶水。具有自复制、自修复、可重塑、可进化等特征的一批重大科技成果，充分体现了深圳在国家战略方面的作为与担当。“十四五”期间，部市联动科研专项将定位于战略性基础研究，坚持问题导向，聚焦科学目标和战略目标，通过学科汇聚，引领生命科学向纵深发展，驱动生物产业变革，助力科技强国建设。

（2）创新机构

“十三五”期间，深圳市科技创新委员会支持成立深圳合成生物学创新研究院，五年投入约7.5亿元建设资金，其主要功能是培育人才和前瞻关键技术探索研究。该研究院聚焦人工生命体系的理解、重塑与扩展这一重大科学挑战，开展合成生物学基本原理和共性技术的原始创新研究。重点提升生命体系定量描述与预测、人工基因组设计与构建、自动化铸造测试等共性关键技术能力，推进合成生物技术在医疗、健康、材料、能源领域的应用示范。推动生命科学从认识生命到设计生命的跨越。目前，已形成一支全球规模最大的以1000余名青年“海归”为主的多学科交叉团队。

（3）设施基础

“十三五”期间，深圳市发展和改革委员会支持建设合成生物研究重大科技基础设施，投入约7.22亿元，以实现基础研究和应用基础研究使能技术的极大突破，同时面向产业发展提供服务，促进合成生物学颠覆性技术的创新与工程化应用，目前该设施投入运行在即。该设施以合成生物学基础研究为理论基础，将自动化工业发展过程中的智能制造理念引入到合成生物学研究中。该设施建成后将成为全球规模最大、我国首个合成生物学共性技术研发平台基础，必将极大地助力产业快速发展。

（4）产业转化

深圳市发展和改革委员会与光明区政府投入9000余万元，建设深圳市工程生物产业创新中心，首创国内“楼上楼下创新创业综合体”模式，建立“科研—转化—产业”的新型全链条企业培育模式，入选国家发展改革委在全国推广的深圳特区47条创新举措之一。截至2023年8月，已组织12批次企业遴选，超300家企业报名参加，通过遴选的企业有109家，孵化器和后续拓展园区吸引落地41家企业，毕业企业14家，入驻企业融资总额达24.8亿元，估值约为164.8亿元。在资本赋能科技成果转化方面，深圳合成生物学创新研究院发起成立全国首支合成生物天使基金，重点瞄准把合成生物前沿技术应用于生物工程制造的初创公司，合成生物产业园目前已落地50余家企业。为支持合成生物产业发展壮大，深圳市政府成立了合成生物产业基金，规模达15亿元。2023年7月，国家发展改革委正式批准深圳市建设国家生物制造产业创新中心，进一步推动合成生物产业化落地高质量发展。

（5）人才队伍

“十三五”期间，深圳合成生物学领域的研究人员超过1000人，培养各类人才550余人，包括18位国家级高层次人才、13位省部级高层次人才、100余位博士后，先后引进美国科学院George Church院士、美国工程院Jay Keasling院士、日本学士院Akihiko Kondo院士等本领域杰出客座教授领衔的研究团队，有效带动了深圳高层次人才的培养。另外，深圳理工大学（筹）成立了全国首个合成生物学院，学院探索全新的教学模式和人才培养机制，全力打造质量一流、规模适度的师资队伍，为合成生物学领域培养和输出高素质、高质量的人才。2022年，首届合成生物学竞赛（SynBio Challenges）成功举办，为深圳乃至我国合成生物学发展提供了丰厚的人才储备。

（6）创新网络

深圳已成为全球合成生物学领域的一支重要力量。以深圳合成生物学创新研究院为中心，在合成生物学领域构筑全球创新网络体系，发起或组建国际、亚洲、中国及深圳等各级社会团体组织。深圳市合成生物学协会作为关键枢纽在全球网络体系中发挥重要桥梁作用。该协会是我国首个合成生物学领域的行业协会，并于2022年成为深圳市生物医疗领域唯一的社会组织交流服务展示点。根据《关于发展壮大战略性新兴产业集群和培育发展未来产业的意见》等重要政策文件精神和“一集群、一联盟”部署，2022年10月，深圳市合成生物学协会作为发起单位组建合成生物产业创新联盟，旨在联合政府、学术、产业、资本与公众各界，促进国际学术与产业交流，加速合成生物产业集群建设，聚焦“20+8”产业集群中的未来产业，为建设全球合成生物产业高地贡献深圳力量。目前，以合成生物产业创新联盟为主体，发起SynStar300（合成生物星聚）计划，依托中国科学院深圳先进院、深圳理工大学（筹）、深圳合成生物学创新研究院、深圳合成生物研究重大科技基础设施、深圳市工程生物产业创新中心等载体平台，计划3年汇聚300家合成生物创新企业，构建“基础研究+技术攻关+成果产业化+科技金融+人才支撑”全过程创新生态链，进一步加速生物制造产业集群建设，抢占全球合成生物产业高地。

（三）行业发展特征

1. 产业图谱

合成生物产业的关键环节包括菌株设计改造、工艺开发、工业化量产和终端产品交付，可以分为上中下游。上游是工具层或技术层，负责提供关键的底层技术和原料等，如DNA测序合成与组装、基因编辑、工具酶及底盘细胞构建等。中游是平台层，提供技术赋能、构建平台型生物，涉及对生物系统和生物体进行设计、开发和改造等。下游则是各类产品应用型公司，覆盖医疗健康、化工能源、食品与消费品、现代农业、环境与可持续发展等领域的应用和产品落地（见图2-1）。当前的合成生物企业根据其商业发展模式可以分为两类：一类是专注垂直化产品及专项技术突破，覆盖所有关键环节的全产业链产品型公司；另一类是底层技术驱动、专注于菌株设计和改造的平台型服务公司。

（1）上游工具层

合成生物学使能技术为行业底层赋能，提供行业发展动力。合成生物产业技术层涉及DNA/RNA编辑、合成、测序、组装技术，基因编辑，工具酶开发以及模式底盘生物库构建等的研发。

（2）中游平台层

合成生物产业链的中游是专注技术研发的各类自动化设施平台及相关服务的平台型公司，但往往中游平台层与下游应用层的界限并不清晰。中游平台型

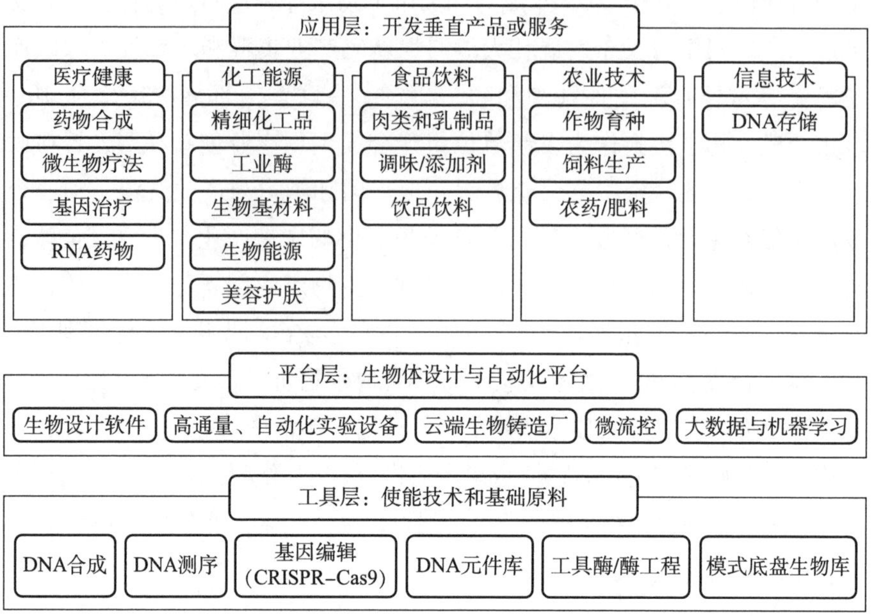

图 2-1　合成生物产业全链条

资料来源：《2022 年中国合成生物产业发展报告》。

企业借助软件和硬件解决方案的结合，可以快速高通量地设计、构建、测试和优化生命体。随着合成生物学科的不断交叉与融合，已经出现多个设施集聚的现象，深圳合成生物研究重大科技基础设施创造性地打造了大设施领域的新生态集群模式，实现重大科技基础设施独立建设及平台生态化运作，克服了各设施独立支持单个领域的局限性，发挥了科技资源的范围经济效应，进一步演化为分工协作、开放共享的集群，是平台型企业高效运作过程中的关键一环。

（3）下游应用层

生物医药是合成生物学应用最早的领域，也是目前应用最广的领域，紧随其后的热点领域是化工能源领域，比较成熟的应用包括 L-丙氨酸等化工产品、护肤品原料角鲨烷，以及部分药物中间体等。目前许多初创公司已经切入食品、农业、环境防治等应用领域，预计未来 5~10 年，这些行业将面临合成生物技术的替代影响。

医疗健康领域：主要包括蛋白—药物辅助设计与制造、医用生物化学品合成、mRNA 疫苗研发、细胞药物与肿瘤治疗、肠道微生物调控、蛋白医用材料、活体药物/抗菌蛋白、仿生递送以及再生医学与器官修复等。

食品与消费品领域：主要包括人工替代蛋白及新型合成食品（如蛋白、油脂、糖、淀粉、添加剂等）、饮品饮料、功能性食品等。

现代农业领域：主要包括抗干旱（抗盐碱）/高效固氮/光合作物、农作物基因编辑、健康养殖、农用制剂等。

化工能源领域：主要包括工业酶设计与高效表达生产、工业底盘细胞基因组合成、精细化学品生物合成、天然产物的微生物重组合成、工业大宗化学品生物合成、生物可降解材料生物制造等。

环境与可持续发展领域：主要包括二氧化碳人工固定与转化以及藻类固碳转化、新能源开发等。

2. 市场格局

合成生物学具有广阔的市场前景。2022 年 9 月，美国《国家生物技术和生物制造计划》预计，合成（工程）生物学的赋能应用在未来 10 年将占全球制造业产出的 1/3 以上，价值接近 30 万亿美元。美国合成生物产业发展由顶尖科学家领衔。比如，麻省理工学院 Tom Knight 成立的 Ginkgo Bioworks、James Collins 成立的 Synlogic、加州大学伯克利分校 Jay Keasling 成立的 Amyris，以及由 Amyris 高层成立的 Zymergen（2022 年已被 Ginkgo Bioworks 收购）等著名合成生物公司。大规模的市场需求，推动着合成生物技术从实验室的科学探索快速向实用化、工业化方向发展。

合成生物产业发展过程中的一个典型案例是以生物燃油起家的美国合成生物学企业 Amyris（起家靠生物燃油，碰壁后转型化妆品）。Amyris 自主设计的工程细菌可以把甘蔗汁作为原料生产金合欢烯，经氢化后可转化为高燃度生物燃油，其特质与柴油几乎一样，而且不排放环境污染废气，真正实现绿色生物制造。2006 年，Amyris 凭借其“可清洁技术”的发展潜力，筹集到超过 1.56 亿美元的风投资金，并于 2010 年顺利上市，主营业务生物燃油前景光明，市值飙升。但由于误估实际生产与实验室生产的巨大差异，未能如期交付市场，且恰逢全球油价大跌，生物燃油丧失价格优势，Amyris 股价下跌 99%，最终依靠生产维生素 E、角鲨烯等药品、护肤品艰难地生存了下来。Amyris 石油工程菌项目最终未能成功突破产业发展瓶颈（注：2023 年 8 月 9 日 Amyris 已申请破产，启动运营和财务重组，以进一步推进战略转型）。尽管 Zymergen 被收购、Amyris 申请破产，但这一批合成生物初创企业的发展具有重要意义，其彰显了合成生物学从实验室的科学探索快速走向实用化、工业化发展的能力，并逐步形成强大的技术壁垒以及“卡脖子”工艺。

目前，我国尚处于合成生物产业早期阶段，创业公司有部分为“to VC”团队，大多还没进入产品真正落地的阶段，主要是小规模开发应用，市场格局尚未形成，早期在医疗领域的应用最多，2015年之后逐步有更多的初创公司成立，融资热度在2020年开始升高。一些已上市的传统化工能源、医药企业积极布局合成生物学业务，如安琪酵母、金城医药、华东医药、梅花生物、远大医药以及普洛药业等。对于初创企业而言，弯道超车的机会较多。我国合成生物相关产业主要集中在DNA合成测序、生物基材料、氨基酸与维生素、工业酶制剂等领域，涌现了以金斯瑞生物、凯赛生物、华恒生物、华熙生物为代表的新兴企业。

据不完全统计，目前我国广义的合成生物学关联企业有925家，其中工具层企业有441家（占47.68%）、平台层企业有54家（占5.84%）、应用层企业有430家（占46.48%），呈现两端大中间小的格局。在工具层中，以DNA测序（373家）、DNA合成（25家）、基因编辑（23家）企业为主，其中DNA测序企业发展较成熟，DNA元件库、模式生物库方面的企业分布较少、起步晚，后续发展空间较大。在平台层中，以大数据与机器学习（22家）、高通量自动化实验设备（20家）企业为主。在应用层中，医疗健康（239家）、化工能源（138家）企业最多，信息技术领域企业较少，农业技术、食品饮料领域企业发展潜力较大，基因/细胞治疗、原料药/中间体药物合成、生物基材料领域企业分布较为集中，已成为近年投资热点。

合成生物学在生物医学、农业、工业、能源、环境和国防等领域具有广阔的应用前景。在医学应用领域，合成生物技术为疾病诊疗提供了新思路，为临床复杂疾病提供高效、特异、智能化、安全的全新解决方案。例如，在COVID-19新冠病毒大流行中发挥重要作用的mRNA疫苗；人工基因组合成技术、基因编辑技术可治疗地中海贫血症、艾滋病等重大疾病；人工合成的活体药物为癌症、遗传病及新突发传染病提供高效治疗手段；噬菌体治疗可从根本上解决无药可救的超级细菌难题，摆脱肺炎等感染性疾病抗生素缺乏的困境；使用智能细菌（高效广谱的实体瘤溶瘤细菌）、益生菌等细菌靶向治疗肿瘤、糖尿病和肥胖等复杂疾病，提高国民健康水平，降低化学药物依赖；人工改造的CAR-NK等免疫细胞，能有效解决衰老等世界性医学难题。当前，生命健康成为全球首要关注的问题。人们对健康与生物医药产业的关注达到前所未有的程度，在全球公共卫生事件的刺激下，合成生物医药行业爆发出巨大的活力。随着健康与生物医药行业的蓬勃发展，越来越多的公司关注

“利用生物合成的方式重塑传统生产方式”，这开启了生物合成的新纪元。未来十年，合成生物学等前沿生物技术或将彻底变革医疗领域。

3. 行业科技创新

为了促进合成生物学的发展，我国国家与地方层面均出台了多项政策加强合成生物学领域的基础研究、科研平台建设及产学研的协同创新。论文与专利是科学研究与产业发展最重要的成果展现形式，也是地区创新能力与竞争能力的生动体现。下文通过论文与专利的产出情况，初步分析当今合成生物学产业的发展现状与竞争格局。

（1）文献计量分析

在 Web of Science 核心数据库中检索合成生物学在医学应用领域的相关论文，检索结果由“TS=（synthetic biology OR engineering biology）AND ALL=（medic＊）”得出，最终共检索到 8472 篇相关文献（其中 2023 年的统计数据截至 2023 年 8 月 31 日），其中领域内高被引论文（Highly Cited Papers）有 194 篇，热点论文（Hot Papers）有 3 篇。高被引论文是指基于 ESI 库中某一学科领域最近十年的引文数据，同学科同年度中被引次数排在前 1%的论文。热点论文是指基于 22 个基本科学指标（Essential Science Indicators，ESI）数据库中某一学科领域最近两年发表的论文数据，最近两个月内被引次数排在前 0.1%的论文。相关内容见图 2-2。

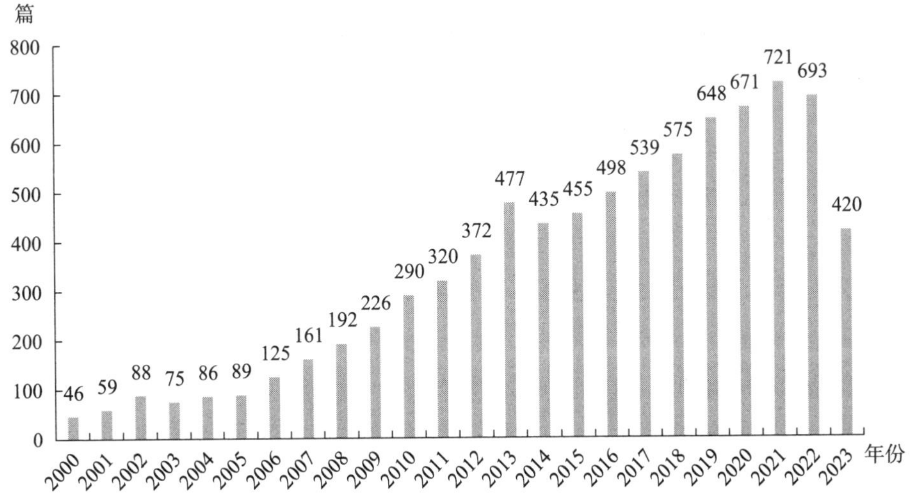

图 2-2　2000—2023 年合成生物学医学应用领域相关论文篇数

资料来源：Web of Science。

随着全球各国对合成生物学的高度重视，各国战略规划与系列鼓励政策密集出台，尤其是在医学领域大力投入，整体上合成生物学中医学应用领域的发文数量逐年增长，尽管略有波动。从发文国家来看，美国在该领域发文数为3856篇，占比为46%，位列全球第一。中国在该领域发文数为1114篇，占比为13%，位列第二，但与美国相比，仍有较大差距（见图2-3）。

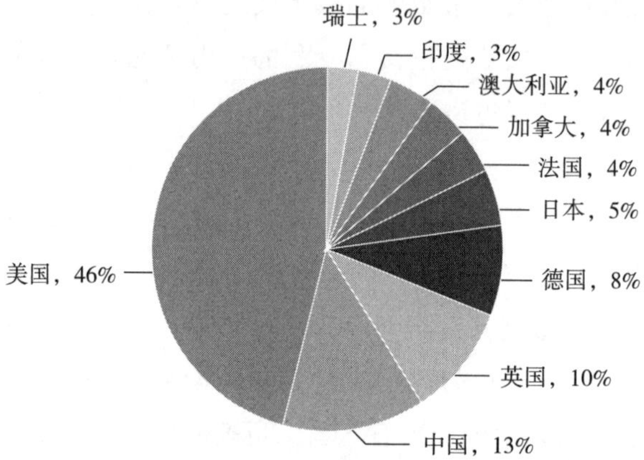

图2-3　全球合成生物学医学应用领域发表文章情况

从研究方向来看，生物化学和分子生物学、科学技术、化学、工程学、生物技术应用微生物学的论文数量占据了论文总数的近72%（见表2-1）。材料科学、细胞生物学、药理学等在合成生物学领域的研究中也发挥着越来越重要的作用。此外，在药用高分子材料、放射学、医学影像等方面也涌现了新的研究热点。

表2-1　合成生物学应用研究方向

研究方向	记录数（项）	占比（%）
生物化学和分子生物学	1589	18.756
科学技术	1293	15.262
化学	1229	14.507
工程学	1080	12.748
生物技术应用微生物学	857	10.116
材料科学	845	9.974
细胞生物学	776	9.160
药理学	618	7.295
研究实验药物	515	6.079

（2）专利情况分析

在 incoPat 专利检索数据库中，输入检索式“TS =（synthetic biology OR engineering biology）AND ALL =（medic * OR health *）”，检索时间截至 2023 年 8 月 31 日，得到该技术领域的专利总申请量为 4848 件，有效专利为 1628 件。其中，PCT 专利申请有 196 件，覆盖 51 个国家或地区，技术跨度有 188 种。全球合成生物学医学应用领域的专利申请量整体增长，2019 年为最高，授权量相对稳定，授权比于 2020 年升至最高，之后呈下降趋势。相关内容见图 2-4。

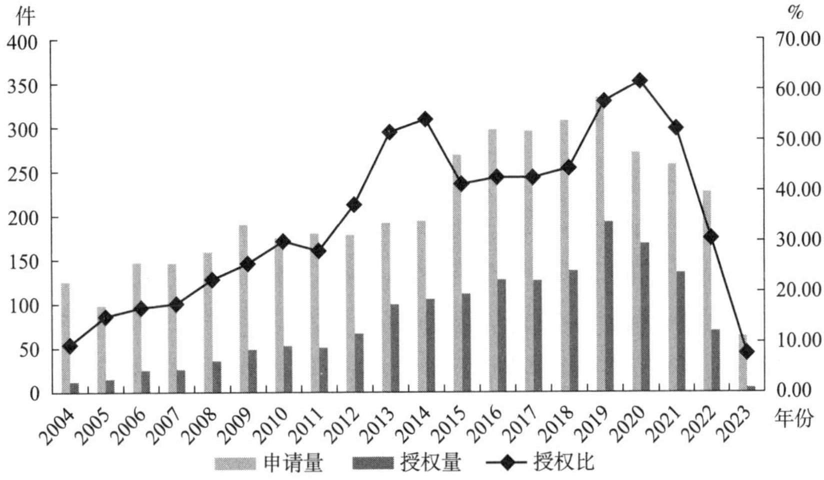

图 2-4　2004—2023 年合成生物学医学应用领域专利情况

从五大布局市场的专利流向来看，在合成生物学的医学领域，中国专利申请目的地主要集中在中国，美国在全球多个国家/地区全面布局保护，说明美国更加重视全球市场，中国与美国、中国与欧洲专利局之间的专利技术交流最为频繁。欧洲专利局流向中国的专利最多，为 81 件，欧洲专利局流向美国的专利为 44 件。中国的专利申请数量最多，但是流向其他国家的数量很少。美国流向中国的专利为 53 件，而中国流向美国的专利为 20 件（见图 2-5）。

从主要技术分支来看，在合成生物学的医学领域，专利申请主要集中于 C12N（微生物或酶，其组合物，繁殖、保藏或维持微生物，变异或遗传工程，培养基）领域，专利申请达 2057 件。其次，在 A61K（医用、牙科用或化妆用的配制品）领域，专利申请达 1716 件。在 A61P（化合物或药物制剂

技术来源地 \ 布局市场	美国	中国	日本	韩国	欧洲专利局
美国	109	53	41	17	19
中国	20	3788	1	3	9
日本	6	7	23	2	9
韩国	8	25	8	24	16
欧洲专利局	44	81	16	12	62

图 2-5　五大布局市场的专利技术流向图

的特定治疗活性）领域，专利申请达 1269 件。

4. 行业投融资情况

（1）国际投融资

在经历 2020 年和 2021 年两个投融资高峰后，合成生物学领域的风险投资在 2022 年大幅下降。2022 年第四季度，合成生物学领域的初创公司筹集了 27 亿美元，比第三季度的 16 亿美元增加了 11 亿美元，但比 2021 年第四季度筹集的 39 亿美元减少了 12 亿美元。2022 年全年，初创公司筹集了 103 亿美元，比 2021 年全年的 218 亿美元下降了 115 亿美元。

2023 年第一季度，合成生物学应用领域的初创公司筹集了 17. 985 亿美元。2021 年同期，初创公司筹集了 22. 006 亿美元。应用领域的风险投资仍然以健康和医药领域为主，占比近 80%，材料领域排在第二位（见图 2-6）。

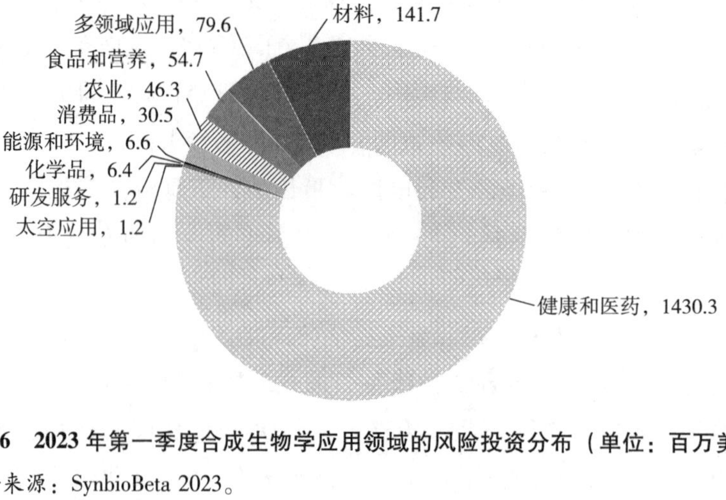

图 2-6　2023 年第一季度合成生物学应用领域的风险投资分布（单位：百万美元）

资料来源：SynbioBeta 2023。

2022—2023年，医药健康和食品仍然是获得资金的主要领域。从医药健康和食品领域合成生物学企业2022年的融资事件可以看出，多数获得融资的企业仍然处于早期发展阶段，获投轮次也以天使轮、种子轮、A轮为主，获得B轮以上融资的企业还比较少（见表2-2）。在一级市场上，合成生物企业估值已水涨船高，不乏两三年间估值增长20余倍，甚至60倍的初创企业。在二级市场上，凯赛生物、华恒生物等合成生物概念股的市盈率在70倍左右，发酵产品对应的化工行业的市盈率则仅有20倍。

不同的资本市场对合成生物的预期也有了分化。与国内合成生物热潮相反，大洋彼岸的美股合成生物三巨头Amyris、Zymergen、Ginkgo Bioworks的市值已各自跌至1846.93万美元、2.54亿美元、37.57亿美元。其中Amyris已退市并申请破产，一级市场和二级市场有倒挂之势。

表2-2　2022—2023年合成生物学医药健康领域融资事件（部分）

企业名称	获投轮次	融资时间	融资金额	简介
百葵锐	Pre-A	2022年2月	近5000万元	靶向杀菌蛋白和功能多肽、抗生素耐药性生物合成
	Pre-A+	2022年9月	数千万元	
尧唐生物	天使轮	2022年2月	数千万元	开发新一代mRNA药物和基因编辑药物
	Pre-A	2022年8月	未透露	
昕传生物	种子轮	2022年3月	1亿元	细胞治疗
深信生物	B	2022年3月	1.2亿美元	mRNA药物及递送载体
Sherlock Biosciences	B	2022年3月	8000万美元	生物诊断
Affini-T	战略投资	2022年3月	1.75亿美元	开发工程TCR-T细胞疗法
Locus Biosciences	B	2022年5月	3500万美元	噬菌体疗法
摩珈生物	B	2022年6月	8000万元	生物基产品
昌进生物	A	2022年6月	1.4亿元	可食用微生物合成蛋白
百迈生物	A	2022年7月	超5000万元	肿瘤免疫治疗药物研发
	A+	2022年9月	数千万元	
	A++	2022年12月	千万元级	
Vilya	A	2022年8月	5000万美元	利用人工智能设计蛋白质，从头合成新药
Novome Biotechnologies	B	2022年9月	4350万美元	利用工程改造微生物以用于疾病治疗
Capstan Therapeutics	种子轮+A	2022年9月	1.65亿美元	开发精确的体内细胞工程

续表

企业名称	获投轮次	融资时间	融资金额	简介
济元基因	A	2022 年 10 月	亿元级	开发通用型细胞免疫治疗产品
可瑞生物	Pre-A+	2022 年 10 月	亿元级	肿瘤免疫治疗技术研发
Ochre Bio	A	2022 年 10 月	3000 万美元	siRNA 肝病疗法
邦耀生物	B	2022 年 11 月	2 亿元	基因编辑与细胞治疗研发
科弈药业	A	2022 年 11 月	近 5 亿元	肿瘤免疫治疗创新药研发
时夕生物	天使轮	2022 年 11 月	数千万元	基于 RNA 编辑技术的疾病治疗
泽纳仕生物	B	2022 年 11 月	1.18 亿美元	开发免疫治疗药物
圣域生物	Pre-A	2022 年 11 月	超 1 亿元	合成新一代靶点的药物研发
Strand Therapeutics	A	2022 年 11 月	4500 万美元	可编程的 mRNA 疗法
威斯津生物	A	2022 年 12 月	1.5 亿元	核酸药物的研发和生产
新芽基因	A	2022 年 12 月	数千万美元	基因治疗药物研发
Enlaza Therapeutics	种子轮	2022 年 12 月	6100 万美元	合成蛋白质，开发癌症靶向药
瑞吉生物	Pre-B	2023 年 1 月	约 1 亿元	mRNA 疫苗及治疗性药物研发
君合盟	A+	2023 年 1 月	约 1 亿元	专注蛋白药物研发与产业化
金斯瑞蓬勃生物	C	2023 年 1 月	2.24 亿美元	一站式生物药研发生产平台
鼎康生物	战略融资	2023 年 1 月	1740 万美元	提供完全集成的服务，以稳健、经济高效的方式及时生产出先进的高质量治疗药物
至善唯新	A+	2023 年 2 月	超 2 亿元	专注于 rAAV 基因治疗原创新药开发
复融生物	A	2023 年 2 月	超 1 亿元	聚焦细胞因子等蛋白药物开发
微元合成	Pre-A	2023 年 7 月	超 1 亿元	大宗材料生物制造

（2）国内投融资

根据来觅研究院的数据分析，近五年来国内对于合成生物学领域的投资规模和投资交易数量逐步上升，特别是 2020 年以后的投资热度显著提高。

从投资规模来看，2020 年的投融资交易额猛增，达到 143.4 亿元，华大智造在 B 轮超 10 亿美元的融资占主要部分，2021 年的投融资交易额创历史新高，达到 156.2 亿元。从交易数量来看，2021 年交易数量最多为 128 起，亿元以上的交易数量逐年增加。合成生物学领域 2022 年上半年的投融资事件共计 55 起，同比增长 10%，已披露交易总金额达 72.96 亿元，较 2021 年上半年减少了 6.07 亿元（见图 2-7）。

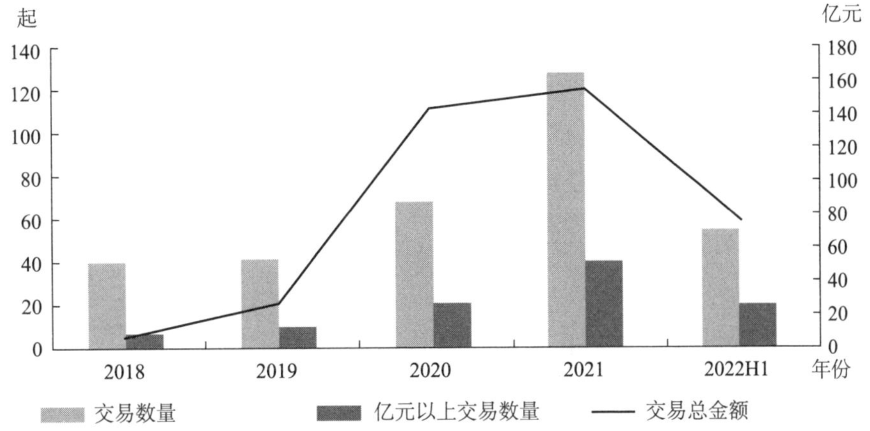

图 2-7 2018 年至 2022 年上半年国内合成生物学领域投融资增长情况

资料来源：Rime Data，iSynBio ThinkTank。

根据来觅研究院 2022 年的融资数据和分析可知，从细分领域来看，医疗健康领域融资事件最多，达 17 起，占比为 30.9%；融资金额第二，达 14.7 亿元，占比为 20%。材料领域融资事件达 7 起，已披露融资金额达 231 亿元，融资规模最大，其中贡献较大的是蓝晶微生物的 8.7 亿元 B3 轮融资和微构工厂的 2.5 亿元 A 轮融资，两者主要产品 PHA 可以用作医疗耗材的材料，在一定程度上与医疗健康领域也相关。蛋白质领域融资事件达 11 起，融资规模达 11.31 亿元，而蛋白质领域的酶催化、酶制剂和重组蛋白等基本也都与医药健康有关，其中贡献最大的是禾元生物和酶赛生物，两者贡献了 8.56 亿元。因此，总体上看，医疗健康领域仍然是合成生物学第一大应用领域，投融资也较为集中在这一领域。另外，在上游开发使能技术领域，包括基因测序、DNA 合成以及基因编辑，一共发生融资事件 8 起，融资规模合计 10.72 亿元，其中四代基因测序企业安序源宣布完成近 1 亿美元 B 轮融资（见表 2-3）。

我国合成生物产业目前仍处于早期阶段，国内的初创公司大多还没进入到产品真正落地的阶段，主要是小规模的开发应用。从融资轮次来看，2022 年上半年合成生物学领域的融资轮次主要集中在天使轮和 A 轮，两者合计交易事件 34 起，占交易总事件的 61.8%，交易金额主要集中在 A 轮和 B 轮，两者合计金额 51.5 亿元，占交易总金额的 70.6%。另外，从融资地域分布来看，上海、广东和江苏是融资事件最多的三个省份，合计融资事件 35 起，占比为 63.6%，而融资金额排前三的省份是广东、北京和江苏，合计金额 49.9 亿元，占比为 68.4%，集中度较明显。

表 2-3　2022 年国内合成生物学关键融资事件（部分）

企业名称	融资日期	行业	融资金额	融资轮次	投资者
蓝晶微生物	2022 年 1 月 10 日	材料、PHA	8.7 亿元	B++轮	元生资本、碧桂园创投、高瓴创投、峰瑞资本等
星期零	2022 年 1 月 11 日	食品、人造肉	1 亿美元	B 轮	春华资本、经纬中国、愉悦资本、光速中国等
微构工厂	2022 年 1 月 17 日	材料	2.5 亿元	A 轮	众海投资、GRC SinoGreen Fund、国中创投等
酶赛生物	2022 年 1 月 24 日	蛋白质、酶催化	3 亿元	C+轮	元生创投、普华资本、建发新兴投资等
擎科生物	2022 年 1 月 28 日	DNA 合成服务	2 亿元	A 轮	约印医疗基金、深圳投控资本、软银中国资本等
引航生物	2022 年 2 月 8 日	生产平台	4 亿元	C+轮	礼来亚洲基金
赛元生物	2022 年 2 月 16 日	免疫疗法	1 亿元	B 轮	济峰资本、昆仑资本
百葵锐	2022 年 2 月 17 日	医疗健康	5000 万元	Pre-A 轮	元生创投、深圳天使母基金、国科嘉等
中科欣扬	2022 年 2 月 23 日	化妆品原料	2 亿元	B 轮	中金资本、爱尔投资、新沃资本
禾元生物	2022 年 3 月 4 日	蛋白质	5.56 亿元	Pre-IPO	贝达药业、贝拓投资
态创生物	2022 年 3 月 14 日	材料	1 亿美元	A+轮	IDG 资本、君联资本
森瑞斯	2022 年 3 月 16 日	高附加值化学品	1 亿元	A 轮	深创投、深圳高新投
柯泰亚生物	2022 年 5 月 9 日	蛋白质	1 亿元	A 轮	源码资本、夏尔巴投资、食芯资本
安序源	2022 年 6 月 20 日	基因测序	1 亿美元	B 轮	云锋基金、康桥资本、国投招商、五源资本等
摩珈生物	2022 年 6 月 23 日	材料、生物基产品	8000 万美元	B 轮	淡马锡资本、食芯资本、中美绿色基金等

续表

企业名称	融资日期	行业	融资金额	融资轮次	投资者
晶进生物	2022年6月23日	食品、可食用蛋白	1.4亿元	A轮	夏尔巴投资、远翼投资、碧桂园创投等
百葵锐	2022年9月7日	医疗健康	数千万元	Pre-A+轮	天津万联道一资本、星陀资本等
溯华	2022年10月8日	消费品	数千万元	A轮	若羽臣
极麋生物	2022年11月14日	细胞培养肉	2000万元	天使轮	梅花创投、番茄投资、绿叶投资、佳沃创投等

资料来源：Rime Data，iSynBio ThinkTank。

（四）行业发展方向

合成生物学为医学领域带来革命性机遇，有望大幅提升疾病预防水平和疾病治愈率，并产生数万亿元产值。例如，新药研发面临着成本高且预期收益率不稳定的双重困境。随着疾病复杂程度提高，新药研发难度和成本急剧增加，但研发成功率却呈明显下降趋势。合成生物学和人工智能（AI）为新药研发带来新的技术手段。例如，AI赋能药物靶点发现、化合物筛选等环节，大大提升新药研发的效率；基因编辑可以治愈遗传性疾病；细胞工程可以构建效率更高的肿瘤免疫治疗；高级代谢工程为医药化合物合成提供了更可控的工业规模制备；等等。合成生物技术的迭代发展将进一步发挥其在医学领域的巨大潜力，造福人类生命健康。

1. 基因编辑

目前，基因编辑已经在疾病治疗上展现巨大的潜力。但是总体上，体细胞编辑的安全性、适用性，干细胞编辑的临床技术尚待加强，大规模基因编辑的生产系统需要进一步开发。未来将进一步开发用于临床的基因编辑系统，使已知遗传原因的疾病得到治愈。在体细胞基因组编辑成功的基础上，开发干细胞基因组编辑的传递载体、基因编辑器和编辑系统，实现治疗性基因编辑系统的规模化生产。

2. mRNA 疫苗

mRNA药物作为新兴的蛋白质替代基因疗法，在传染病预防、肿瘤治疗、罕见遗传病、代谢疾病、心脑血管疾病等方面具有广泛的应用前景。除了线性mRNA，目前也在积极研究布局包括自复制RNA、环状RNA在内的新型

mRNA 疫苗技术。预期未来十年，将通过 mRNA 序列的设计与优化，实现上百种细胞类型、组织器官以及肿瘤的差异表达；实现 mRNA 的核苷酸修饰与高效合成，合成成本大幅降低；开发 mRNA 新型靶向递送系统，靶向可至数十种类型人体细胞、重要组织器官以及肿瘤等典型病灶部位。

3. 仿生药物递送系统

基于天然生命或类生命体创建药物递送系统，并借助体内固有路径靶向递送药物。其优势是能够克服体内复杂环境和多重屏障，并且具有较高的成药性。预期将实现多种靶向功能的类生命体仿生药物递送系统（如脂质体、外泌体、生物膜等）的构建，实现天然生命体单元仿生药物递送系统的构建，实现合成改造生命体单元仿生药物递送系统的构建。

4. 活体药物

噬菌体是对抗细菌耐药性的最有潜力的武器之一。通过重新设计、构建工程噬菌体，可进一步提高其生物安全性和杀菌效价。但由于天然噬菌体的极端多样性，限制了噬菌体合成生物学研究。当前此类研究主要集中在有限几种模式的噬菌体上。未来十年，将实现适用于治疗难治性、慢性结核病的工程噬菌体的基因组重构；完成工程噬菌体临床疗法的临床试验，并获批上市；实现噬菌体抗菌蛋白的高效挖掘、生物合成、临床试验，并获批上市。

5. 肠道微生物调控

全球范围内多家公司正在针对与肠道代谢、消化系统有关的慢性疾病设计开发工程菌株并开展临床试验，目前已有数款产品进入临床试验中期阶段且取得了突破性进展。预期未来将开发利用工程化活体生物治疗剂治疗重大慢病的基因工程微生物药物技术平台，为临床需求提供从研发到生产的一站式服务；开发能够在肠道中原位合成并分泌药物分子（大分子蛋白药物）的工程化活体生物治疗剂，实现对更多难治性重大慢病的治疗。

6. 细胞药物与肿瘤治疗

在细胞治疗的安全性、与受体的长期适配性方面，产业界处于从试错到理性设计转化的过程，学术与临床机构已经发展了少量临床前和临床相关技术。当前，在活性细胞药物生产方面，已经拥有完善的工业化体系与较强的技术研发能力，在生产质控方面与药监机构协作紧密，但生产成本居高不下，限制了细胞治疗产业的发展。可以预见，未来将开发活性细胞药物的体内环境探测与调控技术；开发活性细胞药物的基因编辑与基因组稳定性优化及高效检测技术；开发活性细胞药物对体内生理病理环境的在线检测与调控技术。

7. 微生物底盘细胞

通用型医用微生物底盘细胞，可通过置入功能化生物系统模块进一步用于疾病诊断与药物精准可控递送。部分微生物具有肿瘤组织趋向定殖特性及天然的抑制肿瘤效果，在肿瘤诊疗方面具有极大的应用潜力，是肿瘤活细胞药物工厂底盘细胞的良好选择。通过合成生物技术打造免疫原性低、组织特异性靶向、命运可控、性能稳定，且对机体和环境的生态平衡与生物多样性发展无影响的医用微生物底盘细胞，将促进微生物疗法进一步发展，实现疾病在体外诊疗的一体化发展。

8. 人工多细胞体系

人工多细胞体系在生物医学方面的研究已有初步进展，如控制干细胞分化为各种成体细胞、编码细胞信号通道、控制图案形成、由干细胞形成类器官、创造器官芯片等。主要通过控制细胞基因表达，设计细胞间相互作用，并引入数学建模使得设计过程更加理性。预期未来十年，将实现多细胞模块的集成；将“生命”与“非生命”系统融合，构建生物—非生物界面；人工多细胞体系实现再生和适应。

9. 类器官

类器官通常指的是由干细胞通过自组织方式形成的3D多细胞复合体。类器官工程是构建复杂多细胞体系的重要途径，为人工生命体系合成提供了新的策略和技术，在组织器官发育、疾病研究、药物开发和再生医学等领域具有广泛应用前景。目前，类器官已用于组织器官发育、疾病建模与机制研究、药物筛选和器官修复等。未来，由成体干细胞或多能干细胞衍生的肠类器官可模拟体内肠隐窝结构，以及肠吸收和分泌功能等，可用于肠炎等疾病的研究，开发治疗方案。

10. 蛋白医用材料

AI生物计算工具的出现为功能蛋白质材料的从头设计奠定了基础，目前已经能够设计出初步具备智能响应能力的智能材料，在干细胞与再生医学、肿瘤靶向治疗，以及药物递送等领域展现潜力。未来将实现蛋白医用材料的理性设计。实现蛋白医用材料在药物递送、肿瘤靶向诊疗、分子影像及诊断等领域的应用；搭建人体组织和器官的再生生物材料制备和生产平台，搭建生物智能仿生材料大规模制备和发展平台，实现医用蛋白材料的大规模智能制造。

11. 医用生物化学品合成

医用生物化学品在微生物宿主中的合成可有效推动研发药物的产业化进程，降低活性药物成本，推动生物来源活性药物的临床普及应用。目前，天然产物微生物重组合成获得了一定发展，大麻素、吗啡等重大复杂天然产物合成途径得到解析，部分实现异源合成，青蒿素等合成技术实现产业化应用。预计未来十年，将实现生物合成500种天然产物关键酶的挖掘，完成50种重要天然产物的生物合成途径解析，颠覆传统种植提取模式。

二、典型产业集群案例分析

（一）美国波士顿集群

剑桥肯德尔广场（Kendall Square of Cambridge District）位于美国马萨诸塞州坎布里奇市查尔斯河西岸，紧邻麻省理工学院（Massachusetts Institute of Technology，MIT），是全球创新企业最多、创新活动最活跃的地区之一。该区域承接了麻省理工学院的知识技术外溢，集聚了大量能源、IT与数据、生物医药等企业，是具备全球竞争力的新兴高新技术产业集群。由此形成的波士顿集群式创新模式得益于政府资助基础研究机构开展研究，围绕哈佛大学（Harvard University）、麻省理工学院等一批世界级名校或机构，鼓励企业创新，整合大学、风险资本、大型企业和创新企业等创新主体，以利益机制为纽带构建创新生态网络，形成协同共生的创新生态系统。1960—1970年，政府主导支持基础研究，推动空间更新；1970—1990年，高校主导开始进入创新转型阶段，孵化创新企业；1990年至今，创新生态圈发展，形成波士顿创新产业集群，为政府带来税收的同时，大型企业通过社会资本反哺基础研究，保障原始创新，促进产业转化（见图2-8）。剑桥肯德尔广场产业集群为美国提供近10万就业岗位，培育了一批世界级企业。

波士顿集群中的典型代表——韦斯生物启发工程研究所（Wyss Institute for Biologically Inspired Engineering，Wyss）是一个跨学科的典型研究机构，致力于寻找创新解决方案，以应对环境和医疗保健方面的挑战。该研究拥有两个基地：一个是波士顿朗伍德医疗区的生命科学中心大楼，另一个是哈佛位

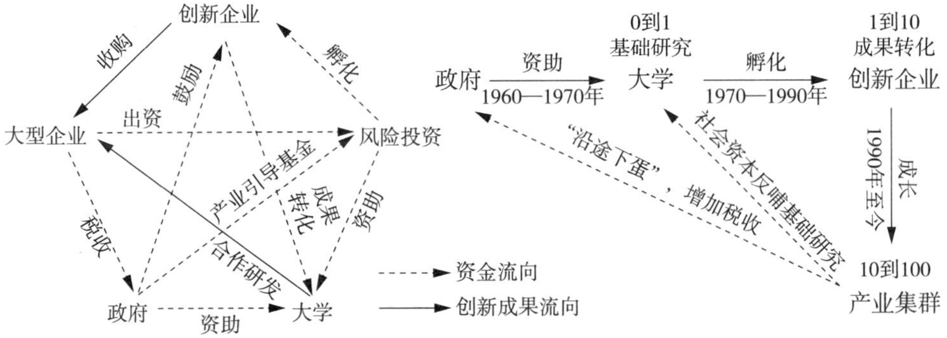

图 2-8 美国波士顿集群式发展

于马萨诸塞州剑桥的主校区。

Wyss 成立于 2009 年，目前共有 28 支团队，已发表论文 2868 篇，申请专利 4144 件，授权专利转化 121 件，孵化初创企业 55 家（截至 2023 年 7 月）。Wyss 以产业转化为使命进行学术创新，以市场为导向，与产业紧密结合，提高多学科交叉研究合作，组建科研人员与企业之间的工作协作小组，打破时间与空间壁垒，高度协调工作。其采用特有的“技术创新漏斗”（Technology Innovation Funnel）产业转化模式，为基础研究成果成功转化提供了实践典范。该模式主要经过创意形成、概念深化、技术验证、工艺优化、商业化等阶段，最终培育明星企业（见图 2-9）。

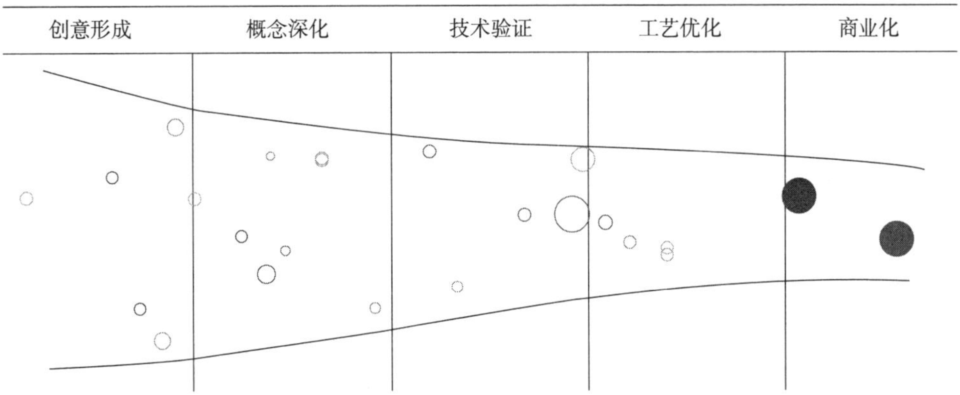

图 2-9 “技术创新漏斗”产业转化模式

（二）上海张江高科技园区

1992 年 7 月，张江高科技园区正式成立，与陆家嘴、外高桥、金桥并称浦东四大开发区，共同肩负起浦东开发开放的重任。1999年8月，上海市委、市政府正式提出了“聚焦张江”战略——举全市之力建设张江高科技园区，使之成为上海乃至全国技术创新的样板和高科技龙头；按照空间布局、产业项目、优惠政策三集中的原则，加快张江开发和建设。在一系列政策的推动下，张江高科技园区进入快速发展阶段，至21世纪初期，已形成了生物医药、集成电路和人工智能三大主导产业。2014年5月，习近平总书记在上海考察期间提出上海要打造具有全球影响力的科技创新中心。2016年，国家发展改革委、科技部批复同意“上海以张江地区为核心承载区建设综合性国家科学中心”，这被认为是上海建设具有全球影响力的科技创新中心的关键举措之一。

张江高科技园区的生物医药、集成电路和人工智能三大主导产业不断取得关键核心技术突破，呈现年均10%以上的高增长态势。其汇聚了2.2万余家企业，拥有外资研发中心170余家、高新技术企业1600余家，被誉为“中国硅谷”。同时，生物医药产业研发创新能力不断提升，形成了从新药研发、药物筛选、临床研究、中试放大、注册认证到量产上市的完整创新链。全球排名前十的制药企业已有7家在张江设立了区域总部或研发中心，国家药监局药品审评检查长三角分中心、医疗器械技术审评检查长三角分中心落户张江。各类双创载体达到100家，在孵企业达到2500余家，孵化面积近80万平方米，形成“众创空间+创业苗圃+孵化器+加速器”的创新孵化链条。

大中小企业融通创新格局初步建立。以跨国公司为主的大企业打造开放式创新平台，30家跨国企业加入大中小企业融通发展联盟，通过联合技术攻关、创新需求发布、应用场景开放等方式，赋能中小微企业发展。金融对科技创新的支撑不断增强。集聚160多家市场化创投机构、上海银行张江科技支行等23家银行机构、17家科创板上市企业。张江科创基金、上海科创中心股权投资基金、上海自贸区基金张江事业部等相继设立。政务服务不断优化，成立张江科学城建设项目管理服务中心，推出“一窗受理、一件通用、一门办结”服务。

2021年，上海市政府发布了《上海市张江科学城发展“十四五”规划》。该规划指出，建设具有鲜明创新文化特征的全球人才高地，提高张江综合性国家科学中心的集中度和显示度，加快构筑硬核主导的高质量数字化产业体系，营造强化策源功能的国际一流创新创业生态，加快提升凸显科创特色的城市综合服务功能，践行共建共治共享的人民城市发展理念。2023年8月16

日，上海市政府常务会议审议通过了《上海市加快合成生物创新策源打造高端生物制造产业集群行动方案（2023—2025年）》，该方案将合成生物技术作为上海高端制造业发展的重要引擎重点支持，目标到2025年新增5个以上有国际影响力的顶尖科学家及团队，开发10个左右面向基因编辑、合成与组装、线路设计与构建等具有自主知识产权的关键技术，组建5个以上合成生物功能型平台，形成国际合作项目10~15项，孵化培育30个以上有影响力的初创企业，吸引5家以上企业或研发总部，新增5家以上上市公司，培育1~2家年销售收入超10亿元企业，建设3个左右具有特色和领先优势的产业基地；到2030年，建设合成生物全球创新策源中心、国际成果转化中心和国际高端智造中心，基本建成具有全球影响力的高端生物制造产业集群。

（三）苏州工业园区

苏州工业园区隶属江苏省苏州市，1994年2月经国务院批准设立，同年5月实际启动，行政区划面积为278平方公里。其中，中新合作区有80平方公里，是中国和新加坡两国政府间的重要合作项目，被誉为“中国改革开放的重要窗口”和“国际合作的成功范例”。

近年来，园区将生物医药产业作为引领未来发展的“一号产业”，聚焦发展新药研发、高端医疗器械、生物技术及新型疗法三大重点领域，集聚最优资源，集中最优政策，营造最优环境，始终保持强劲发展势头，形成苏州工业园区生物医药产业园（BioBay）。近三年，园区创新型龙头企业数量、创新型人才规模、生物创新药临床批件数量、生物大分子药物总产能、企业融资总额等五项指标均占全国20%以上，综合竞争力位列全国第二，产业竞争力、人才竞争力位列全国第一。2021年园区生物医药总产值突破千亿元，达1177亿元，且连续多年保持20%以上增幅。在科技部生物中心发布的2020年中国生物医药产业园区竞争力排名中，苏州工业园区综合竞争力位列全国第一，产业竞争力、人才竞争力持续居于榜首。2021年3月，科技部发函批复同意以苏州市生物医药产业创新中心为主体建设国家生物医药技术创新中心，是我国生物医药领域首个获批的国家技术创新中心。

苏州工业园区生物医药产业园聚焦新药和器械两大板块。在新药板块，累计临床试验批件436件、Ⅰ类新药临床批件350件，累计批准生产上市药品32款，创新药已相继进入国家医保目录13款，入驻企业达239家，其中18家已经上市，并形成了创新药大/小分子产业集群、基因治疗产业集群、细胞治疗产业集群和核酸药物产业集群。在器械板块，累计获得医疗器械产品注册证621个、三类医疗器械产品注册证147个，国家医疗器械创新产品审批“绿色通道”产品达18个，入驻医疗器械企业达174家，其中上市企业有4家，并形成了IVD产业集群、植介入心脑血管产业集群、手术机器人产业集群和仪器设备产业集群。

截至目前，苏州工业园区生物医药产业园Ⅰ期的生态系统已然非常庞大，拥有540多家创新型生物科技公司、医疗器械公司、合同研究组织（CRO）和制药公司；Ⅱ期定位为高端生物医药的产业化基地，旨在打造生物医药孵化、加速与产业化的完整链条；Ⅲ期定位为发展高端医疗器械和新药制剂等产业化基地。自2007年设立至今，苏州工业园区生物医药产业园已形成了创新药研发、高端医疗器械、生物技术等三大重点产业集群，孵化了不少初创生物科技企业，其中甚至有一些成功转型为生物制药企业，孕育了20余家上市企业，包括百济神州、信达生物、基石药业、康宁杰瑞、亚盛医药等。这里还聚集了76位国家“顶尖人才”、143位江苏省高层次创新创业人才、200位姑苏领军人才、428位园区领军人才、超过4万名生物医药领域的专业技术人才，成为人才交流、合作的创新产业生态圈。苏州全市形成了以苏州工业园区生物医药产业园为核心，太仓市生物医药园、昆山市小核酸及生物医药产业园、吴中区生物医药园、苏州高新区医疗器械产业园等多极发展的产业格局，带动了3000亿元生物医药领域的产值。

（四）深圳市工程生物产业创新中心

深圳作为全球合成生物领域的一支重要力量，高度重视合成生物学领域的布局和发展，并积极推进基于合成生物学的生物制造产业高质量发展。中国科学院深圳先进技术研究院（以下简称深圳先进院）于2006年建立，实行理事会管理，探索体制机制创新，瞄准国际一流工研院，致力于建设与国际学术接轨、与珠三角产业接轨的新型科研机构，聚焦信息与生物技术（IBT）领域，探索由工程（Engineering）到技术（Technology）向科学（Science）的发展路径。2018年，深圳市政府与中国科学院签署《合作共建中国科学院深圳理工大学协议书》，将依托深圳先进院建设中国科学院深圳理工大学（筹）。深圳先进院把握历史机遇，瞄准国际科技前沿，前瞻布局战略性新兴产业，多方位促进科教融合和创新发展。

合成生物学研究所（以下简称合成所）成立于2017年12月，是深圳先进院的第七个研究所。合成所采用合成生物学的工程化设计理念，专注于人造生命元件、基因线路、生物器件、多细胞体系等合成再造研究，旨在揭示生命本质和探索生命活动基本规律，发展生命体系定量理解与理性设计的基础理论框架，形成基因组设计合成与自动化铸造测试等关键技术，促进合成生物在生命健康等领域的应用，力争发展成为在国际上具有影响力的合成生物学研发基地与产业创新中心。

合成所创新性地打破“从 0 到 1 再到 10”的产业孵化时间壁垒，建立了“科研—转化—产业”全链条企业培育模式，于 2020 年 3 月与深圳市光明区政府共建“深圳市工程生物产业创新中心”，在国内首创“楼上楼下创新创业综合体”模式，已被国家发展改革委列入《关于推广借鉴深圳经济特区创新举措和经验做法的通知》，鼓励各地结合实际学习借鉴。合成所自有技术已孵化企业 12 家，吸引落地合成生物初创企业 36 家（截至 2023 年 7 月）。“楼上楼下创新创业综合体”模式通过研究所为企业提供源头创新支撑，解决原型产品到市场产品转化过程中的价值验证问题，实现原型产品到市场产品的转化，打破研究机构与初创企业的空间壁垒，有效突破初创企业缺乏设施和技术平台的瓶颈，极大地缩短原始创新到产业转化的时间周期，成为以科技成果转化“转动”产业创新高质量发展的缩影。

2023 年 7 月，定量合成生物学全国重点实验室正式批准启动建设，依托深圳先进院落地深圳进行组建，旨在聚焦生命功能跨层次涌现原理这一科学问题，解决单细胞生命合成的世界级科技难题，为生物制造产业发展提供稳定的原始创新支撑。2023 年 7 月，国家发展改革委正式批准深圳市建设国家生物制造产业创新中心，由深圳先进院牵头组建，致力于推动生物制造产业发展，以“中心所能，国家所需”为使命，围绕“技术攻关+成果产业化+科技金融+人才支撑+区域联动”五要素高水平营造创新生态。至此，合成所逐步形成“基础研究+技术攻关+成果产业化+科技金融+人才支撑”的五位一体模式，探索和践行全过程创新生态链初具成效。

（五）代表性企业

1. Moderna

Moderna 成立于 2010 年，致力于开发以 mRNA 技术为基础的创新疗法。Moderna 拥有世界领先且自主完整的 mRNA 研发生产平台，包括 mRNA 改造、LNP 递送系统和生产平台。Moderna 旨在开发 mRNA 药物来指导患者自身的细胞产生可以预防、治疗或治愈疾病的蛋白质。目前，除了新冠 mRNA 疫苗外，Moderna 有九种预防性 mRNA 疫苗正在进行临床前试验。2018 年 12 月，Moderna 在纳斯达克上市，以每股 23 美元的价格募资超 6 亿美元，创造了生物技术公司 IPO 募资新纪录。随着 Moderna 在 mRNA 新冠疫苗领域的成功，其股价也屡创新高。Moderna 利用 mRNA 技术生产 mRNA 药物，可以进入细胞内部指导蛋白质生产，这是其他药物方法不可能实现的。

2. Synlogic Therapeutics

Synlogic Therapeutics 于 2014 年由麻省理工学院教授 Jim Collins 和 Tim Lu 创立，该公司将合成生物学与传统药物开发原理相结合，为需要新方法的疾病设计药物。其结果是一个强大的引擎，可以创造潜在的药物，称为合成生物制剂，以改善患者的生活。合成生物制剂是一种活的益生菌，经过基因工程在胃肠道中基于已验证的生物学执行特定功能。它们有潜力治疗一系列疾病，包括罕见疾病、代谢疾病、免疫和炎症疾病。由于合成生物制剂是口服的，并基于熟悉的益生菌作为给药方法或基础，所以其提供了一种潜在的方便和安全的治疗方法。Synlogic Therapeutics 还与 Roche、Ginkgo Bioworks 建立了研究合作关系。2017 年 8 月，Synlogic Therapeutics 在纳斯达克上市，当时市值达 1000 多万美元，如今市值达 0.92 亿美元。2021 年 9 月 20 日，Synlogic Therapeutics 公司宣布，用于治疗苯丙酮尿症（PKU）的候选药物 SYNB1618 和 SYNB1934 临床试验获得阳性结果，并有望进入Ⅲ期临床试验。

3. 深圳柏垠生物科技有限公司

深圳柏垠生物科技有限公司（以下简称柏垠生物）于 2021 年成立，公司利用合成生物和机器学习双向驱动开发可持续生物基材料，专注于新材料在血管介入、伤口闭合和伤口护理领域的产业转化，提高手术便利性，减轻患者负担和痛苦，推动新材料和先进涂层技术在生物医药、医疗器械、工业和消费品市场的应用，为客户提供安全高效的绿色解决方案。目前，公司核心产品管线主要包括蛋白和多糖类材料，广泛应用于医药、化妆品、食品等领域。公司入驻深圳市工程生物创新中心，核心团队来自麻省理工学院、中国科学院、江南大学、中山大学、上海医药工业研究院、3M 等国内外科研机构和跨国企业。顾问团队包括麻省理工学院、康奈尔大学、瑞金医院等学校和医院的知名科学家和临床专家。

2021 年 12 月 16 日，柏垠生物实现 500 万美元的天使轮融资，投资方为五源资本。2022 年 5 月 7 日，柏垠生物实现数千万元人民币的天使轮融资，投资方为天图投资、基石资本。2023 年 1 月 12 日柏垠生物完成逾亿元 Pre-A 轮融资，由沃永基金、云启资本、富华资本联合领投，基石资本和雅亿资本跟投，光源资本担任独家财务顾问。本轮融资完成后，柏垠生物将进一步加强研发平台升级及产能扩充。

4. 深圳市瑞吉生物科技有限公司

深圳市瑞吉生物科技有限公司（以下简称瑞吉生物）成立于 2019 年，是一家拥有全球领先 mRNA 技术的生物科技公司。公司总部位于深圳，并在上海、武汉设立了研发和生产中心。2021 年 9 月，瑞吉生物与江苏瑞科生物技术股份有限公司签署合资协议，成立合资公司“武汉瑞科吉生物科技有限公司”，聚合双方优势，着力展开 mRNA 疫苗领域深入、广泛的研发及产业化合作。

瑞吉生物自主研发了 mRNA 的设计与合成、全球领先的非载体递送等核酸药物所需的平台型技术，并将该类技术运用于具有巨大市场前景和临床价值的创新药研发领域。瑞吉生物致力于开发 mRNA 等核酸类生物医学产品及治疗方法，拥有 mRNA 技术领域全技术平台以及独特的 mRNA 底层原创技术，积累了多项核心专利。可根据临床及成药性需求，“从底层、从源头”高效设计开发可及性强的 mRNA 药物，进而打造国内领先、国际一流，具备核心竞争力的创新型生物医药企业。目前瑞吉生物已融资 4000 万元，估值 2 亿元。2021 年初，红杉中国以早期医疗投资者的身份，独家参与了瑞吉生物的 A 轮融资。

5. 深圳未知君生物科技有限公司

深圳未知君生物科技有限公司成立于 2017 年，是中国第一家专注于肠道微生态治疗的 AI 制药公司，是目前行业领先的“AI+BT①”微生物组研究和产品开发平台。该公司致力于以肠道微生态调节为基础，以 AI 技术和生物工程技术为依托，挑战人类的难治性疾病和改善人类健康。公司的核心研发团队成员来自博德研究所、哈佛大学、麻省理工学院、斯坦福大学、纽约大学西奈山医学院和约翰斯·霍普金斯大学等国际顶级名校和知名研究机构，药物开发团队成员具有辉瑞、诺华和施贵宝等国际一流药厂和生物科技公司的研发工作经验。

深圳未知君生物科技有限公司旨在通过微生物技术和生物信息技术，利

① 生物科技。

用活体生物药和微生物小分子调节剂，实现疾病的缓解或治疗。公司搭建了世界领先的生物信息分析平台和转化生产平台，通过调节肠道微生态可以影响人体的健康状况，将活菌引入患者肠道，帮助患者重新建立肠道微生态。打通从“数据”到“药物”的转化全链路，实现微生态药物研发的完整闭环，将微生态制药从实验室阶段的科学探索推向产业化落地。

6. 博雅辑因（北京）生物科技有限公司

博雅辑因（北京）生物科技有限公司（以下简称博雅辑因）成立于2015年，总部位于北京，在广州、上海以及美国剑桥设有分公司，是一家专注于基因编辑技术转化、处于临床阶段的全球性生物医药企业，致力于研发针对难以根治的遗传病和癌症的创新疗法。该公司于2015—2017年初创起步，探索基因编辑在生物医药领域的应用；2018—2020年推进转化，从实验室到临床将基因编辑技术转化为创新疗法；2021年起全面发展，迈向国际化、产业化的全新发展阶段。

博雅辑因打造了以基因编辑技术为基础的四大平台：体外疗法——造血干细胞平台和通用型CAR-T平台，体内疗法——RNA碱基编辑平台和高通量基因组编辑筛选平台。公司在广州建立了国内首个GMP级别基因编辑临床应用中心，已具备大规模临床级别细胞治疗产品的生产能力，具备完整、高效、稳定的生产能力和质量管理体系，得到国际认可。公司四大平台的研究项目正在稳步推进，目前进展最快的是体外疗法的针对输血依赖型β地中海贫血的ET-01和针对癌症的异体CAR-T-ET-02。

7. 苏州艾博生物科技有限公司

苏州艾博生物科技有限公司（以下简称艾博生物）成立于2019年1月，是最早从事mRNA药物研发的本土医药企业之一。公司凭借业界领先的具有自主知识产权的mRNA和纳米递送技术平台，建立了丰富的产品管线，涵盖传染病防治和肿瘤免疫等领域。自成立以来，公司已累计完成超过11亿美元融资，居全球生物技术公司融资排行之首。公司联合军事科学院军事医学研究院、沃森生物共同研制的新型冠状病毒mRNA疫苗是国内首个获得国家药监局批准开展临床试验的mRNA疫苗，实现了国内mRNA疫苗“从0到1”的突破，目前该疫苗处于全球多中心临床Ⅲ期试验阶段。

艾博生物的创新技术平台支持实现从靶点选择、序列设计、质粒制备、mRNA体外合成、脂质分子设计、制剂工艺到临床研究、GMP生产，再到将mRNA药物推向市场的新药全周期开发运营。2022年7月公司在上海设立研发中心，主要承接包括肿瘤、罕见病等 mRNA 药物的研发工作，将公司自有的 mRNA 技术平台进一步衍生至更多应用领域。艾博生物致力于运用 mRNA 技术和具有自主专利的 LNP 平台，开发具有国际水平的创新产品，为全球患者提供更好的预防和治疗手段，应对当前医疗手段无法解决的疾病挑战。公司目前专注于传染病防治、肿瘤免疫、肿瘤疫苗和蛋白替换疗法四大领域的产品研发。

三、行业发展展望

（一）机遇与挑战

过去 20 年，合成生物技术创新成果赋能经济、社会和环境。从研发方式到实物投入，再到药品和消费品的交付和消费，这些新技术直接或间接影响了多个领域，也影响了整个价值链。未来十年，全球生物制造中大部分实物原料都可以用生物方法生产，而且性能更好、更加可持续。自动化的新方法、机器学习和生物数据激增正逐步提高合成生物研发创新质量、产量和生产力。

政策和监管是合成生物产业顺利落地的关键。一方面，合成生物研发投入大、试错成本高，从研发投入到产业落地周期较长，在项目、人才、资金以及场地等方面持续稳定的扶持政策是根本保障。另一方面，行业监管不明确增加了产业转化的不确定风险。当前亟须加快完善新产品入市审批注册制度建设，细化行政审批实施方案，科学设置评价要求，鼓励先行先试，立足创新发展，加快推动新产品完成审批入市。加快构建基于创新的未来产业监管体系，依法依规、包容审慎对未来产业开展监管，围绕网络安全、数据安全、生物安全以及社会安全等建立风险防范和应对机制，引导相关企业和组织健康发展，为未来产业成长为战略性新兴产业保驾护航。

合成生物产业的高质量发展离不开成熟的产业配套。目前来看，我国合成生物产业初见规模，尤其在医药和健康领域，但在产业配套方面亟须增强。比如，合成生物医学应用产业化需要成熟的产业园区作为保障、可靠的 GMP 实验室及一系列工艺平台作为支撑，也需要 CRO、CMRO 等服务机构的稳定支持。

合成生物产业的高质量发展离不开核心专利的培育、布局及成功转化。一方面，合成生物产业涉及较多领域，从技术到商业逻辑验证较漫长，给专利池的构建及知识产权保护带来挑战。此外，工具酶、底盘生物库等容易流失或被窃取，如何构建知识产权快速协同保护体系也成为重要的工作之一。政府部门、科研院校与初创企业等多方协作，积极培育高价值专利，打通前沿科技成果产业转化路径，是合成生物产业可持续发展的核心。另一方面，我国合成生物产业仍缺少核心创新专利。相比美国合成生物企业在全球的专利布局，我国真正具备核心知识产权且布局完善的企业仍是凤毛麟角，加快培育布局企业核心专利迫在眉睫。

综合比较国内外合成生物产业的发展状况，无论是新兴企业数量，还是有望成为行业巨头的独角兽，我国与美国仍有一定差距。美国现阶段的合成生物企业广泛分布在健康医药、食品与农业、环境技术、工业技术、能源技术等各个领域，且行业全覆盖布局。相较而言，我国的合成生物企业发展仍处于早期阶段，不仅获得融资的新兴合成生物企业数量较少，且成熟运营实现营收的合成生物初创企业也为数不多。总体而言，我国合成生物产业，尤其是医学应用产业形成了小规模竞争态势，具有自己的差异化竞争特色。我国合成生物产业，尤其是在医学应用领域的高质量健康可持续发展，仍需要政府及监管机构、产业界、科研界积极互动，营造良好的产业生态。

（二）未来展望

合成生物学投融资市场在2021—2022年较为火热，但国内初创企业大多还没进入到产品真正落地的阶段，仍需要结构性突破，中间可能会经历短暂回调。随着底层技术突破验证和成功转化扩容，叠加碳中和等利好政策和绿色消费的兴起，投资方、政府引导基金等方面的投资频次和力度持续加大，未来三五年，将成为合成生物产业发展的关键时期；未来十年，合成生物产业将迎来爆发式增长，诞生一批独角兽乃至上市企业，产业集群高地初步形成。

第二节　医疗器械

尽管2022年逆全球化、经济停滞等一系列全球性问题影响产业发展的进程，对医疗器械全球供应链、产业协作、贸易往来造成了不可忽视的影响，但全球医疗器械产业由于其民生需求的特殊性依旧逆势增长。数字技术与医疗服务的深度融合推动医疗器械产业不断升级和创新产品加速迭代。

一、全球医疗器械行业发展现状

（一）全球医疗器械行业稳定增长

2015—2019 年，全球医疗器械行业保持 5.06%的复合年均增长率稳定增长。2020 年的新冠疫情导致全球生产中断，供应链受阻，仅同比增长 1.48%，2021 年起增速回弹，全球医疗器械行业开始走向正轨。2022 年，全球医疗器械行业规模达 5773 亿美元，同比增长 8.38%，超过疫情前（2015—2019 年）的复合年均增长率。预计 2023 年之后，全球医疗器械行业将以 5.50%的复合年均增长率增至 2028 年 7960 亿美元的规模（见图 2-10）。

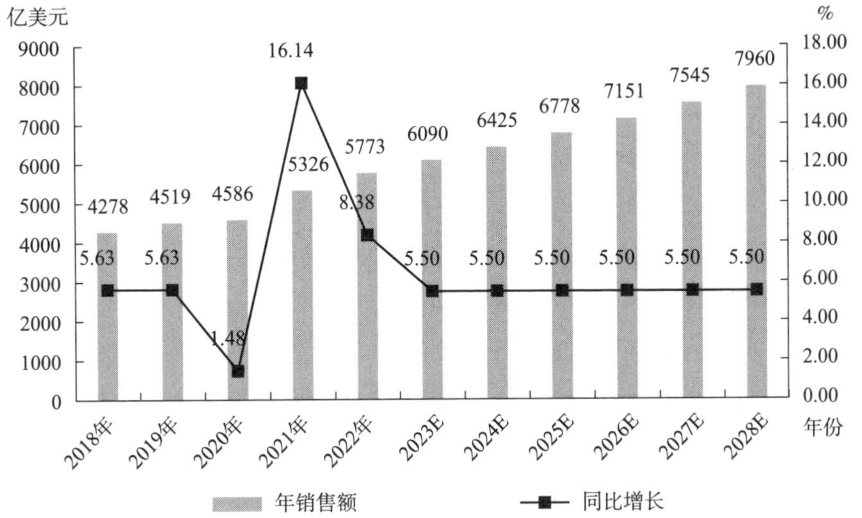

图 2-10 全球医疗器械行业市场趋势

资料来源：Modor Intelligence The Business Research Company，艾媒数据，深圳市医疗器械行业协会。

2022 年，在全球医疗器械细分领域中，体外诊断、医学影像和心血管器械仍占据前三（见图 2-11）。其中体外诊断在政府推动下，即时诊断和快速检测试剂快速增长，其细分领域的市场占有率由 2021 年的 13.50%迅速增长至 2022 年的 20.10%，超过医学影像成为医疗器械细分领域第一。医疗影像市场则保持稳定增长，2022 年与 2021 年市场规模相当，在细分领域占比为 12.50%。在心血管领域，虽新冠疫情期间因为择期手术受影响，相关医疗器械用量有所波动，但由于心血管病高发，医疗器械市场总体保持在一个稳定的水平，占比为10.20%。由于慢病管理的普及，以及新冠疫情的影响，药物注输类产品占比由2021年的7.40%提升至2022年的10.60%。骨科类产品虽受新冠疫情期间择期手术的影响，但由于手术技术进步，骨科产品使用总额保持稳定水平，占比为7.70%。

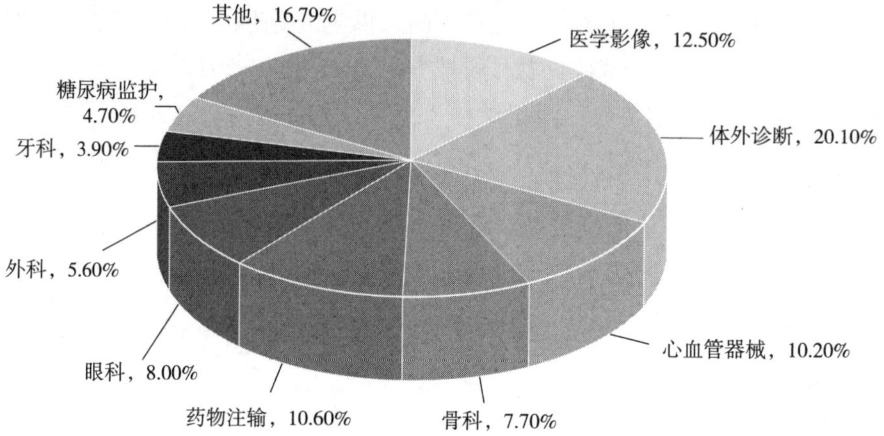

图2-11　2022年全球医疗器械细分领域市场份额

（二）全球医疗器械行业发展趋势

1. 产业供应链逐渐本土化

2022年，国际形势和新冠疫情冲击给产业供应链带来了重大挑战，产业安全风险上升为重要议题，各国都开始谋求建立独立自主、安全可控的产业体系，全球生产网络的格局也因此发生了深刻变化。各国产业布局由传统的追求“效率至上”向保安全与防风险转变，全球产业供应链正朝着区域化、本土化、多元化、数字化等方向加速调整。美国、欧盟、日本等发达经济体力图重振本国制造业，纷纷鼓励本国制造业企业回流。新冠疫情凸显了供应链安全的重要性，各国考虑到应急安全、基本保障、经济发展、社会稳定等因素，全球产业供应链有本土化或本国化的趋势，全球医疗器械产业也因生产供应链不稳定带来了巨大的成本压力。

2. 产业创新监管难度提升

为与医疗器械技术革新同步，2022年FDA加大力度创新监管，不断调整监管政策以符合数字化医疗时代的要求。2022年9月，FDA发布“数字健康软件预认证（预证书）试点计划：量身定制的全产品生命周期方法和主要发现”，旨在通过减少作为医疗设备的软件开发者的监管障碍来快速发展数字健康产品。

该计划允许 FDA 预先批准可信赖的制造商更新其设备中的 AI 软件产品。

2022 年 10 月，美国白宫发布人工智能权利法案蓝图，概述了应指导自动化系统的设计、使用和部署的五项原则，包括安全有效的系统、算法歧视保护、数据隐私、通知说明以及人类替代、考虑和回退。2022 年 12 月，FDA 在《FD&C 法案》中增加“设备的预定变更控制计划”，允许公司事先概述对软件设备的预期修改，允许在上述范围内进行更改，无须再次提交耗时审批。

2022 年，欧盟新版医疗器械法规（MDR）（EU2017/745）进入首个全年实施阶段，体外诊断医疗器械法规（IVDR）也于 2022 年底正式实施，更多体外诊断产品需要通过指定机构的强制性合格评估。截至 2022 年 10 月，制造商已递交了 8120 份 MDR 认证申请，但是最终仅 1990 份认证证书得以核发，由于 MDR 的实施进度未能达到预期，欧盟委员会在 2022 年 12 月声明 MDR 实施进度严重落后于计划安排。此外，欧盟委员会提出的《人工智能法案》计划搭建全新框架管理人工智能，计划在 2023 年底生效，相关人工智能医疗产品将遇新政监管。

二、我国医疗器械行业发展现状

（一）我国医疗器械行业发展特点

1. 规模增速重启发展

2022 年，我国医疗器械行业规模达到 11710 亿元人民币，首次突破万亿元大关，增长 21.60%（见图 2-12）。2020 年因全球突发新冠疫情，产业超速增长，2021 年回调，2022 年我国医疗器械行业经受住了新冠疫情、供应链危机等多重考验，增速超过复合年均增长率水平，行业发展恢复长期以来的高速节奏。

2. 国产替代趋势明显

相较于 2020 年防疫物资需求的爆发式增长，2021—2022 年全球各地区进入疫情防控常态化阶段，各国相关产品的自主生产线逐渐恢复，对于医用耗材的需求量不再大量增加，使得 2022 年医疗器械出口量下滑。同时，鉴于复杂的国际局势，贸易往来比之前更为敏感，政策变动和限制越来越多，通货膨胀、融资收紧、粮食能源价格上涨等因素也导致经济增速放缓，进而影响医疗器械市场。与我国医疗器械出口量相比，进口市场保持稳健态势，呈现小幅度增长，国内医疗器械替代进口的趋势明显。根据海关总署统计数据，2022 年，我国医疗器械进出口总额为 8088.35 亿元，同比下降 7.3%；出口总额为 4811.99 亿元，同比下降12.2%；进口总额为3276.36亿元，同比增长1.0%（见图2-13）。

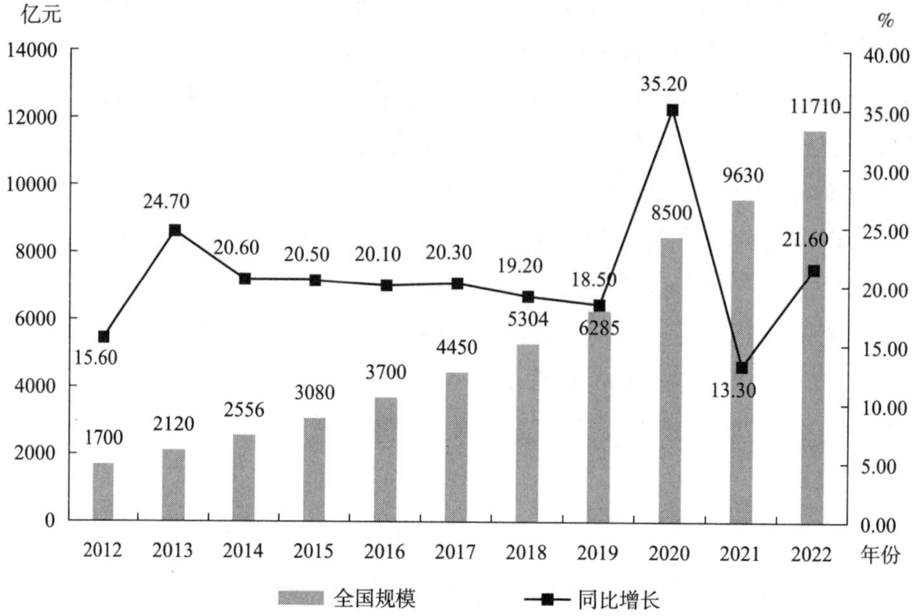

图2-12　2012—2022年中国医疗器械行业规模

资料来源：艾媒数据、德勤咨询、中国医药物资协会、前瞻产业研究院等。

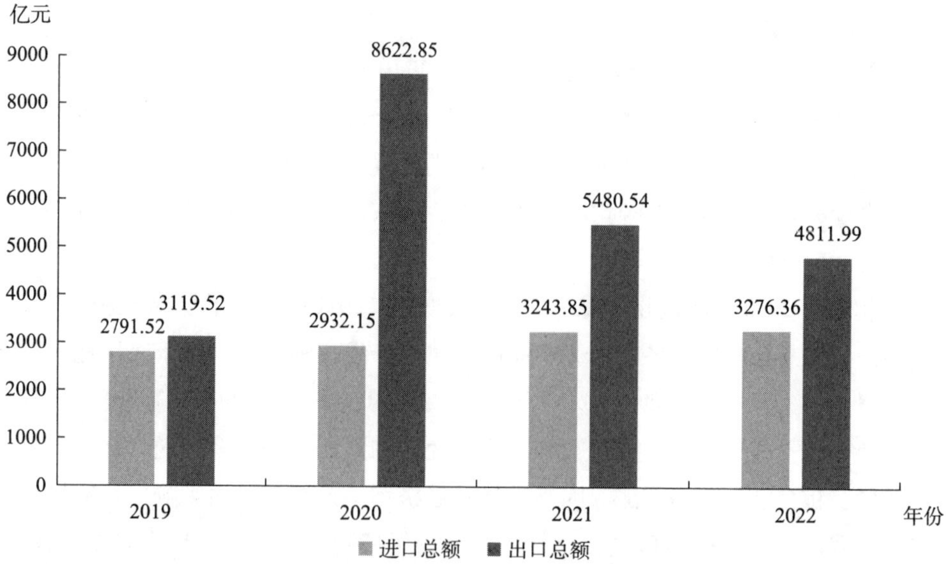

图2-13　2019—2022年中国医疗器械进出口总额

资料来源：海关总署。

从细分领域进口来看，各领域进口额变动幅度不大，体外诊断试剂、医用耗材和诊疗设备为主要的进口类别，2022 年三者合计进口额约为 2463 亿元，约占医疗器械进口总额的 75%（见表 2-4）。

表 2-4 2021—2022 年中国医疗器械细分领域进口情况 单位：亿元

类别	2021 年	2022 年
体外诊断试剂	918.20	1062.91
医用耗材	757.66	751.63
诊疗设备	694.33	647.98
体外诊断仪器	457.62	338.06
其他	254.88	326.86
口腔设备与材料	82.00	76.39
医用敷料	40.55	38.27
保健康复	38.61	34.27

资料来源：海关总署。

在国家进口市场方面，我国对各国的进口额占比总体波动幅度不大，美国仍然是我国医疗器械行业的最大进口国家。2022 年，我国对美国的进口额达到 784.76 亿元，占比为 23.95%（见表 2-5）。

表 2-5 2021—2022 年中国医疗器械主要进口市场情况

国家	2021 年进口额（亿元）	2021 年占比（%）	2022 年进口额（亿元）	2022 年占比（%）
美国	780.73	24.07	784.76	23.95
德国	599.26	18.47	601.19	18.35
日本	329.46	10.16	293.74	8.97
爱尔兰	193.64	5.97	271.74	8.29
瑞士	184.92	5.70	186.96	5.71
墨西哥	144.71	4.46	155.53	4.75
法国	74.18	2.29	85.42	2.61
韩国	84.60	2.61	84.86	2.59
新加坡	89.93	2.77	83.34	2.54
英国	75.01	2.31	69.95	2.13

资料来源：海关总署。

我国医疗器械出口总额在2020年达到8622.85亿元的顶峰，近两年受新冠疫情影响有所下降，2022年的出口总额为4811.99亿元，占比为59.49%（见表2-6）。

表2-6　2019—2022年中国医疗器械出口规模整体情况

时间	进出口总额（亿元）	出口总额（亿元）	出口总额占比（%）
2019年	5911.04	3199.52	52.77
2020年	11555.00	8622.85	62.82
2021年	8724.39	5480.54	74.62
2022年	8088.35	4811.99	59.49

资料来源：海关总署。

从细分领域出口来看，根据海关总署数据，2022年我国医用耗材出口额下降明显，相比2021年下降了16.8%（见表2-7）。医用耗材依然在我国医疗器械出口中占据主导地位，占总出口额的半壁江山；体外诊断试剂和诊疗设备两个细分类别分别约占2022年医疗器械出口总额的16%和12%。在海外防疫物资需求下降的情况下，我国医疗器械行业急需转型以应对挑战。

表2-7　2021—2022年中国医疗器械细分领域出口情况　　单位：亿元

类别	2021年	2022年
医用耗材	3023.67	2514.69
体外诊断试剂	863.81	754.71
诊疗设备	658.08	598.94
体外诊断仪器	247.24	257.06
保健康复	246.52	229.41
其他	202.70	210.56
医用敷料	150.37	162.57
口腔设备与材料	88.15	84.05

资料来源：海关总署。

在出口市场方面，我国对传统出口市场的出口额及其占比有所下滑，对亚洲国家的出口额及其占比有所上升。2022年，美国还是我国最大的出口市场，出口额为 1115.51 亿元，占比为 23.18%（见表 2-8）。

表 2-8 2021—2022 年中国医疗器械主要出口市场情况

国家	2021 年出口额（亿元）	2021 年占比（%）	2022 年出口额（亿元）	2022 年占比（%）
美国	1363.50	24.88	1115.51	23.18
日本	304.45	5.56	306.62	6.37
德国	509.13	9.29	290.02	6.03
英国	365.81	6.67	172.02	3.57
澳大利亚	91.78	1.67	155.48	3.23
加拿大	120.96	2.21	139.24	2.89
荷兰	150.47	2.75	124.50	2.59
韩国	110.21	2.01	114.89	2.39
泰国	86.47	1.58	107.76	2.24

资料来源：海关总署。

3. 常规医疗产品回暖

2022 年，新冠疫情的反复以及核酸检测常态化拉动了体外诊断领域的快速增长，市场份额占比达 15.80%，较 2021 年增长 1.9 个百分点，随着新冠疫情趋于稳定，抗原检测取代核酸检测成为长期需求（见图 2-14 和图 2-15）。此外，国家医疗器械/设备集采拉动体外诊断全国低价联动，疾病诊断相关分组（DRG）推进检验结果互认，基层医疗需求带动体外诊断领域在快增、重构中沉淀发展。医学影像和心血管产品占比分别为 12.80%和 11.30%，在细分领域中分别排名第二和第三。骨科医疗器械处于市场扩容和进口替代的双击时代，2022 年占比上升至 5.46%。新冠疫情防控常态化后，医院常规诊疗逐步恢复，心血管、骨科、肾科、口腔类与择期手术相关的细分领域比重均有所提升。药物注输经 2021 年疫苗注射拉动高速增长后，2022 年因诊疗需求再次拉动，细分领域占比基本保持稳定，达 3.09%。医疗信息化市场增长速度和政府推进程度相关，总体规模略减，占比为 7.23%，未来随着电子病历的普及以及科研临床对于数据需求的持续增长，医疗信息化产品的需求将会再次增长。

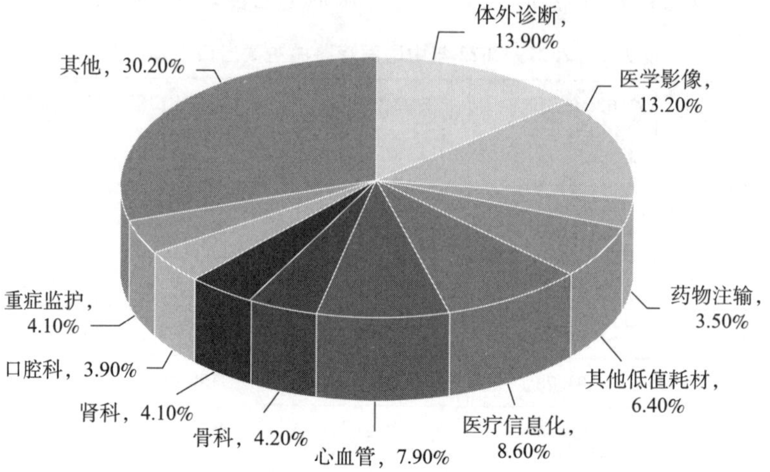

图 2-14　2021 年中国医疗器械细分领域市场份额

资料来源：深圳市医疗器械行业协会。

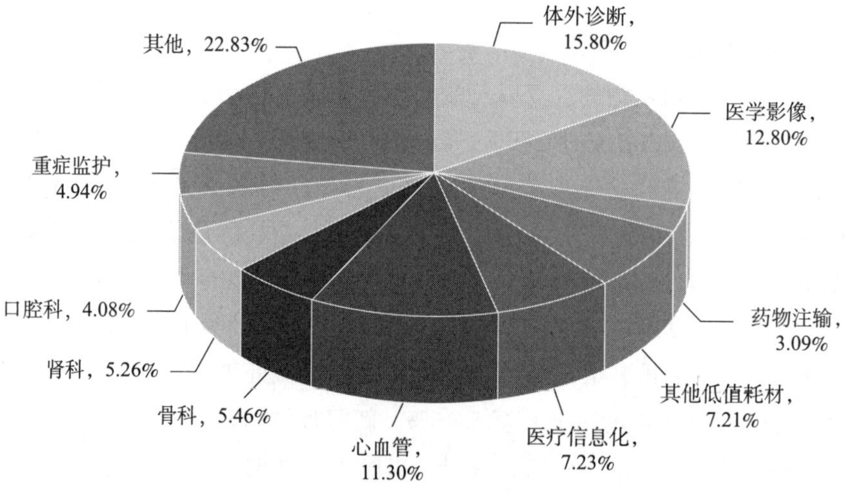

图 2-15　2022 年中国医疗器械细分领域市场份额

资料来源：深圳市医疗器械行业协会。

4. 企业规模持续攀升

全国医疗器械生产企业数量持续稳步增长。截至 2022 年底，全国医疗器械生产企业数量达 41690 家，较 2021 年的 28954 家同比增长 43.99%。其中，可生产一类、二类、三类医疗器械产品的企业分别为 23538 家、15840 家、

2312家。如图2-16和图2-17所示，三类医疗器械首次注册2191个（含进口），二类医疗器械首次注册13643个（含进口）。广东省凭借良好的政策和地域优势占据国内医疗器械生产企业总数量的首位，共有5966家企业；江苏省、山东省分别以4110家、3870家排名第二和第三。

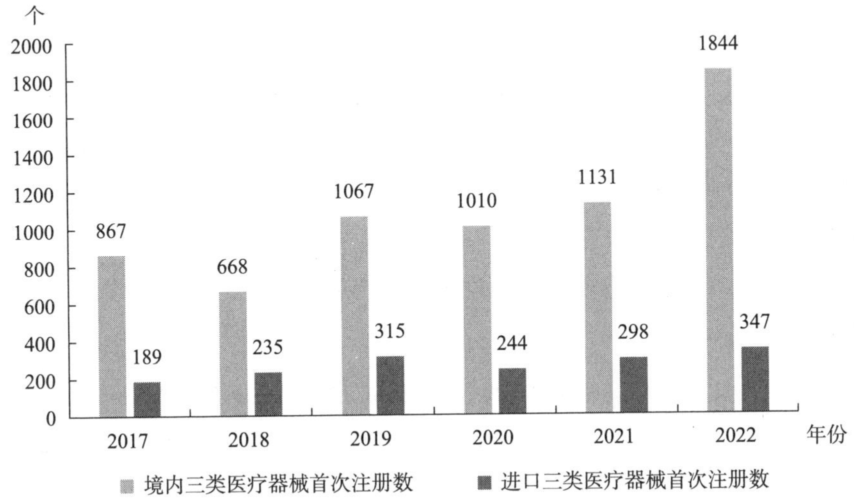

图2-16　2017—2022年国家批准注册三类医疗器械情况

资料来源：国家药监局。

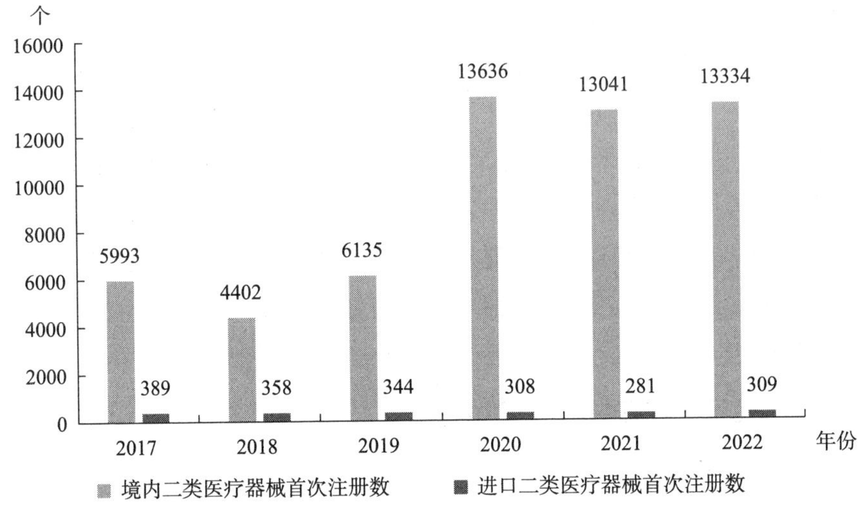

图2-17　2017—2022年国家批准注册二类医疗器械情况

资料来源：国家药监局。

从生产类型来看，截至 2022 年 12 月 31 日，江苏可生产三类医疗器械企业数量以 500 家位居全国第一，占比为 21.63%；北京、广东分别以 321 家、273 家紧随其后，分别占比为 13.88%、11.81%。广东可生产二类医疗器械企业数量以 2856 家位居全国第一，占比为 18.03%；江苏、浙江分别以 2042 家、1188 家排名第二和第三，分别占比为 12.89%、7.49%。

医疗器械上市公司数量持续增长。截至 2022 年底，全国共有上市公司 177 家，其中，广东、上海、北京、江苏、浙江上市企业数排名前五，上市企业数占全国的 76.27%。从上市公司市值来看，广东、北京、上海的上市公司排名前三，分别占全国的 32.72%、17.60%、16.37%。根据已披露海外营收的 42 家上市企业数据来看，这些企业的出口额在 2021 年出现下滑之后，2022 年逆势上扬，表现优异，海外营收金额为 645.61 亿元，同比增长 35.72%（见表 2-9）。

表 2-9　2019—2022 年中国医疗器械上市企业海外营收情况

年份	2019 年	2020 年	2021 年	2022 年
海外营收金额（亿元）	240.83	499.83	475.68	645.61
增速（%）	—	107.54	-4.83	35.72

资料来源：根据公开数据整理。

5. “三足鼎立”领跑全国

截至 2022 年底，在工业和信息化部发布的 45 个先进制造业集群中，珠三角、长三角、京津冀包括后起之秀成渝地区，已在地理位置上聚集了具有联动效应的先进制造业集群。我国医疗器械产业的集聚也在制造业集聚的基础上形成了以中心城市引领城市群发展、城市群带动区域发展的模式：以北京、天津为中心引领京津冀城市群发展，带动环渤海地区协同发展；以上海为中心引领长三角城市群发展，带动长三角经济带发展；以广州、深圳为中心引领粤港澳大湾区建设，带动珠三角经济带创新绿色发展。

（二）我国医疗器械行业发展趋势

1. 法规标准体系进一步完善

医疗器械监管法规标准体系进一步完善。2022 年，国家药监局加快推进《医疗器械监督管理条例》配套制度建设，出台《医疗器械生产监督管理办法》《医疗器械经营监督管理办法》《体外诊断试剂分类规则》《第一类医疗器械产品目录》《禁止委托生产医疗器械目录》《关于加强医疗器械跨区域委托生产协同监管工作的意见》及《关于加强医疗器械生产经营分级监管工作的指导意见》等。

与此同时，国家药监局切实促进医疗器械标准化工作高质量发展，加快推进标准体系建设。截至2022年，我国医疗器械标准共有1904项，覆盖医疗器械各专业技术领域，与国际标准的一致性程度达90%，标准体系的覆盖面、系统性和国际协调性不断提升。

2. 审评审批制度改革纵深推进

2022年，国家药监局陆续出台《医疗器械注册与备案管理办法》《体外诊断试剂注册与备案管理办法》《医疗器械临床试验质量管理规范》《医疗器械注册自检管理规定》《医疗器械应急审批程序》等制度文件，持续深化医疗器械审评审批制度改革。具体表现在：加快构建临床评价通用指导原则体系，明确医疗器械临床评价的产品范围、评价路径和评价要求，临床评价制度改革整体完成；建立创新审评服务前置工作机制，充分利用创新服务站和长三角、粤港澳大湾区医疗器械技术审评检查分中心，为高端医疗器械产品上市提供更加优质高效的指导服务；加强审评质量体系建设，加快推进指导原则和审评要点制度修订。目前已发布497个指导原则，编写审评要点744个，审评技术规范体系更加完善，对医疗器械分类目录的覆盖率已达到89.3%。

3. 高度重视产业供应链安全

提升医疗器械产业的供应链韧性和安全水平被提上了新高度。国家强力保障产业供应链稳定畅通，大力推进产业供应链补链强链，加快产业供应链支撑体系建设，带动医疗器械制造业高质量发展。2022年，国家多措并举，扩投资、促消费、稳外贸，工业互联网标识解析体系全面建成，在一定程度上促进了产品全流程、生产各环节、供应链上下游的数据互通、资源协同，加速企业数字化转型，并在应对新冠疫情冲击时建立了重点产业供应链企业“白名单”制度。同时搭建医疗物资重点产业链、供应链的协调平台，建立大宗原材料供应“红黄蓝”预警协调机制，保障重点产业链稳定运行。另外，补齐短板与培育长板多措并举，增强产业供应链的核心竞争力，聚焦产业供应链的堵点卡点，实施关键核心技术攻关工程和产业基础再造工程，加快重要基础产品和关键核心技术的攻关突破，培育发展先进制造业集群，增强包含医疗器械在内的制造业发展的内生动力。

4. 集采常态化与鼓励创新并重

随着国家和地方层面集采常态化进行，集采的“鞭子”效应将更加明显：不合理的价格水分将被挤出，如果企业没有充分准备，完善产品管线、储备优势产品，掉队是迟早的事情。集采常态化给行业带来压力，同时也为医疗器械生产企业强化了成本意识，并转化到企业运营过程中成为竞争力，推动企业重视成本控制优势，加速核心高端材料研发创新、高端加工工艺的优化及良率提升。同时，集采将促使医保支付空间大大提升，促进医疗器械行业的优化整合，改变竞争格局，推动企业向创新驱动的方向发展，鞭策企业更加重视“首仿”及新品研发，不断丰富产品管线和储备重磅产品，如此，企业将会更有内生增长力。

三、深圳医疗器械行业发展现状

（一）深圳医疗器械行业发展特点

1. 总产值逼近千亿大关

2022 年，深圳市医疗器械行业经受住了考验，产业规模稳步增长，在高质量发展道路上保持了创新发展的良好趋势。

根据样本生产企业统计，2022 年深圳市医疗器械行业生产总值为 986.31 亿元，较 2021 年的 772.49 亿元增长了 27.68%（见图 2-18）。2011—2022 年复合年均增长率为 16.44%，超过 2019—2011 年的复合年均增长率。

2020 年由于新冠疫情短期需求的拉动，深圳市医疗器械行业产值的全国占比曾跃升至 9.71%，并在 2021 年全国其他地区生产水平开始恢复后回调，2022 年深圳市医疗器械行业产值的全国占比为 8.42%，超过 2019 年 7.62%的占比水平（见图 2-19）。根据样本企业跟踪统计，深圳市医疗器械行业总体增速在 2020 年、2021 年、2022 年分别为 27.45%、14.12%和 22.22%，去除 2022 年新冠疫情短期影响因素后，增速仍高于全国总体增速（21.60%），与 2019 年相比，大幅增长 77.77%。

注册产品品类向高端化趋势发展。截至 2022 年 12 月底，深圳市医疗器械行业企业共有一类产品备案 7239 个，二类产品注册 5878 个，三类产品注册 978 个。在现有注册产品中，高性能医疗器械品种占 79.39%。其中，体外诊断产品占比最高，数量为 2890 个，占比达 42.15%，2022 年首次注册产品

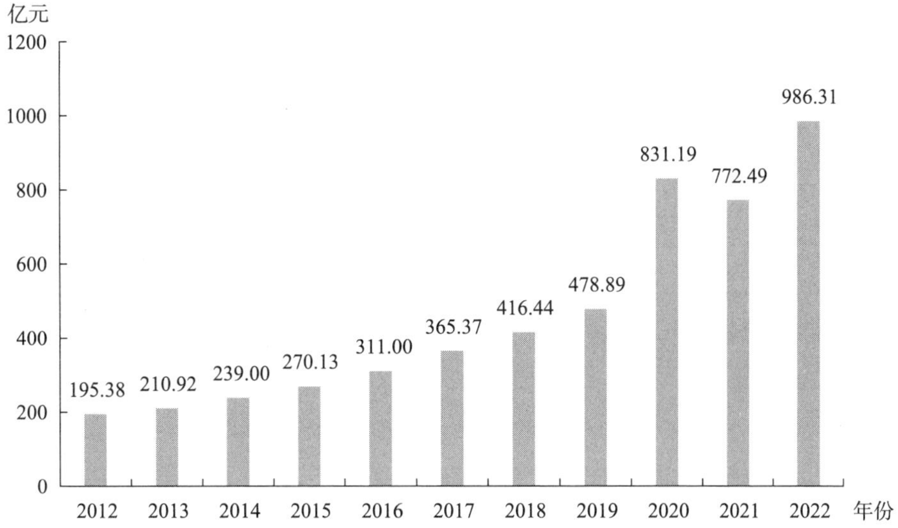

图 2-18　2012—2022 年深圳市医疗器械行业生产总值

资料来源：深圳市医疗器械行业协会。

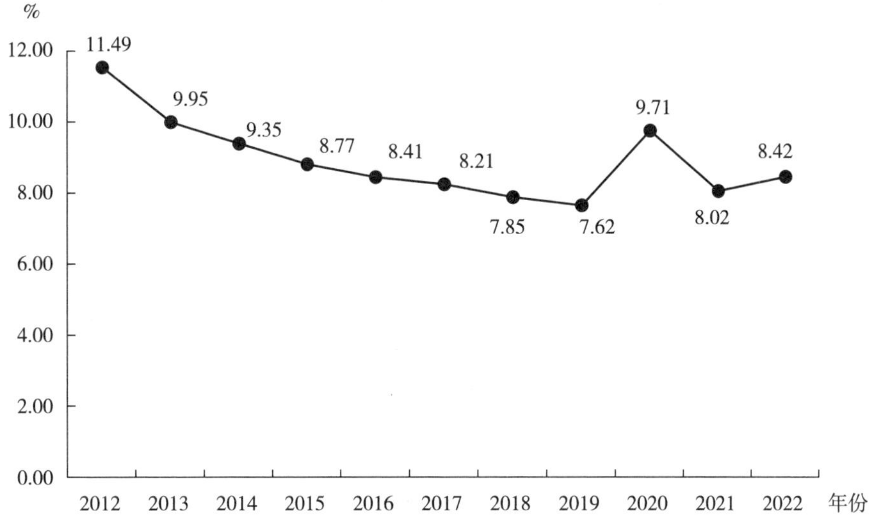

图 2-19　2012—2022 年深圳市医疗器械行业产值全国占比

数据来源：深圳市医疗器械行业协会。

数量为 503 个，占比达 44.40%（见表 2-10）。

2022 年首次注册三类产品 200 个，首次注册二类产品 933 个，一类产品备案 1856 个，二类、三类产品保持了高端化发展趋势，高性能医疗器械品种占比为82.17%。体外诊断、医学影像等领域创新活跃。在2022年首次注册的二类、三类产品中，心血管、神经类产品有54个，占比为4.77%；医学影像类产品有117个，占比为10.33%；医疗信息化类产品有27个，占比为2.38%；骨科类产品有11个，占比为0.97%；急救、呼吸、麻醉类产品有57个，占比为5.03%。

表2-10 深圳二、三类医疗器械注册产品细分领域分布（截至2022年底）

细分领域	产品数量（个）	产品占比（%）	2022年首次注册产品数量（个）	2022年首次注册产品占比（%）
医学影像	687	10.02	117	10.33
体外诊断	2890	42.15	503	44.40
心血管、神经	173	2.52	54	4.77
骨科	16	0.23	11	0.97
眼科	27	0.39	5	0.44
牙科	393	5.73	51	4.50
监护、心电、诊断设备及器械	994	14.50	133	11.74
手术治疗设备	153	2.23	20	1.77
急救、呼吸、麻醉	330	4.81	57	5.03
其他高值医用耗材	77	1.12	9	0.79
药物注输、管路类及防护类	469	6.84	65	5.74
康复器械	59	0.86	24	2.12
物理治疗设备	322	4.70	41	3.62
消毒、手术室等医院设备	28	0.41	2	0.18
医疗信息化	123	1.79	27	2.38
其他	115	1.70	14	1.22
总计	6856	100.00	1133	100.00

资料来源：深圳市医疗器械行业协会。

2. 企业数量保持稳步增长

截至2022年底，深圳市医疗器械行业生产企业总数为1549家，同比增长11.12%，二类、三类医疗器械生产企业分别为866家、153家，企业数量持续稳步增长。其中，南山区三类医疗器械行业企业数量以46家位居全市各区之首，宝安区二类医疗器械行业企业数量最多，达242家。

深圳市医疗器械行业保持多点多极化发展趋势，其中南山区产值比重最高，光明区持续快速推进。南山区是深圳市医疗器械行业的发源地，也是高端医疗器械企业的首选聚集地，拥有较完整的“科研—产业—金融—人才”产业链闭环，企业数量增速平稳，2022 年全区致力于打造医疗器械产业示范区。坪山区是首批国家生物产业基地；光明区从科学城布局入手，重在构建研发、转化、制造完整产业体系，企业数量增长迅速；宝安区是传统医疗器械制造承载大区；龙岗区、龙华区是医疗器械制造新秀，近年来医疗器械行业企业数量增长较快。

深圳市医疗器械行业大区前两位的南山区、坪山区在其他各区的追赶下，产值比重有所压缩。南山区聚集的医疗器械行业头部企业最多，产值占全市比重近半，达 44. 32%；光明区产业推进速度较快，是唯一产值占比持续增长的区域，产值占比达 11. 39%；新冠疫情期间的制造业大区宝安区、龙岗区 2022 年恢复到 2019 年比重水平，分别为 10. 39%、9. 71%；龙华区波动最大，2020 年由于防护类产品拉动，比重一度高达 15. 08%，2021 年开始回落，2022 年产值占比为 10. 53%，仍高于 2019 年的 7. 61%。

高性能医疗器械成为行业主体。目前，深圳市医疗器械行业结构不断优化，行业高端化已经取得一定成效。2022 年，深圳市高性能医疗器械产值规模达 733. 23 亿元，占比为 74. 34%，与 2021 年（占比为 74. 3%）相比，稳中有升。

深圳市产业集中度持续提升，保持高度集中状态，亿元产值企业数量在全国各大城市中处于领先地位。2022 年，深圳市医疗器械产值亿元以上企业有 104 家，较 2021 年增加 9 家，产值占全市比例高达 88. 79%，较 2021 年的 87. 23%提升 1. 56 个百分点。其中产值 10 亿元以上的企业有 13 家，产值占比达 61. 89%（见表 2-11），数量较 2021 年增加 2 家，产值占比提升了 6. 12 个百分点。

表 2-11　2022 年深圳市医疗器械产值集中度

区间划分	规模区间企业数量（家）	规模区间产值总额（亿元）
10 亿元以上	13	610. 43
1 亿~10 亿元	91	265. 25
1 亿元以下	944	110. 63

资料来源：深圳市医疗器械行业协会。

3. 高性能产品出口强劲

深圳市医疗器械优势产品出口保持全国领先水平，其中核磁共振、监护仪、彩超、呼吸机、义齿、麻醉设备、心电图机、B 超、基因测序仪等产品出口在全国的占比均超过 40%，稳居首位（见图 2-20）。

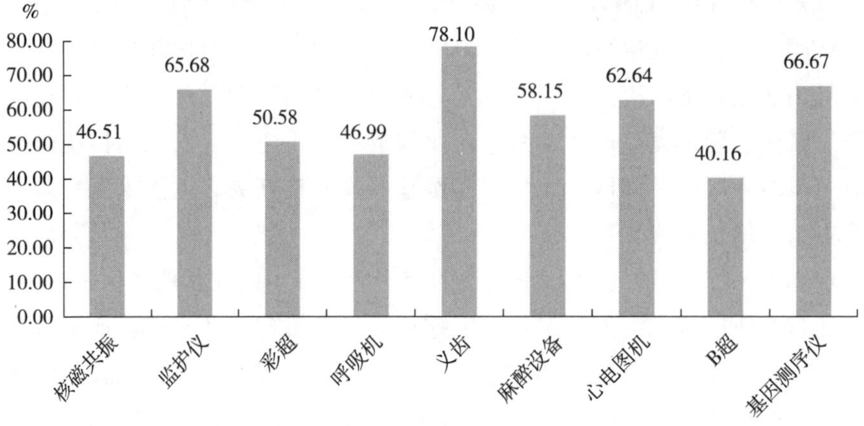

图 2-20　深圳市医疗器械产品出口全国占比

资料来源：深圳市医疗器械行业协会。

2022 年，在全国医疗器械出口同比下降的大环境下，深圳市依靠高端医疗器械出口的拉动，出口总额保持在 325.41 亿元（约合 45.51 亿美元），出口同比逆势增长 6.93%。其中，口罩类防护产品、疫情相关诊察类产品出口额分别为 22.53 亿元、31.16 亿元，同比下降 27.24%和 18.13%；其他产品出口额为 271.71 亿元，同比增长 15.48%。高性能医疗器械产品出口额为 244.84 亿元，占出口总额的 75.24%，同比增长 19.23%，是拉动深圳市医疗器械出口的主要因素。

（二）深圳医疗器械行业发展展望

深圳市依托先进制造基础，“深圳制造”品牌的良好品质，不断完善的产业链、创新链以及强大的市场反应能力，吸引了高端医疗器械企业集聚，推进医疗器械企业高质量发展，助力企业提升核心竞争力。

1. 培育高端医疗器械集群

深圳市全面引导和推动医疗器械行业发展，借鉴国际集群发展经验，顶层设计、长期规划，按梯次递进发布系列重磅政策，重点支持高端产业集群发展，形成联动全产业链的有效集群促进机制，即政府为“大脑”，集群促进机构为“行动中枢”，“创新链生态”与“产业链生态”为两翼，汇聚高校、研究机构、社会组织、各企业创新载体和机构技术服务平台，为集群协调、平衡发展服务。

自上而下规划培育。2009 年，医疗器械进入深圳市政府战略性新兴产业政策领域，通过有效政策引导和集群促进机制作用逐渐形成有机集群整体。深圳市政府根据区位特色和优势基础介入引导和规划培育医疗器械产业的历史已长达15年，并根据产业发展不同阶段和技术前沿突破不断做出阶段调整，重点培育有利于国计民生的高端医疗器械产业。2020年4月，国家高性能医疗器械创新中心在深圳建成并成为创新载体枢纽之一，围绕医学影像、先进治疗、体外诊断、康复与健康信息、医用材料与植介入五个领域建成CRO综合服务和CDMO定制生产平台，致力于打通高端医疗器械创新链。2022年1月，在深圳市政府出台的《深圳市科技创新“十四五”规划》中提到，在未来5年的科技创新布局中，“聚焦高端医疗器械”将是深圳医疗器械行业发展的大势，进一步提振了行业信心。2022年7月，深圳市印发了《深圳市培育发展高端医疗器械产业集群行动计划（2022—2025年）》以及一系列配套措施文件，重点支持高端医学影像、体外诊断、高端植介入等领域，以及手术机器人、智能软件等前沿领域，支持范畴涵盖了临床转化、注册审批、园区建设、器械生产等多个维度，全力打造全过程产业生态链。同时，深圳市在推进高端医疗器械产业发展中，以重大公共服务平台为精准发力点，加强专业技术服务能力建设；瞄准产业需求大、严重依赖进口的共性关键技术领域，开展关键核心技术攻关以及市场准入研发资助，多措并举推动产业高质量发展。截至2022年底，深圳市医疗器械相关创新载体达393家，覆盖产业链各环节。深圳市高端医疗器械产业集群通过创新枢纽平台链接创新载体，并辐射至产业链上下游，在多个产业协同项目中进行共性技术研究并有所突破。

依托大湾区分中心支撑助推优势产品提速。2020年12月，国家药监局药品审评检查大湾区分中心和国家药监局医疗器械技术审评检查大湾区分中心落户深圳，充分发挥平台支撑作用。“双中心”的成立意味着深圳在药品及医疗器械审评检查领域得到了国家重点支持。截至2022年12月底，围绕审评检查业务，国家药监局医疗器械技术审评检查大湾区分中心与国家药监局监管科学研究基地和重点实验室加强联动，积极参与技术审评新工具、新标准、新方法开发，共参与制定国家标准、行业标准15项，指导原则2项，审评要点6项，出具医疗器械技术审评报告4139份，完成大湾区区域内37个创新产品，完成受理前技术咨询1820件。同时，大湾区分中心与国家高性能医疗器械创新中心合作建立有源设备测试基地，为优势产品转化提速。

2. 创新监管助推产业升级

发布全国首个医疗器械唯一标识（UDI）地方标准。深圳市市场监管局在全国率先搭建并启用首个UDI追溯平台作为实施UDI工作的技术支撑。2022年7月，深圳市标准技术研究院“医疗器械产品全生命周期监管及可视化平台建设项目”成功立项，与国家药监局系统进行数据对接，整合深圳本地数据资源，开发出一套基于医疗器械UDI应用的医疗器械全生命周期监管系统，实现以UDI编码为关键字的医疗器械追溯图谱并可视化展示。

2022年12月，深圳市发布全国首个三医联动医疗器械唯一标识的地方标准《医疗器械唯一标识数据接口规范》。截至2022年12月11日，共推动全市260家生产企业、223家经营企业传输6.3万条产品信息，15家医院传输36.2万条使用UDI信息，在全国范围内率先实现UDI实施单位与监管部门数据对接，更好地指导实施单位与UDI追溯平台的数据对接传输工作，方便生产、经营企业和医疗机构实现传输数据自动化和实时化，同时有利于市场监管部门进行医疗器械全生命周期追溯监管，有利于卫生健康部门对医疗器械使用进行规范化管理，有利于医保部门打击医保欺诈和产品滥用行为，有利于政府部门提高监管效率。

打通创新药械快速进口通道。“港澳药械通”创新了粤港澳药品监管协作机制，实施临床急需进口品种全程监管。截至2023年3月，香港大学深圳医院作为“港澳药械通”首发试点机构，已获批引进20款药品和11款医疗器械，惠及患者近1500人次。目前深圳共有香港大学深圳医院、深圳市前海蛇口自贸区医院等4家“港澳药械通”指定医疗机构，成功探索粤港澳药械合作新模式，有效带动药械供给侧创新升级，促进粤港澳大湾区医疗器械研发、生产、流通等方面的创新联动。

3. 智慧医疗领域制度创新

智慧医疗被认为是在人工智能应用中最有可能率先实现商业化的细分领域，但从技术到产品转化面临着极大的监管挑战，商业化落地相对迟滞。2022年11月1日正式实施的《深圳经济特区人工智能产业促进条例》明确了人工智能创新产品准入制度，在分级分类监管的基础上，规定对于国家、地方尚未制定标准但符合国际先进产品标准或者规范的低风险人工智能产品和服务，允许通过测试、试验、试点等方式开展先行先试。针对智慧医疗领域，提出探索建立注册类医疗器械临床试验伦理审查互认机制，鼓励医疗机构使用辅助决策、影像或数据处理、医疗数据分析挖掘、医疗助理等人工智能产品与服务。

第三节 医疗美容

医疗美容简称“医美”，是指运用药物、手术、医疗器械以及其他具有创伤性或者不可逆性的医学技术方法对人的容貌和人体各部位形态进行修复与再塑的美容方式。根据国家卫生健康委定义，医疗美容包括美容外科、美容皮肤科、美容牙科和美容中医科等。具体来看，从人的面部整形到牙合畸形矫治甚至包括针灸，都属于医疗美容的范畴。

一、全球医疗美容行业发展概况

（一）全球医疗美容行业发展现状

1. 全球市场规模保持稳定增长

人类对美的追求永无止境，这促进医疗美容行业高速发展，全球医美市场规模稳健增长。国际美容整形外科学会发布的《2020年度全球医疗美容报告》数据显示，2020年出于美容目的的整形外科手术同比下降了10.9%，全球有77.8%的外科医生在新冠疫情期间暂停了手术，然而非外科手术则持续增加。从细分市场增速看，非手术类市场规模增速远高于手术类，主要是非手术类项目创伤小、恢复期短、风险更低、更经济等。公开数据显示，2016—2019年全球医疗美容市场规模快速增长，复合年均增长率为9.0%。2020年受新冠疫情影响，市场规模有所减少，2022年医疗美容市场规模约为1561亿美元，市场增速为5.30%，但恢复力度仍低于新冠疫情前同期水平（见图2-21）。

2. 发达国家市场发展最为成熟

从当前全球范围来看，医疗美容行业已经形成了基本稳定的格局。从各国医生数量和医疗美容手术案例数量角度来看，以美国、韩国、日本等为代表的发达国家医疗美容服务渗透率超10%。

（1）美国：起步最早，是发展成熟的全球最大医美市场

美国的医疗美容行业起步最早，发展也最为成熟。2019年，美国整形医生渗透率（每万人）就已经超过20%，2021年，美国医美疗程超过1800万次，亦处于全球前列。在监管方面，美国具备完善的医美监管体系与法律保障机制。1931年美国整形外科协会成立，1950年整形外科已广泛融入医疗机

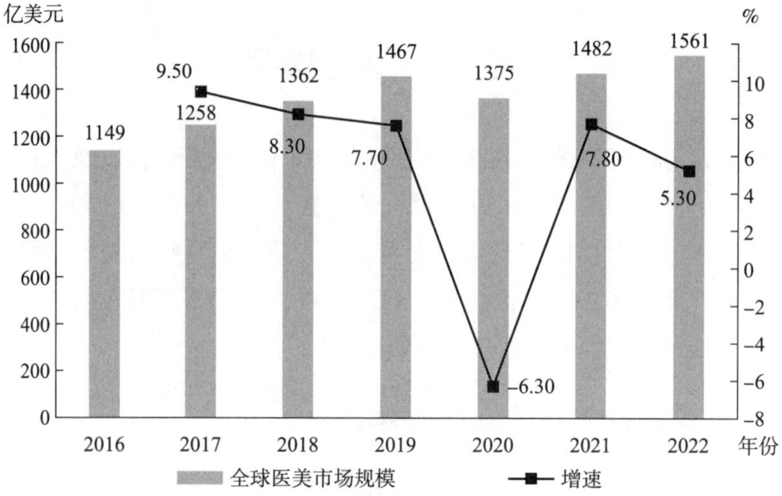

图 2-21　2016—2022 年全球医疗美容市场规模

资料来源：Frost&Sullivan、火石创造。

构，1969 年整形外科被正式纳入普通外科，此后医疗美容服务被列入医疗服务范畴。美国的普适性医疗法规制度均适用于同样会产生医疗风险的医美领域，以确保服务的可靠性与安全性。至今，美国已形成以 FDA、州政府和行业协会等为核心，覆盖药品器械、服务机构、执业人员与广告宣传等上中下游的监管体系。美国医疗美容类药品和器械市场进入壁垒与上游市场的集中度都较高。

美国拥有全球最先进的医疗技术和医药科研实力。肉毒素、玻尿酸、激光等医美新科技都诞生于美国，美国医疗美容行业的上游龙头企业艾尔建（Allergan）成立于 1950 年，在美国医疗美容行业发展史中占据重要地位。艾尔建成立初期以眼部护理药品的研发和生产为主，后通过兼并收购进入医疗美容行业，旗下的 Botox 产品拥有全球 80%的肉毒素市场。艾尔建的出现也是美国从复杂的手术时代进入操作简便的微整形时代的典型代表。

（2）日本：开展美容整形手术较早的亚洲国家

日本较早引进美容整形技术，是开展美容整形手术较早的亚洲国家。日本对医疗美容行业的规范不同于美国，其更重视从业者的资格认证和医疗器械的安全性。早在 1947 年，日本就将美容美发纳入专业教育，以教育形式对专业人员实施技术普及，并要求考取从业资格。日本的整形医师数量在世界排名第四，占全世界整形医师总数的 6.1%。日本在医疗器械安全性审批方面极其严格，以瑞蓝玻尿酸为例，虽然在 1999 年 5 月就开启了在日本的注册审批流程，但直到 2009 年仍未通过。

日本在某些医疗美容材料的发现与使用上具有先发优势，部分技术操作甚至早于美国，技术与服务水平高于全球平均水平。例如，在丰胸手术方面，日本最先使用硅胶注射，而同期美国则使用聚氨酯等海绵材料。干细胞与再生医学是近年来兴起的生物医学新领域，其旨在通过干细胞移植、分化与组织再生，促进机体创伤修复、治疗疾病，具有重大的临床应用价值。日本长期大力发展再生医疗技术，也是全球首个对再生医疗立法的国家，并且在 2012 年和 2016 年先后有两位日本医学家在再生医疗领域获得诺贝尔医学奖。日本再生医疗美容疗法应用较广，除了常见的左旋聚乳酸（PLLA）、聚甲基丙烯酸甲酯（PMMA）等注射填充材料外，干细胞治疗、富血小板血浆（PRP）注射、外泌体治疗等均有应用。

（3）韩国：全球渗透率最高的医美市场

韩国医疗美容行业起步晚但发展快，市场体量有限但渗透率全球第一。与美国和日本不同的是，韩国医疗美容行业的高度发达在很大程度上得益于政府强有力的支持，打造了医疗旅游观光产业。Grand View Research 数据显示，仅 2019 年韩国医疗美容市场规模就已达 16.4 亿美元，约为美国的 1/10，其中，肉毒素与玻尿酸的体量合计约 2540 亿韩元（约合 2.2 亿美元）。韩国医疗美容市场体量虽有限但从每千人疗程来看，其医疗美容渗透率走到全球领先水平且远高于排名第二的美国。

韩国的医疗美容上游产业弱于美国，玻尿酸与肉毒素早期市场由外资品牌主导，随着本土品牌获批，外资垄断局面被打破。受国际生化武器公约规范，韩国肉毒素市场相对本土玻尿酸市场而言，进入壁垒更高，竞争格局更优，目前厂商数量仅有 17 家。玻尿酸市场进入壁垒相对更低，自 2009 年韩国本土玻尿酸“伊婉”获批后，韩国本土玻尿酸厂商获批节奏逐渐加快。历经 20 余年发展，生产玻尿酸等组织修复生物材料的厂商超过 160 家。

韩国自身医疗资源丰富，整形医生渗透率也居全球首位。同时韩国医疗美容机构众多，在空间上形成产业集聚分布。数据显示，2016 年韩国正式登记注册且有实际经营业绩的医疗机构达 1600 多家，大部分集中在首尔、京畿道和仁川等首都圈地区。在 2021 年韩国医疗美容市场中，18~25 岁消费者的比例从 2019 年的 8%增长至 11%。这意味着在未来，韩国医疗美容市场将会更加注重年轻消费者的需求。

（二）全球医疗美容行业发展趋势

据 Insight Partners 调查分析，到 2028 年，全球医疗美容市场预计将从 2022 年的 1022.5 亿美元增长到 2338.4 亿美元，复合年均增长率为 14%，说明这个市场还在不断增长。医疗美容已经成为一个全球性的热门行业，有着巨大的商机和前景。除了市场规模的增长，全球医疗美容行业市场还呈现以下发展趋势。

第一，科技驱动医疗美容产品和服务升级。科技的发展将不断推动医疗美容产品和服务的创新和升级。例如，通过人工智能和机器视觉技术提高美容手术的精度和安全性；基于再生医学、合成生物学等生物科技开发的美容产品将会成为医疗美容行业未来发展的重要方向。

第二，不同地区人群的美容需求和审美观念有所不同，因此随着医美市场的发展，地域化和差异化将成为趋势。例如，亚洲地区的人们更注重产品的自然效果和保湿功效，而美国的消费者则更注重产品的快速见效和持久性。

第三，医疗美容与健康管理相结合。随着生活水平的提高，人们的健康意识也不断提高，对于健康管理和预防也更加重视，一些针对性、可持续性较强的医疗美容项目也应运而生，成为医疗美容行业未来的发展方向。

第四，无痕治疗将逐步成为主流。相比传统手术，微创和非手术美容等无痕治疗更加安全、快速、便利，皮秒激光、疏通毛孔、无痕注射等正在逐渐成为新的主流技术。

第五，个性化定制成为医美市场新趋势。得益于科技的发展，人们的审美需求日益多样化，消费者更需要个性化和定制化的服务。例如，基于基因检测的美容方案、针对不同肤质的皮肤管理项目、可定制的隆鼻假体等产品和服务逐渐走红。

第六，线上线下渠道融合。电子商务、大数据和互联网的普及，促使越来越多的医美品牌尝试将线上线下渠道相融合，通过线上平台提供品牌推广、在线预约、在线咨询等服务，进一步提升市场占有率和用户黏性。

二、我国医疗美容行业发展概况

我国的医疗美容行业自新中国成立后引进，至改革开放后才开始兴起。初期以公立医院为主，规模较小、行业发展缓慢；20 世纪 80 年代后，民营美容兴起，但医疗美容仍然占比较低；进入21世纪后，医疗美容行业逐渐进入了加快发展阶段，多家相关公司上市或挂牌，行业内整合并购频繁，国外先进整形技术也被相继引进。近年来随着经济生活水平的提高、大众对医疗美容服务需求提升、医疗美容技术进步和政策逐步完善，“颜值经济”进入了红利期，医疗美容行业迅速发展。

（一）我国医疗美容市场发展现状

1. 市场增速稳中有升

我国医疗美容行业发展虽晚，但得益于庞大的人口基数与消费需求，市场规模迅速扩张。艾瑞研究院资料显示，从2019年开始，我国医疗美容行业扩张速度放缓，2020年受新冠疫情影响，我国美容用户的医疗美容行为有所减少，增速放缓至9.90%；随着新冠疫情的好转及轻医美的发展，市场逐步回暖，2022年我国医疗美容市场规模达到2479亿元，增长率达到13.80%，预计2025年我国医疗美容市场规模将达到4108亿元，复合年均增长率为19.10%（见图2-22）。

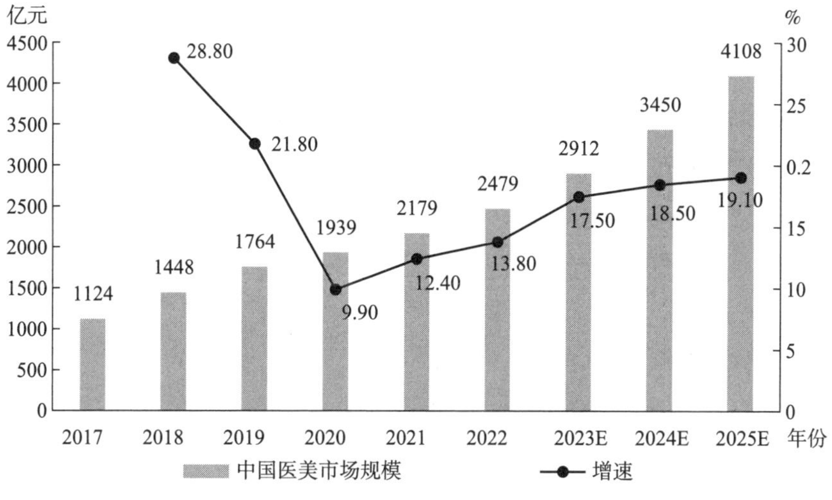

图2-22 2017—2025年中国医疗美容市场规模

资料来源：艾瑞研究院。

2. 非手术类项目占据主导

由于非手术类的医美项目具有风险小、恢复期短、效果自然等特点，非手术类医疗美容市场始终保持高增速扩张并挤压手术市场，2022年其市场规模已达982亿元，同比增长30.60%，预计2025年其市场规模将上升至2279亿元，复合年均增长率为31.80%，有望成为医美主力市场（见图2-23）。

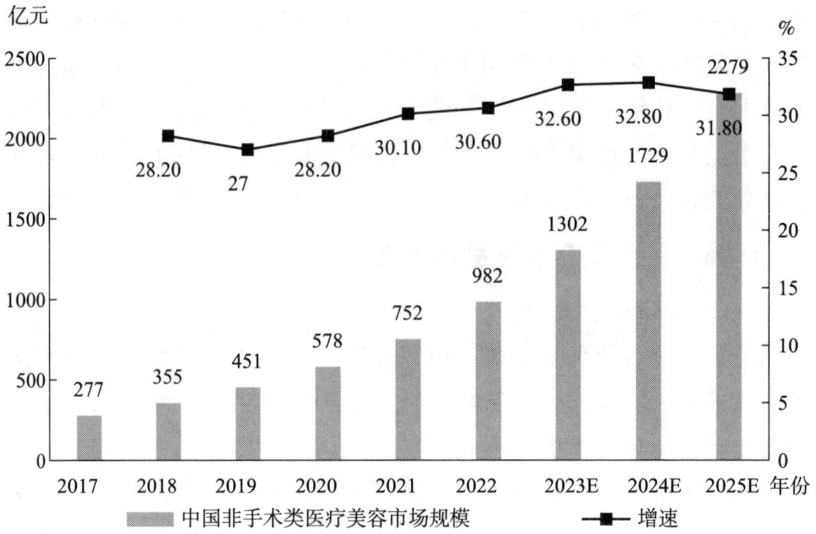

图 2-23　2017—2025 年中国非手术类医疗美容市场规模

资料来源：艾瑞研究院

在非手术类项目中，注射疗法与光电疗法占主导地位。注射疗法中以玻尿酸、肉毒素与胶原蛋白增剂为主。光电疗法则包括光子嫩肤、激光祛斑等细分领域。目前对医疗美容行业的市场研究集中在非手术类医美上，主要有玻尿酸注射、肉毒素注射、再生类注射以及光电疗法医美。相关内容见图 2-24。

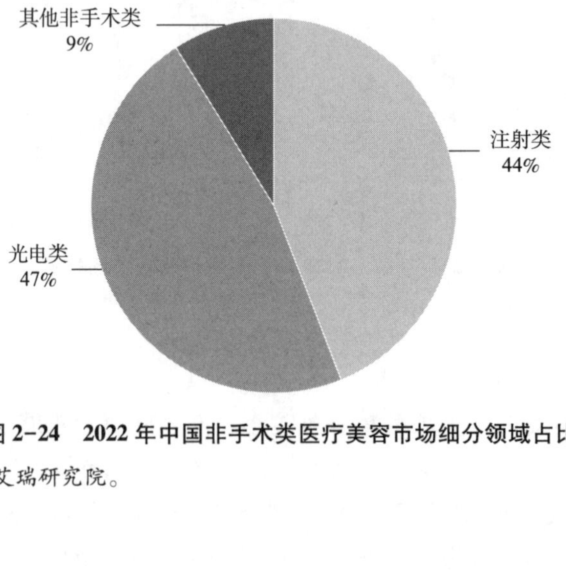

图 2-24　2022 年中国非手术类医疗美容市场细分领域占比

资料来源：艾瑞研究院。

3. 用户规模增长迅速

从2017年至今，我国医疗美容市场用户规模快速扩张。2022年，我国医疗美容市场用户规模超过2000万人，2023年将达到2354万人，较2017年增长488.5%（见图2-25）。

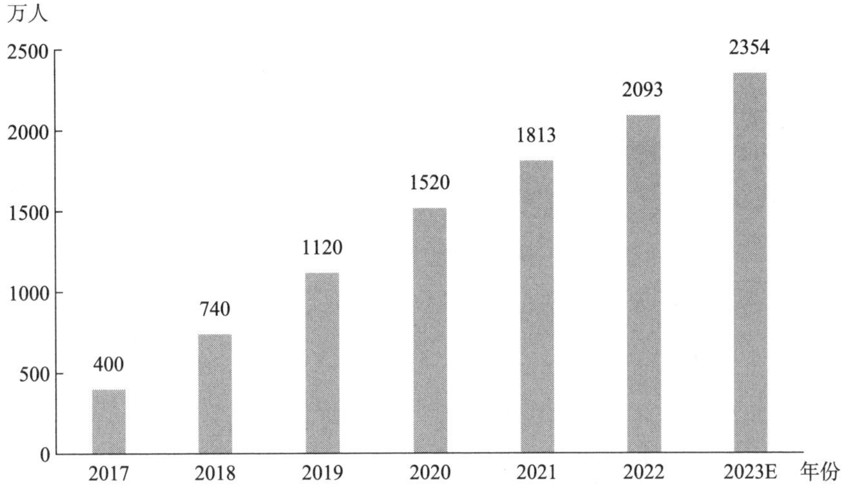

图2-25 2017—2023年中国医疗美容市场用户规模

资料来源：Mob研究院。

女性依旧是医美行业的消费主力军，25岁及以上人群需求较大（见图2-26）。数据显示，在有医美经历的人群中，女性消费者占比达73.0%，是男性消费人群的2.7倍；从年龄分布来看，35岁以上“熟龄化”女性人群为主要消费者，大多都是普通职员、企业管理者和专业人员。该类人群文化素养和收入水平较高，心智审美相对成熟，具备一定消费能力。

医疗美容市场的消费主力已发生转变，从极致爱美的传统整形消费者，转向青睐轻医美的大众消费者。国内整体医疗美容市场的消费意愿已从中年抗衰需求逐渐走向年轻化的提早抗衰及皮肤管理需求。在颜值经济大行其道的当下，很多“90后”“00后”年轻人已经迫不及待地加入了抗初老的行列，成为医疗美容市场的“主力军”。相关数据显示，“90后”“00后”的消费群体十分青睐光电医美项目，2019—2022年其占整体市场的比例高于40%，且高于其他年龄段消费群体。新氧数据颜究院发布的《2022年光电医美行业消费趋势报告》显示，在2022年医疗美容消费者最钟爱/最想尝试的医美项目中，光电类项目由于其创伤小、恢复期短、效果确切及安全性高、副作用少等优点，成为47.34%消费者的首选。

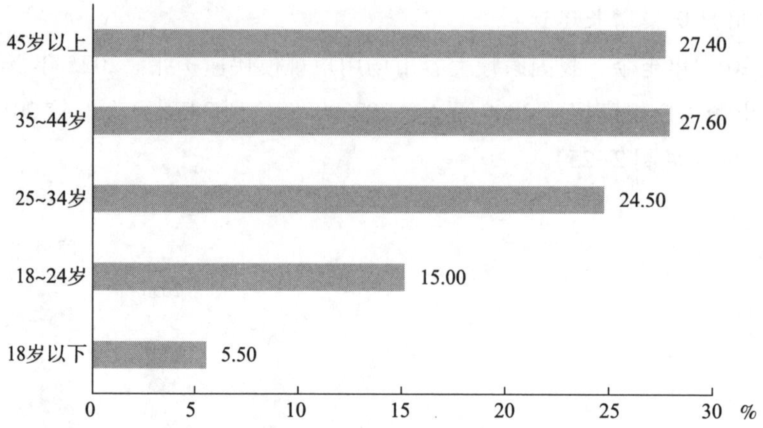

图 2-26 各年龄段女性对医疗美容的需求

资料来源:《2022 年新氧医美行业白皮书》。

4. 资本青睐光电与新材料赛道

综观 2022 年全年，国内医疗美容行业相关一级创投市场发生了 21 起投融资事件，其中 12 起发生在行业上游。从投资医疗美容的领域来看，投资者普遍聚焦在合成生物、胶原蛋白等医美新兴原料领域和光电设备领域。在融资轮次方面，获得投资的企业均处于天使轮或者 A 轮阶段（见表 2-12）。

表 2-12 2022 年中国医疗美容市场投融资事件一览

时间	企业名称	业务	融资金额	获投轮次	投资者
1月	德阳德美整形	医疗美容机构	—	收购	兴科蓉医药
	美械宝	医美供应链 B2B 平台	数千万元	战略融资	康德莱投资
3月	普立蒙	医美原材料、埋植线等	近亿元	—	雅惠投资、荣振投资
	深圳易美	医美光电器械	—	出让股权	四环医药附属公司
	YOUNGMAY（样美）	专研科技护肤品牌	数千万元	Pre-A 轮	梅花创投、长港生物、高樟资本
4月	益而康生物	胶原蛋白领域	2.33 亿元	股权收购	华熙生物
	芙迈蕾	医美光电器械	数千万元	天使轮	远毅资本
5月	YOUNGMAY（样美）	专研科技护肤品牌	—	—	若羽臣
	宁波金坤生物	合成生物领域	数亿元	A 轮	日初资本
	MIRA	医美抗衰人工智能平台	千万级	天使轮	易高资本

续表

时间	企业名称	业务	融资金额	获投轮次	投资者
6月	亨瑞生物	胶原蛋白领域	2000万美元	A轮	金榜基金
	医美国际	医疗美容机构	1亿元	认购股份	拉芳家化
7月	南京佰福	医美激光设备	近亿元	A轮	元生创投、北极光创投
8月	禾零医药	皮肤学级护肤品	—	收购股权	康哲美丽
	江苏创建医疗	合成生物、胶原蛋白领域	近2亿元	A轮	资悦基金
9月	同佳健康	医疗美容机构	2亿元	战略投资	—
	昆明韩辰医疗美容医院	医疗美容机构	1.58亿元	收购股权	朗姿股份
10月	末名拾光	合成生物领域	近亿元	A轮	信宸资本、扬子江冶金工业园、真格基金、嘉程资本、弘毅创投
11月	思元医疗	微整形创新材料	数千万元	A轮	泰煜投资、远毅资本
12月	芙迈蕾	医美光电器械	—	Pre-A轮	沃永基金、远毅资本
	BR光电保养	光电保养	1亿元	战略融资	广东小崧科技

资料来源：根据公开资料整理。

Medical Insight数据显示，2022年我国医疗美容光电市场规模已达356.74亿元，且呈显著的逐年增长趋势。目前，我国80%以上的光电设备为进口品牌，但近年来国产品牌发展势头很猛，拥有巨大的替代空间。轻医美的崛起不仅加速了医疗美容消费市场的变革，也让上游企业在生产布局上做出了调整，一批拥有技术创新和自主研发能力的优质本土企业涌现，在国产替代的大潮下，资本开始意识到国内光电医美这片蓝海，纷纷布局这一赛道。2022年，国内医疗美容光电设备领域共有5起投融资事件发生，其中芙迈蕾、南京佰福和深圳易美，都是国产光电设备生产商作为上游企业获得了投资，而BR光电保养是以轻医美为载体的生活方式连锁品牌，作为中游机构获得了投资。随着国产光电设备替代窗口期的到来，光电医美或将在不远的将来迎来一次行业洗牌。

在医疗美容新材料领域，再生医美针剂和胶原蛋白为2022年最受关注的两大新材料。随着国内童颜针、少女针等再生针剂新产品的陆续获批上市和再生医美产品在消费市场获得的良好反馈，资本市场对再生医美针剂加大了关注力度。华熙生物作为国内的玻尿酸巨头，也在2022年布局了再生材料的研发；四环医药、江苏吴中等跨界医美的上市药企也将业务版图扩张至医美再生领域。此外，金坤生物、未名拾光、江苏创建医疗等企业都凭借着再生针剂原料相关产业线，获得了大额投资。

5. 从严监管促行业行稳致远

近年来医疗美容行业发展迅速，但企业资质良莠不齐、合法医师占比低、广告夸大宣传、人员专业素养欠缺等乱象层出不穷，对其规范和整治十分必要。中国消费者协会数据显示，仅2015年至2020年，收到的医疗美容行业投诉数量从483件增长到7233件，5年间投诉量增长近14倍。据不完全统计，我国现存医疗美容相关企业1166788家，2022年医疗美容相关风险信息共计2.2万条，医疗美容相关行政处罚超4500条。

国家为加强对医疗美容行业的监管，推动行业规范化发展，相继发布一系列政策法规，行业迎来“以规范促发展”的新阶段。其中，2020年4月，国家卫生健康委等八部门联合下发《关于进一步加强医疗美容综合监管执法工作的通知》，提出面向全行业的整顿和规范，所涉及的管理范围几乎涵盖了从境内外上游药品、器械生产商到中游医疗美容机构、医生，再到下游电商的医疗美容全产业链（见表2-13）。2022年9月至2023年2月，市场监管总局等十一部门联合组织开展了医疗美容行业突出问题专项治理行动，清理了一批违法机构、惩治了一批违法人员、查办了一批典型案例、形成了一批长效机制制度成果，行业乱象频发的势头得到有效遏制，行业秩序明显好转。2023年5月，市场监管总局等十一部门发布了《关于进一步加强医疗美容行业监管工作的指导意见》，主要围绕医疗美容行业准入管理、医美“导购”行为、加强医疗美容培训并区分生美和医美边界三方面展开，医疗美容行业监管政策再升级。

表2-13 中国医疗美容行业相关政策（部分）

时间	部门	政策法规	主要内容
2017年6月	国家食品药品监管总局	《关于开展城乡结合部和农村地区药店诊所药品质量安全集中整治的通知》	将医美监管工作更加细化，开始针对城乡结合部和农村地区药店、诊所进行集中整治，进一步保障公众用药安全有效
2020年4月	国家卫生健康委等八部门	《关于进一步加强医疗美容综合监管执法工作的通知》	从医疗美容机构自我管理、行业组织纪律、政府监管、社会监督四个方面加强监管

续表

时间	部门	政策法规	主要内容
2021年2月	国务院	《医疗器械监督管理条例》	对涉及质量安全的违法行为提高处罚力度、加大行业和市场禁入处罚力度
2021年5月	国家卫生健康委等八部门	《打击非法医疗美容专项整治工作方案》	进一步维护消费者合法权益，保障群众身体健康和生命安全，打击非法医疗美容服务
2021年11月	市场监管总局	《医疗美容广告执法指南》	严厉打击各类医疗美容虚假违法广告，规范医疗美容广告市场秩序
2022年4月	国务院	《医疗机构管理条例（2022年修订）》	加强对医疗机构的管理，促进医疗卫生事业的发展
2023年2月	市场监管总局	《医疗美容消费服务合同（示范文本）》	供营利性美容医疗机构与接受医疗美容服务的消费者签订服务合同使用，非营利性美容医疗机构可根据情况参照使用
2023年5月	市场监管总局等十一部门	《关于进一步加强医疗美容行业监管工作的指导意见》	就进一步加强医疗美容行业监管工作，规范和促进医疗美容行业发展提出一系列针对性举措

资料来源：根据公开资料整理。

监管始终是我国医疗美容行业的政策重点，从行业初步发展阶段行规门槛的确定，到加速发展阶段整治力度的加强，再到如今医疗美容行业项目持续裂变、细分赛道层出不穷，对细分市场的监管成为下一步的政策重点。随着监管力度的加大和监管维度的拓展，未来医疗美容行业的监管将持续向纵深推进，医疗美容行业逐步向规范化、透明化、标准化方向迈进。特别是市场监管总局等十一部门联合印发的《关于进一步加强医疗美容行业监管工作的指导意见》，明确要求将医疗美容诊疗活动、涉医疗美容经营活动以及医疗美容用药品医疗器械等纳入综合监管重点事项，有助于明确监管重点，对当下医疗美容行业的健康发展具有很强的现实指导意义。随着监管越来越完善，从业者越来越自律，通过规范医疗美容上下游和相邻行业市场秩序，为医疗美容行业健康有序发展创造更为公平、规范的市场环境，保持对行业乱象的监管压力常在，我国医疗美容行业将向更规范的道路发展。

（二）我国医疗美容行业发展趋势

1. 医疗美容行业前景可期

随着经济的发展，居民生活水平不断提高，人均 GDP 稳步上升，消费者购买力不断提升，消费者对生活品质和美的追求不断提高且逐渐增加在医疗美容等方面的支出，从而为医疗美容行业的发展持续提供动力。当前我国医疗美容市场规模和空间广阔，医美渗透率仅有 3%左右，未来仍具有相当的提升空间。据 Euromonitor 预测，2021—2024 年，在大消费领域，我国医疗美容市场规模复合年均增长率会超过 20%，是增速最快的行业。另外，医疗美容行业具备“医疗+消费”的双重属性，其医疗属性为行业构建了较高的竞争壁垒，而其可复制性的消费属性有着确定性的增长空间，使资本持续看好医疗美容行业。

2. 医美技术持续进步和成熟

随着技术的不断进步和消费者对医疗美容服务要求的提高，产品种类和品质的提升将是必然趋势。未来的医疗美容市场将继续朝着个性化、精细化、安全有效的方向发展，科技将是医疗美容行业的核心驱动力。未来国内医疗美容市场需求的高增长，将大力驱动国产自主研发品牌不断摸索和实践，投入更多资源于技术研发，打破海外品牌占主导的市场格局，推动国内医疗美容技术的持续发展和进步。

3. 监管执法多措并举，护航行业高质量发展

近年来国家为解决非法美容医疗服务、未经授权生产销售药品和医疗器械、虚假广告和信息等问题加强了对医疗美容行业的监管。2022 年国家对医疗美容行业实行更精准、更全面的监管。国内医疗美容行业要想走得更长更远，强监管必将是未来的主旋律。从行业整治发展到行业细分赛道，越来越多的部门加入医疗美容行业的监管队伍。立法执法机关也将逐步从被动治理转为主动出击。2023 年 5 月，市场监管总局等十一部门联合印发《关于进一步加强医疗美容行业监管工作的指导意见》，明确了医疗强监管时代的到来。未来医疗美容行业的监管将持续向纵深推进，逐步向规范化、透明化、标准化方向迈进。

三、深圳医疗美容行业发展概况

我国医疗美容市场是全球增速最快的医美市场之一，市场规模已接近

2500亿元。作为改革开放的前沿城市，深圳也在积极布局医美产业，2021年深圳市政府出台了《关于促进消费扩容提质创造消费新需求的行动方案（2021—2023年）》，提出要扩大高水平医疗健康服务供给，推进深港澳跨境医疗服务衔接，探索允许特定医疗机构进口临床急需、在境外获批的药品和医疗器械，支持医疗美容机构集团化发展，打造全国领先、全球知名的“医美之都”。

（一）深圳医疗美容市场发展现状

1. 医美器械制造实力全国居前

广东省的医疗美容相关企业数量超5600家，占全国10.33%，位居第二。其中，深圳以3095家企业的数量高居城市榜首。公开数据显示，截至2022年底，深圳拥有医疗美容行业规模以上企业110余家，其中医疗美容器械制造企业和医疗美容服务机构数量比约为6∶4。其中，医疗美容器械制造企业主要聚集在宝安区，医疗美容服务机构主要集聚在南山区和罗湖区。依托电子信息产业的发展优势，深圳在医疗美容器械研发生产方面全国领先，拥有半岛医疗、普门科技、吉斯迪等代表企业，以及半岛Peninsula、AMIRO等代表品牌，覆盖准分子激光、点阵激光、射频、超声等多个产品领域。其中，半岛医疗于2021年通过国家级专精特新“小巨人”认定，是国内龙头、国际知名的有源医疗美容器械生产商。

深圳的医疗美容器械行业发展虽处于全国领先位置，但竞争能力仍待提高。一方面是龙头企业规模较小，行业整体以中小型企业为主，半岛医疗、鹏爱集团作为深圳医疗美容器械和整形美容服务的龙头企业，与国内龙头企业如爱美客、昊海生物，以及科医人医疗、飞顿医疗、欧洲之星等国际龙头仍有较大差距；另一方面，在注射填充领域布局相对滞后，深圳目前尚未获得一款医疗美容注射填充产品注册批件，极有可能失去占领高附加值细分领域的市场份额。

2. 医疗美容服务机构快速增长

深圳医疗美容服务机构虽然在新冠疫情期间出现流量的分散、下滑，但疫情之后竟然奇迹般复苏，成为深圳医疗美容服务行业增速最快的市场主体，尤其是皮肤诊所，从新冠疫情前的120家上升到156家，增幅高达130%。深圳市卫生健康委公布数据显示，深圳2022年拥有642家医疗美容机构，与2021年的499家相比，增幅达28.66%。

从深圳各区开展医疗美容项目机构数量的分布来看，以福田区的分布最多，占比为31.15%；南山区紧随其后，占比为27.10%；罗湖区占比为12.46%；龙岗区占比为4.36%；宝安区占比为2.8%；龙华区占比为1.09%。由于现阶段大部分医疗美容项目仍属于高端消费，需要消费者有一定的经济基础，因此商业经济较为繁荣的区域更容易吸引医疗美容服务机构集聚。

3. 培育民营经济发展沃土

国内第一家美容院、第一个美容化妆品业商会皆始创于深圳，依托经济特区和改革开放试验田的区位，深圳具有医疗美容专业技术、人才、机构设置与管理水平优势，拥有深厚的行业发展基础，为医疗美容行业提供了丰厚的“美丽”土壤。当前，深圳医疗美容服务业的主体经济结构是民营经济，占比达95%以上，外资或混合资本占比较低；在注册资金方面近半数企业低于100万元（见图2-27）。

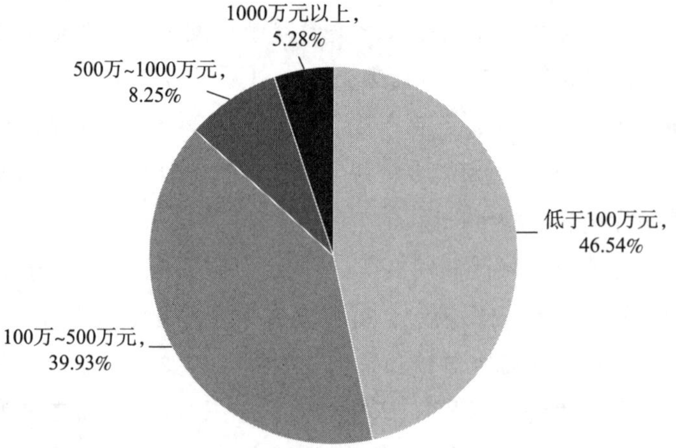

图2-27　深圳市医疗美容服务企业注册资本情况

资料来源：深圳市市场监督管理局。

此外，深圳作为最早开放医生集团工商注册的城市，全国医疗美容行业医生集团有80%落户深圳，带动了深圳医疗美容消费增长和医疗美容机构的蓬勃发展。与北京、上海、广州等一线城市相比，深圳是医生创业型单店占比最高的城市（见图2-28）。

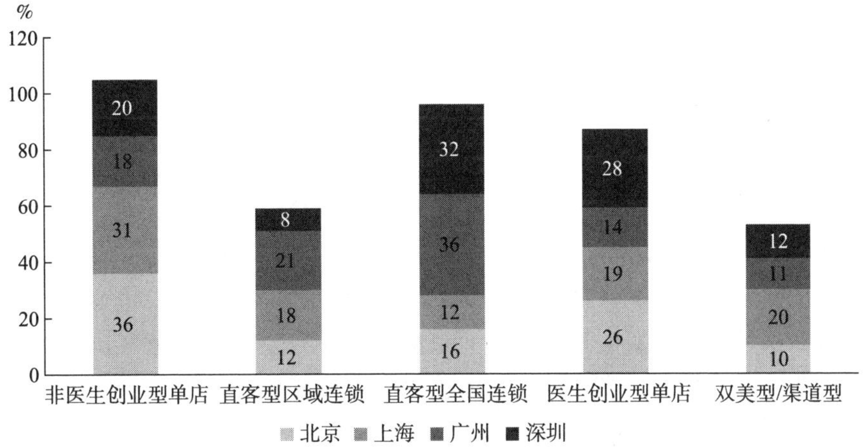

图 2-28　一线城市医疗美容服务机构类型对比

资料来源：艾尔建美学，德勤咨询。

（二）深圳医疗美容行业展望

作为改革开放的前沿城市，深圳也在积极布局“美丽经济”，打造属于自己的国际知名“医美之都”，与成都、海南相比，无论是消费群体、潮流元素、民营企业还是资本活跃度，深圳拥有得天独厚的条件。

消费群体与常住人口年龄的吻合，确实是深圳打造“医美之都”的第一大优势。医疗美容行业与传统医疗最大的不同，在于其更侧重于青春活力的元素，它不但讲究医生的水平，更讲究终端的硬件设施、技术的品牌宣传、产品的创意设计，而且需要把这些元素结合起来，营造出一种新的潮流趋势，并推动转化。深圳是一个年轻多金的城市，深圳常住人口平均年龄仅 32.5 岁，是全国人口最年轻的城市，其对医美的接受程度更是走在全国前列，为本土医疗美容行业的发展营造了良好的环境。

深圳的第二大优势是高举国际化大旗。深圳要打造的是国际知名“医美之都”，而不单单是国内“医美之都”，这就注定其必须与全球潮流同步。医美整形已成为一种流行趋势，深圳是改革开放的“桥头堡”，容易接受外来文化，往往成为引领全国甚至全球时尚潮流的先锋，这是成都、海南等地望尘莫及的。

在深圳这个大舞台，民营企业有得天独厚的优势，其对推动医疗美容行业的发展有很大帮助。近几年国内医疗美容领域基本上呈现“民营企业主导，公立医院为辅”的格局，深圳有很多专业性强、知名度高的医美整形医院，如深圳市人民医院整形外科、深圳阳光医疗美容医院、深圳美莱医疗美容医院、深圳春天微微医院、深圳博爱曙光医院等，它们不仅在当地，乃至在全国都有着较高的人气，医疗美容行业民营企业在深圳的发展势头和占比都优于北京、上海、广州等地。

医疗美容行业的发展离不开资本。深圳的资本活跃度位居全国前三，越来越多的人才和投资进入医疗美容行业，为这个行业的发展注入了新的活力。从长远角度来看，资本的活跃度对医疗美容行业的发展将起到关键的作用。

深圳作为首批国家生物医药产业基地和国家自主创新示范区，大力发展生物医药、医疗健康、医疗器械等领域，打造富有鲜明特色的“医美之都”。未来，深圳医疗美容行业将继续保持快速发展的趋势，并呈现以下特色。

政策助力产业发展。2022 年 7 月，深圳市发展改革委印发了《深圳市促进大健康产业集群高质量发展的若干措施》，提出了更加明确和具体的鼓励发展医疗美容和化妆品的产业措施。从医疗美容产品、医疗美容服务、医疗美容行业监管等方面实行政策倾斜和新探索，这将极大程度推动深圳医疗美容行业的壮大，也为行业的进一步蓬勃发展带来新的机遇。

科技智能赋能医美。医疗美容行业的发展离不开医疗健康、生物科技、医疗器械、生命科学等，深圳在这些方面有完整的产业链，生物医学材料、合成生物学、再生医学、人工智能等学科领域处于行业前沿，医美上游原材料和器械生产企业纷纷布局海外市场，未来虚拟实境、3D 打印、人工智能、再生医学等技术的创新应用将为医疗美容领域带来革命性的变化，从而提升消费者对效果的准确预期，使手术更加安全和精准，人们可以更安全、高效和个性化地追求美丽。

大数据精准获客。首先，大数据技术可以更好地管理客户信息。利用大数据技术，可以将每一位客户的信息集中在同一个平台上，实现全方位、多角度、多维度的客户管理，让客户信息更加精准完整，更能满足多角度的客户需求。其次，大数据技术可以提高服务效率。实时监控客户的每一个环节，及时发现和解决问题，达到追踪和预测客户需求的目的。最后，大数据技术还可以提高客户满意度和口碑。利用大数据技术更加准确地对客户需求进行预测，以便提供个性化的服务和精细化的手术，提升客户的满意度。同时，客户的好评也可以通过大数据技术更快更准确地传递给更多的潜在客户，从而进一步提高口碑。

定制化服务成为趋势。通过大规模数据分析为用户提供更加准确的诊断和美容方案，数字化还可以帮助美容医生与用户更好地沟通，医生可以更好地了解用户的具体需求，基于这些需求定制个性化疗程和最适合的美容方案，从而为用户提供更加精细、有效、安全的医美服务。

重视安全和监管。医疗美容行业的发展还需要强化对安全和监管的重视。加强行业标准制定和监管，对从业者的资质和实践能力进行规范，才能有效保障用户的权益和安全。

跨界合作与创新。跨界合作和创新将成为推动医疗美容行业发展的另一大趋势，医美企业可以与科技公司和智能设备生产商合作，共同为用户提供更加全面、便捷、精确的高质量医美服务。

第四节 健康养老服务

党和国家积极应对人口老龄化和发展老龄事业为我国健康养老奠定了基础。党的十九届五中全会明确了“实施积极应对人口老龄化国家战略”，开启我国老龄化事业发展的新阶段。党的二十大报告指出，要“发展养老事业和养老产业，推动实现全体老年人享有基本养老服务”。《“十四五”国家老龄事业发展和养老体系规划》提出：家庭养老照护能力有效增强，兜底养老服务更加健全，普惠养老服务资源持续扩大，多层次多样化养老服务优质规范发展。

一、概述

2019 年 12 月，国家统计局发布《养老产业统计分类（2020）》，将养老产业划分为养老照护服务、老年医疗卫生服务、老年健康促进与社会参与、老年社会保障、养老教育培训和人力资源服务、养老金融服务、养老科技和智慧养老服务、养老公共管理、其他养老服务、老年用品及相关产品制造、老年用品及相关产品销售和租赁、养老设施建设等 12 个大类。健康养老产业是根据我国经济发展水平，基于我国社会文化传统，在尊重老年人自主性基础上，完善以社会保障、养老服务、健康支撑为重点的针对个体提供生命保障的产业，是贯穿三大产业的综合产业体系，具有市场性和公益性的双重属性。健康养老产业并不是传统意义上的独立性产业，而是通过设备研发、科学研究、生产应用提供等为有养生需求的人群和老年人提供用品、设施以及服务，创造全面支持人民老年期生活的文化氛围和社会环境，满足其特殊需求，具有同类属性的行业、企业经济活动的产业集合，具体包括孝亲敬老传统文化、“居家—社区—机构”养老服务体系、“医养结合”养老服务模式。

（一）孝亲敬老传统文化

孝亲敬老是中华民族的传统美德，也是中国式健康养老的社会文化基础，其在有关制度和老龄工作中都有一定体现。在国家层面主要体现在建设老龄友好环境上，包括居住的物理空间和社会氛围。自2012年起，全国老龄委在全国开展“敬老文明号”创建活动，动员社会各界参与尊老敬老社会活动，提升社会敬老意识。2018年2月，全国老龄委、中组部、中宣部等十四部门联合印发《关于开展人口老龄化国情教育的通知》，提出“把弘扬孝亲敬老文化纳入社会主义核心价值观宣传教育，激励人们向上向善、孝老爱亲”。2020年12月，国家卫生健康委决定在全国开展示范性全国老年友好型社区创建工作，并在2021年10月命名全国首批993个示范性老年友好型社区。2021年11月，中共中央、国务院印发《中共中央　国务院关于加强新时代老龄工作的意见》，围绕健全养老服务体系、完善老年人健康支撑体系、促进老年人社会参与、着力构建老年友好型社会、积极培育银发经济、强化老龄工作保障6个方面，具体19项老龄工作任务分解明确到相关单位和部门，并明确由地方各级政府负责。

（二）“居家—社区—机构”养老服务体系

基于我国人口老龄化日益严峻的形势，社会养老服务得以快速发展。2011年国务院办公厅印发我国第一个关于养老服务的专项规划《社会养老服务体系建设规划（2011—2015年）》，首次对社会养老服务体系给出全面界定，提出建设“以居家为基础、社区为依托、机构为支撑”的社会养老服务体系，并对这三个组成部分的功能分别进行解析。按照该规划，居家养老服务涵盖生活照料、家政服务、康复护理、医疗保健、精神慰藉等，以上门服务为主要形式；社区养老服务兼具社区日间照料和居家养老支持两类功能，面向家庭日间暂时无人或者无力照护的社区老年人提供服务；机构养老服务以设施空间建设为重点，包括老年养护机构和其他类型的养老机构，前者主要为失能或半失能老年人提供服务，后者为不同类型老年人提供集中照料等服务。

2013年，国务院印发《关于加快养老服务业发展的若干意见》，提出要发挥市场在资源配置中的基础性作用，推动社会力量逐渐成为养老服务业的主体。2021 年，中共中央、国务院印发《中共中央　国务院关于加强新时代老龄工作的意见》，特别提出创新居家社区养老服务模式，逐步完善“一刻钟”居家养老。在一系列政策推动下，上海最早提出“9073”养老模式，即 90%的老年人居家养老，7%的老年人依托社区养老，3%的老年人入住养老机构，此后成为全国养老服务体系发展的参照目标。

（三）“医养结合”养老服务模式

老年人是慢性病的高发人群，“治已病”向“治未病”的转向促使老年医疗保健系统进行相应转变和调整，形成医疗服务、健康服务和社会服务一体化的“医养结合”模式。2017 年，国务院印发《“十三五”国家老龄事业发展和养老服务体系建设规划》，将“居家为基础、社区为依托、机构为补充、医养相结合的养老服务体系更加健全”作为老龄事业发展的目标；国务院 2016 年印发的《“健康中国 2030”规划纲要》与 2019 年印发的《关于实施健康中国行动》《健康中国行动（2019—2030 年）》等政策相继出台，围绕疾病预防和健康促进开展 15 项重大专项行动，老年健康促进行动是其中之一。2021 年 3 月《中华人民共和国国民经济和社会发展第十四个五年规划和 2035 年远景目标纲要》再次强调“构建居家社区机构相协调、医养康养相结合的养老服务体系”。

目前，我国健康养老服务体系的基本格局已形成，政府在社会福利事业上的投入力度不断加大，鼓励社会力量参与兴办社会福利事业，逐步形成由家庭、社区、机构共同为老年人提供生活照顾和护理服务的健康养老服务体系，以及指明“医养结合”的发展方向。

二、行业发展现状

（一）政策环境

随着人口老龄化程度不断加深，健康养老产业的发展单靠国家投入已不能满足市场需要，激励和引导社会力量进入养老服务领域变得迫在眉睫。为应对健康养老产业发展过程中各个层面的问题，国务院每年都会针对性下发系列政策指导文件和产业规划意见，从政策制定层面不断完善和细化各项规章制度用以推进养老服务业的持续健康发展（见表 2-14）。

表 2-14　中国健康养老产业发展相关政策（部分）

时间	政策文件	发布单位	核心内容
2013 年 9 月	《关于加快发展养老服务业的若干意见》	国务院	到 2020 年，每千名老人拥有的养老床位需达到 35~45 张
2014 年 9 月	《关于加快推进健康与养老服务工程建设的通知》	国家发展改革委	加大政府投入和土地、金融等政策支持力度，加快建设健康与养老服务工程
2015 年 11 月	《关于推进医疗卫生与养老服务相结合的指导意见》	国家卫计委、民政部、国家发展改革委等九部门	加快推进医疗卫生与养老服务相结合
2016 年 10 月	《“健康中国 2030”规划纲要》	中共中央、国务院	促进健康老龄化，推进老年医疗卫生服务体系建设，发展健康服务新业态
2017 年 2 月	《智慧健康养老产业发展行动计划（2017—2020 年）》	工业和信息化部、民政部、国家卫生健康委	推动健康养老服务智慧化升级，提升健康养老服务质量效率水平
2018 年 4 月	《关于促进“互联网+医疗健康”发展的意见》	国务院办公厅	推进实施健康中国战略，提升医疗卫生现代化管理水平
2019 年 7 月	《健康中国行动（2019—2030 年）》	中共中央、国务院	健全老年健康服务体系，完善居家和社区养老政策，实现健康老龄化
2020 年 1 月	《关于促进老年用品产业发展的指导意见》	民政部、市场监管总局	对老年服装服饰、日用辅助产品、养老照护产品、康复训练及健康促进辅具、适老化环境改善等产品的详细类属与发展需求提出建议和倡议
2021 年 3 月	《中华人民共和国国民经济和社会发展第十四个五年规划和 2035 年远景目标纲要》	全国人大	推动养老事业和养老产业协同发展，健全基本养老服务体系
2021 年 12 月	《“十四五”国家老龄事业发展和养老服务体系规划》	国务院	提出推动“互联网+医疗健康”“互联网+护理服务”“互联网+康复服务”，发展面向居家、社区和机构的智慧医养结合服务，建设智慧健康养老应用试点
2022 年 9 月	《民政部贯彻落实〈国务院关于加强数字政府建设的指导意见〉的实施方案》	民政部	加快汇聚形成全口径、全量的老年人和养老服务机构信息资源，为智慧养老和医养结合、养老服务机构监管提供有力支撑
2023 年 2 月	《2023 年国家标准立项指南》	国家标准化管理委员会	提出机构养老、居家养老、智慧养老和适老化改造等生活性服务标准

资料来源：国务院及各部委网站。

“十四五”时期，我国养老服务体系建设面临的需求更为迫切。《中华人民共和国国民经济和社会发展第十四个五年规划和2035年远景目标纲要》对未来五年内国家养老服务体系建设提出纲领性要求：推动养老事业和养老产业协同发展，健全基本养老服务体系，大力发展普惠型养老服务和互助性养老，支持家庭承担养老功能，构建居家社区机构相协调、医养康养相结合的养老服务体系。与“十三五”相比，“十四五”对养老体系建设的规划更强调用好政府和市场“两只手”，重点解决关系民生的养老问题。

伴随国家政策的鼓励和支持，目前多个行业积极参与和融入健康养老产业，跨界模式逐渐成熟，产品形态逐渐丰富，地产、保险及投融资机构成为参与养老跨界融合最典型的三个行业。这三个行业在开发模式上更注重与医疗、护理机构联合打造和推出相应服务产品，形成全龄的、会员制的、给予老年人健康保障的养老社区模式，并打造旅游、教育、中医养生等全领域养老生态圈。

（二）市场供需

“十三五”期间，我国60岁及以上的老年人口平均每年增加约640万人。第七次全国人口普查数据显示，我国60岁以上人口有2.64亿人，占总人口的18.7%，其中65岁以上人口有1.9亿人，占总人口的13.5%。与此同时，失能与部分失能老年人比例逐年上升，残疾老年人逐年增加。“十四五”时期，我国将迎来老龄人口强劲增长高峰，老年人的健康服务需求已成为“十四五”期间迫切需要解决的重要问题。

1. 市场供应状况

社会养老保障的三大支柱支撑健康养老产业供给。我国健康养老第一支柱为基本养老保险。2022年，我国基本养老保险覆盖了10.5亿人，全年基金收入7.1万亿元，支出6.6万亿元，年底累计结余7.4万亿元，老年健康与医养结合服务纳入基本公共卫生服务项目，基本医疗保险参保覆盖面稳定在95%以上。第二支柱是职业养老金，包括适用于事业单位的职业年金和适用于企业单位的企业年金。职业年金自2015年“双轨制”并轨后诞生，虽然发展时间短，但大约有4000万人参保，截至2022年末职业年金投资运营规模为2.11万亿元。企业年金要求由企业与职工一方集体协商、自主确立，实行完全积累制，截至2022年我国建立企业年金的企业数量为12.80万户，全国范围内参加企业年金的职工数量为3010万人，企业年金投资运营规模为2.87万亿元，积极发挥了养老保险第二支柱的作用。第三支柱为个人主导的个人储蓄型养老保险或个人税收递延型商业养老保险。目前，第三支柱尚处于初级阶段，截至2023年6月全国36个先行城市（地区）的61家试点金融机构的个人养老金账户开户4030万人，但缴费人数和缴费额度很少，税收递延的激励效果微弱。

养老机构数量仍存在较大的供给缺口。国家统计局发布的《中华人民共和国2022年国民经济和社会发展统计公报》显示，截至2022年底，全国共有养老机构40488个，养老床位822.3万张，参照第七次全国人口普查数据，计算得出每千人可实现养老床位31.15张，可见基本养老服务依然是新时代养老服务工作的短板弱项。

近年来，我国健康养老产业持续拓展智慧健康养老产品供给，丰富智慧健康养老产品种类，提升健康养老产品的智慧化水平。当前我国健康养老产品供应总体呈现种类多、智能化、多样化、个性化的特点，市场上出现越来越多功能强大、创新性强的智能健康养老产品，主要包括智能可穿戴设备、智能用品和智能家居三大类。健康养老类产品以市场需求为导向，以创新和科技为支撑，呈现爆发式、集中式、智能式发展，但低端产品进入市场门槛低，产品较多且大同小异，高端产品技术要求高，但整个市场中生产高端智能产品的企业较少，与纷繁复杂、细致难分的养老需求相比，行业供给仍显得不足。因此，应鼓励和支持智慧养老企业开展适老化产品研发，推广智慧养老应用场景，打造更多的示范试点，力争为老年人提供更多的智慧产品。

2. 市场需求分析

按照国际通行划分标准，一个国家或地区60岁及以上人口占比为10%~20%，属于轻度老龄化；占比为20%~30%，属于中度老龄化；占比超过30%则是重度老龄化。根据国家统计局公布的第七次全国人口普查数据，2023年我国60岁及以上人口将达到2.92亿人，占比首次超过20%，我国将进入中度老龄化社会，按照“百名老人5张床位”的国际标准计算，我国养老床位需求应达到1250万张，但现实缺口超400万张。同时，我国“421”型家庭数量逐渐增加，子女赡养压力和家庭养老难度加大，给予了养老社区更大的需求空间。

老龄人口比例不断提升，直接带来了医疗服务、护理服务、健康疗养、居家养老、家政服务市场需求持续增长。在医疗服务方面，目前我国老年人用医疗器械市场规模达200亿~300亿元，随着老年人口增加，医疗器械市场规模还将持续扩大，相关产品将呈现无线化、网络化、远程化、微创化和更便携化的趋势。在护理服务方面，老年人由于年老体衰，慢性病发病率较高，《粤港澳大湾区康养产业发展报告》调研数据显示，我国60岁及以上老年人罹患各种疾病的比例达到60%~80%，基于各种慢性病的状态，医疗护理、家庭病床、送医送药上门服务以及临终关怀、生前预嘱服务等将有很大市场。在健康疗养方面，随着居民生活水平的提高，部分老年人越来越注重生活质量，社区内的娱乐活动、休闲方式已难以满足他们的需求，老年人独居愿望增强，需要社会提供能满足老年人居住养老的场所，从各方面关爱老年人生活。居家养老家政服务需求巨大。全国老龄委数据显示，在城市老年人养老服务需求中，老年餐桌和家政服务需求强烈，比例分别高达42.2%和33.3%，凸显社区在为独居和空巢老人提供服务方面的重要作用。

健康养老需求不断扩大，国家越发重视养老服务行业发展，在需求和政策双重利好下，多业态将撬动复合型、高端化的康养消费。《2022—2023年全球养老产业发展及中国市场趋势研究报告》数据显示，从2019年到2024年，我国进入急速老龄化阶段。2021年我国养老产业市场规模达8.8万亿元，同比增长率高达22.2%。2022年我国养老产业市场规模达到10.3万亿元，同比增长17.0%，2023年这一市场规模将达到12.0万亿元（见图2-29）。随着我国老龄化程度不断加深，未来养老产业具有广阔的发展前景。

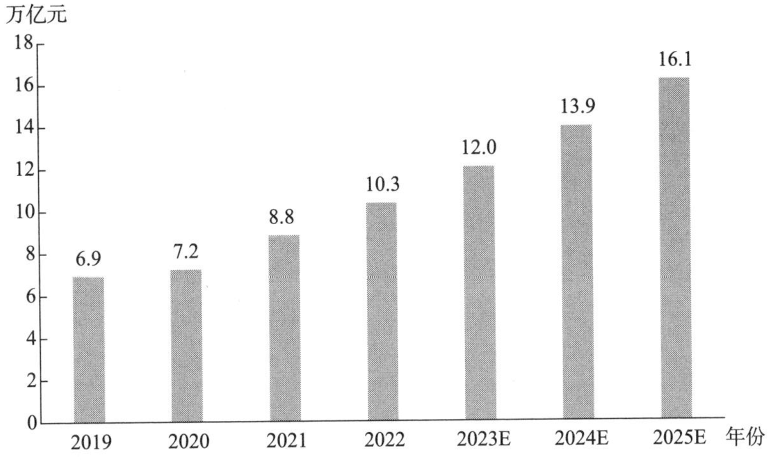

图2-29 2019—2025年中国养老产业市场规模及预测

资料来源：艾媒咨询，公开资料整理。

（三）行业特征

健康养老毫无疑问是朝阳行业，未来将拥有百万级市场蓝海，目前的发展虽处于由初级起步阶段向成熟发展阶段转变的时期，未来发展长路漫漫，但发展潜力无限。

1. 人口老龄化规模大、速度快

我国是世界上老年人口最多的国家，也是老龄化速度最快的国家之一。国家统计局数据显示，截至2022年末，我国60岁及以上人口达2.8亿人，占全国总人口的19.8%。全国老龄委预测，到2053年，我国老龄人口将达到峰值的4.87亿人，占比超过总人口的1/3。21世纪中叶，我国老年人口数量将占亚洲老年人口的2/5，全球老年人口的1/4。

我国进入老龄化社会时间短，人口老龄化规模大、速度快，与已进入老龄化社会的发达国家相比，将要应对社会保障制度和公共服务政策、设施尚不完备，以及社会整体对人口老龄化认知停留在比较粗浅的阶段等问题，老龄化和社会化养老的科普教育未得到有力推广，社会宣传中存在某些误导行为，给全社会带来一定的养老焦虑。

2. 老年群体需求层次多样化

伴随代际更迭，不同世代和年龄阶段的老年人需求呈现多样化。虽然我国老年群体庞大，但目前以60~69岁低龄老年人为主，占老年人总数的56%。出生于20世纪中期的“50后”和开始进入老年阶段的“60后”，其青壮年时期适逢国家经济快速发展、生活水平大幅提高的时代，和“30后”“40后”相比，他们受教育程度更高、社会保障待遇更优，对于养老服务的内容和品质也有更高的要求。

《粤港澳大湾区康养产业发展报告》调查显示，接近四成老年人的健康养老和老年保健意识逐渐增强，休闲养老意愿呈上升趋势。因此，巨大的健康消费市场正悄然崛起，在老有所养、老有所医、老有所为、老有所学、老有所乐、老有所安等领域布局的企业将迎来快速发展的机遇。

3. 居家养老是基础，服务体系待完善

在社会现代化进程中，子女数量减少、人口流动加剧、居住安排离散等因素使传统养老模式遭遇挑战。然而，基于我国的社会文化基础、经济发展水平以及当前保障制度安排等因素，我国大部分子女仍然为老年父母提供经

济支持和照护帮助，居家养老始终是我国健康养老的最主要模式。

自党的十八大以来，国家更加重视家庭建设，制定出台支持居家养老的政策措施，多地出台带薪照料假、家庭护理技能培训、家庭养老床位、上门康复护理等政策和办法。社区居家养老是在社区层面为住在家里的老年人提供帮助的一种社会服务模式，全国城市社区开展了不同形式的居家养老服务工作，但目前以初级服务为主，对满足老年人照护的刚需贡献较小，大部分农村地区的社区居家养老服务刚起步，在不少地方尚属空白。

4. 智慧养老发展迅速

随着信息化技术快速发展，科技应用于养老服务的探索不断增多，进而形成了智慧养老新模式。自 2010 年起，国家提出并探索“智能养老”模式，开展了养老服务信息惠民计划等。2017 年，工业和信息化部等部委提出要运用互联网、物联网、云计算、大数据智能硬件等新一代信息技术产品，推动健康养老服务智慧化升级。2019 年，国务院办公厅发布《关于推进养老服务发展的意见》，提出实施“互联网+养老”行动。目前，以社区养老、居家养老服务为重点的智能化信息平台得到较快发展，科技助老在社会养老服务中的作用越来越突出，尤其是在健康养老服务中，远程医疗、智能化健康管理、康复辅具等发展迅速，很多服务和产品已走在世界前列。

5. 多元责任主体发挥合力

中国特色社会主义制度的最大优势是发挥党总揽全局、协调各方的领导核心作用，统筹党和政府、市场、社会等多元责任主体，做到全国一盘棋，在健康养老服务建设中更好地发挥整体合力，形成各方责任共担、合理分工、优势互补的发展格局。2021 年，党中央、国务院发布的《关于加强新时代老龄工作的意见》是指导未来一个时期我国老龄事业的纲领性文件，强调“要把积极老龄观、健康老龄化理念融入经济社会发展全过程”。政府规划顶层设计、政策制定、统筹资源监督管理，主导推动城乡养老服务设施均等化、提供基本养老服务、发展普惠型养老服务等。专业养老服务企业和社会组织负责运营管理，开展包括生活照料、康复护理、医疗保健、精神慰藉、文教体娱、紧急救助等方面的具体服务。基层社会组织、群团组织及志愿服务组织等开展公益和互助活动，挖掘传统文化和社区资源。

（四）深圳健康养老服务行业现状

深圳作为典型的年轻城市，面对老年人口规模的持续扩大，积极应对人口老龄化，致力于“老有颐养”幸福标杆城市的打造，逐渐形成综合性产业格局。

1. 初步形成全产业链的产业体系

“十三五”期间，深圳通过制度创新不断加快健康养老产业发展，推动养老机构体制创新，激发社会活力参与养老，创新养老服务供给方式，促进养老与相关产业融合，现已初步形成全产业链的健康养老产业体系。深圳现有养老服务机构76家，以公办、民办和公建民营形式为主，主要集中在福田区、龙岗区、宝安区、南山区，共有床位12994张，数量远低于北京、上海等城市。深圳涉老企业涵盖三大产业，分布于租赁和商务服务业、批发和零售业、制造业、卫生和社会工作等19个细分领域，涉老企业数量近7000家，规模以上企业有60余家，总营收超过80亿元，总产值达77亿元。

国家药监局数据显示，目前在深圳153家持有康复养老产品注册证的企业中，健康器械类企业有2家，占比为1.31%；康复理疗设备企业有12家，占比为7.84%；康复辅具企业有22家，占比为14.4%；义齿类企业有117家，占比为76%。随着老龄化的加剧及现代健康服务业的发展，将有大量的企业进入健康养老产业，为产业发展提供新的机遇。因此，深圳初步形成了较为全面的健康养老产业链，能够为老年人提供综合性的健康养老服务。

2. 构建系统性健康养老服务体系

近年来，深圳已形成以居家养老、社区养老和机构养老为主导的健康养老服务体系，初步构建了由多元化服务主体构成的以生活照料、文化教育和医疗服务为主的核心健康养老服务。居家养老、社区养老和机构养老三大养老方式相互交叉、相互依存，形成完善的健康养老服务体系（见图2-30）。深圳除了大力推动核心健康养老服务发展之外，还重视关联产业的发展，并通过推动周边产业联动，基本形成养老地产业、老年保险业、老年旅游业等与支持性产业领域同步发展的全价值链服务体系。

3. 科技化、信息化、智慧化发展

深圳利用智能化技术，将新一代技术、信息产品和健康养老服务融合，通过智能化平台实现“产品+服务”的高度集成，实现各环节、各要素的智能化发展，形成智慧健康养老服务结构体系。

依托“智慧城市”建设，深圳利用旅游智能化技术打造智慧健康养老服务管理平台，涵盖老年人健康状况、能力评估信息、机构养老信息、居家服

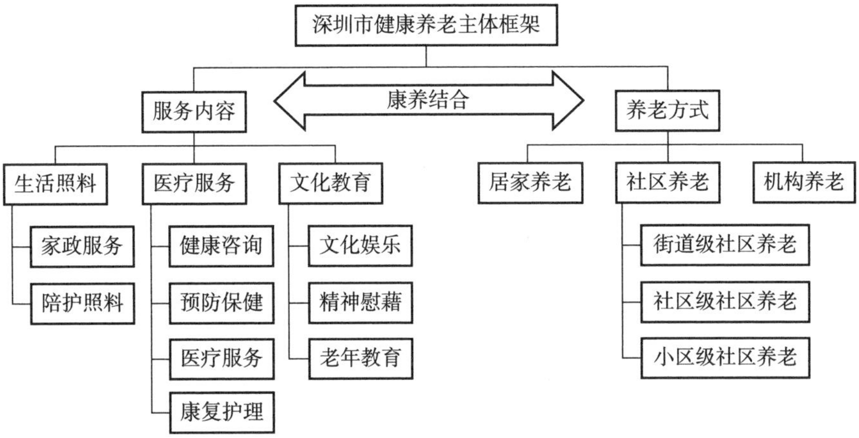

图 2-30 深圳市健康养老主体框架

资料来源：深圳健康养老学院。

务信息、政策享受信息等为老服务的数据库。同时，深圳深入推进健康养老领域“放管服”改革，通过“互联网+”优化服务资源配置、有效连接、靶向输送，打造以全市老年人大数据为基础，包括智慧出行、服务商城、健康安全、线上社区等多服务场景的“互联网+养老”模式。探索推广“互联网+社区餐”，推动社区长者助餐服务稳步发展。下一步，深圳将积极探索通过智慧健康养老服务管理平台提供“订餐服务”，推荐“互联网+智慧出行”，统筹专项资金，支持老年人专用智能产品和服务发展。

4. 大力支持多元化养老金融投入

健全的融资体系是实施积极应对人口老龄化战略的基础，是推动健康养老服务行业创新发展的重要支柱。当前，深圳已形成 PPP 融资、银行贷款融资、上市融资、信托基金融资及政府融资的多元化融资结构，通过多元化融资渠道，吸纳大量的社会资金，为健康养老服务行业的高质量发展提供金融支撑。同时，深圳市民政局、中国银行深圳市分行发布了《关于支持深圳养老服务行业发展专项金融服务方案》，以充分发挥金融推动“银发经济”复苏的作用，为构建高水平养老服务体系提供有力保障。

（五）深圳健康养老服务行业发展趋势

1. 政策落实带来高质量发展

养老是社会治理的核心内容之一，积极应对人口老龄化已上升为国家战略，实施积极老龄观、健康老龄化对深圳健康养老服务的发展提出了新的要求。“十四五”期间“长期护理保险制度”将步入实施阶段，这将有效减轻老年人支付压力，推动健康养老服务的快速发展。深圳市人大常委会于2020年10月29日审议通过的《深圳经济特区养老服务条例》已于2021年3月1日正式实施。2022年6月，深圳市政府发布一系列关于“20+8”战略性新兴产业集群和未来产业集群的政策，将康复养老作为战略性新兴产业集群发展的方向之一。目前，深圳初步形成以《深圳经济特区养老服务条例》为纲领的“1+N+X”的养老政策体系，为健康养老服务创新发展提供了政策支持。

2. 创新驱动带来新的发展动力

创新产业发展是国家创新驱动发展战略在健康养老服务行业中的体现，是实现“放管服”改革、提高行业供给水平的必然要求。在科技部和中国科学技术信息研究所分别发布的《国家创新型城市创新能力监测报告2022》和《国家创新型城市创新能力评价报告2022》中，深圳连续四次排名第一。目前，深圳在健康养老服务领域有创新载体20家，主要依托研究院所、企业及医疗服务机构，其中省级的有8家，市级的有12家。深圳作为全国创新型城市的标杆，在总体经济实力、科技实力、基础设施和创新能力等各方面具有优势，可为健康养老服务提供资金、物资、人力等方面的保障，为实现创新驱动的健康养老服务发展提供条件。

3. 区域一体化扩大了市场需求

现代服务业的发展是健康养老服务发展的基础。《粤港澳大湾区发展规划纲要》明确提出推进粤港澳大湾区建设、促进社会保障和社会治理与民生合作，其中与养老产业合作成为粤港澳大湾区社会保障的重点内容。因此，推动深港现代服务业合作区总体规划和发展，构建开放型、创新型健康养老服务体系，可进一步提升深圳现代服务业的发展水平。同时，为进一步推动和促进深港两地在医疗和养老服务之间的联动，深圳市政府出台了《关于加推推动医疗服务跨境衔接的若干措施》，将进一步探索深港澳三地长者养老和医疗补贴制度。因此，在区域一体化发展与合作中，充分发挥深圳作为粤港澳大湾区核心城市的作用，提供更广阔的消费市场，打造健康养老发展新高地，以利于深圳发展外向型养老产业，实现健康养老产业规模化发展，实现健康养老服务高质量、高品质快速发展。

4. 新发展格局助推经济发展

“双循环”发展战略的核心是刺激和拉动国内消费，通过“银发经济”的发展激活内需消费。在“互联网+”的背景下，老年人可支配收入水平不断提升，对生活质量的要求越来越高，再加上消费观念的转变，这将进一步带动深圳“银发经济”的数字消费升级。“银发经济”时代的到来为健康养老服务的发展及经济结构的调整提供了市场机遇，增强了企业在服务中的主体地位，可不断提升产品和服务的供给能力和供给水平，促进新业态的形成和发展，推动深圳健康养老服务价值的持续提升。

5. 构建多层次人才培育体系

人才是业态发展的核心。健康养老服务行业的综合性和交叉性导致其与传统业态的边界模糊，对人才的需求存在层次性的特点。在健康养老服务人才培育中，针对养老护理、养老康复、产业咨询、运营管理等不同需求，应建立健全分层次、分类型的人才培养体系，为行业的发展提供不同类型的人才。目前，深圳大学、深圳职业技术大学等高校已开设“老年社会工作”等课程，相关专业在校生约 800 人，部分高校老年服务相关专业正在筹划建设当中。同时，在职业教育方面，深圳正在提升专业院校健康养老相关专业的办学能力。在人才培养体系中积极与高等院校和职业院校建立合作关系，部分院校、企业、培训机构、行业协会等面向在职人员开展职业技能培训与认证、管理模式职业培训，满足从业人员需求，为深圳健康养老行业的发展提供多元化的人才。

此外，深圳整合政府、学校、企业等各方面、各类型的优质资源，借鉴日本、德国等国外人才培育理念和模式，深入推进校企合作、产教融合，打造订单式、现代学徒制等现代化人才培养模式。院校通过技术研发、职业培训、职业鉴定等途径助力企业所需人才培养，形成校企互通互融、产教融合的人才培养合作机制，畅通人才培养和人才就业的发展路径。

三、行业发展机遇与挑战

全球人口老龄化已是不可逆转的趋势，国家统计局数据显示，2022 年末我国人口增长出现负值，老龄化进程持续加速，健康养老服务的市场需求在数量和质量上进一步提升，给我国健康养老工作带来一定挑战，同时也给社会带来独特的机遇。

（一）健康养老服务行业发展机遇

尽管人口老龄化给我国健康养老服务行业发展带来一定的挑战，但也带来相应的机遇，未来将是挑战与机遇并存的时代，如何顺应时代潮流，把握发展机遇，将会是健康养老服务行业破解困局、繁荣发展的关键。

1. 政策大力支持，制度优势凸显

随着我国人口老龄化程度加深，老龄问题被视为关乎国家治理体系和治理能力现代化，关乎社会主义现代化国家建设的战略性、全局性问题。党的十八大以来，我国老龄工作把增进老年人福祉、促进老年人的全面发展作为出发点和落脚点，结合人口老龄化发展进程与经济社会发展情况出台了一系列政策，并全面融入政治建设、经济建设、文化建设、社会建设和生态文明建设等各方面。

《国家积极应对人口老龄化中长期规划》《中共中央　国务院关于加强新时代老龄工作的意见》等重要纲领性文件的出台和发布体现了党和国家对老龄工作的重视，也体现了老龄政策在国家治理层面的重要地位，这意味着未来老龄相关工作将持续作为国家治理的重点和热点，健康养老作为老龄工作的一环将始终得到宏观政策的支持，其发展将会长期处于一个较为有利的宏观政策环境中，若充分把握政策机遇，就能将机遇转化成红利，实现长远发展。

2. 孝亲传统积淀深厚，积极参与养老志愿服务

我国老年人口众多、老龄化速度快、区域差异较大，应对养老的任务相比其他国家更为繁重和复杂。与此同时，作为一个历史悠久的文化大国，我国具有绵延千年的传统文化、敬老孝老的家庭文化和社会风气，更有代际和谐、睦邻友好的社群氛围和居住传统，这都为健康养老提供了源源不断的滋养。事实上，家庭是最具我国特性的本源性传统，不仅为个体发展提供重要的环境保障，也是国家发展、民族进步、社会和谐的重要基点。尽管现代养老服务体系不再单一依赖家庭，但家庭养老仍是整个养老服务体系中最重要和基础的部分，家庭养老和居家养老、社区养老是互补而非对立的，是共同“做蛋糕”而非“分蛋糕”。

中华民族历来有尊老爱老的社会文化传统，在人口老龄化不断深化的今天，越来越多的居民积极参与养老志愿服务，为促进健康养老作出宝贵的贡

献。数据显示，目前我国居民参与意愿最高的志愿服务活动是老年关怀，有60.98%的居民表示愿意从事老年关怀志愿服务活动（见图2-31）。

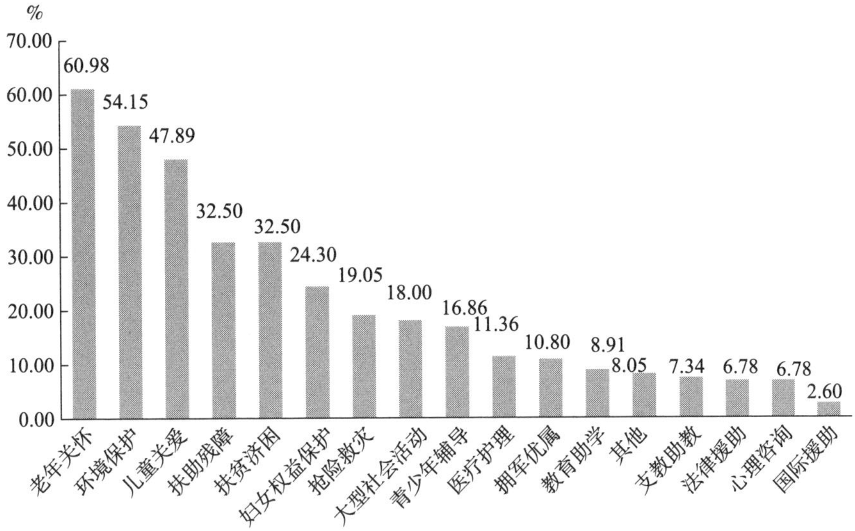

图2-31 中国居民从事志愿服务活动意愿情况

资料来源：《中国志愿服务发展报告（2021—2022）》。

3. 消费潜力逐步挖掘，健康养老需求日益增长

日益庞大的老年人口规模为健康养老服务创造了巨大的需求窗口，而持续增长的财富积累使得未来的老年人有经济实力购买自身所需的养老服务。《中国老龄产业发展报告（2021—2022）》预测，2014—2050年，我国老年人口的消费潜力将从4万亿元增长到106万亿元，占GDP的比重将从8%上升至33%。与2014年相比，2020年我国城乡老年人人均消费支出增长至16307元，增幅约为10.5%，在日常消费、医疗健康、社交娱乐和养老金融等方面的支出比例均有明显增长。

从财富积累的角度来看，我国城乡居民人均可支配收入不断增长，约70%的老龄化群体家庭月收入超过5000元，这意味着后续步入老龄阶段的群体将会比之前的老龄化群体拥有更好的财富积累，我国老年人的消费能力将进一步提高（见图2-32）。

因此，政府若进一步制定出台相关政策有效培育老年人口消费需求，打消老年人消费顾虑，企业则应及时把握机遇，充分挖掘未来老年人的消费潜力，促进健康养老服务行业的蓬勃发展。

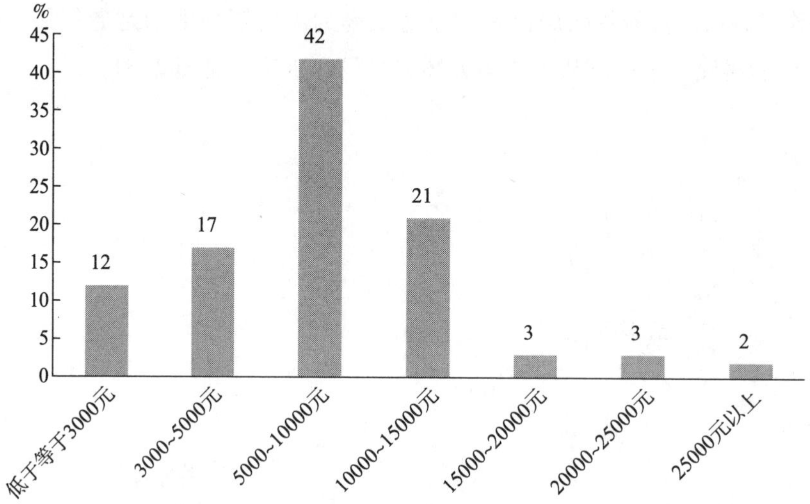

图 2-32　中国老龄化群体家庭月收入情况

资料来源：国元证券，Wavemaker。

4. 科技推动产业发展，服务需求催生智慧养老

科技发展与养老需求之间存在着正向的相互作用，人口老龄化在一定程度上促进了产业自动化等科学技术的发展，这种发展反之也催生新的养老需求，而智慧养老就是科技与养老相结合的典型案例。一般而言，智慧养老是指利用 IT 技术开发面向居家老人、社区、养老机构的物联网系统平台，旨在为老年群体提供高效快捷的养老服务，满足老年群体多样化、多层次的需求。《智慧养老产业白皮书》数据显示，自 2012 年我国智慧养老业态起步后，于 2020 年进入发展黄金期，2022 年我国智慧养老产业市场规模为 4.2 万亿元，占养老产业总规模的 42.63%。其中，智慧居家养老所占比例最高，为 74.10%，预计到 2050 年，智慧养老市场规模将达到 22 万亿元。因此，健康养老应与科技相结合，在已有养老服务发展基础上守正创新，满足新一代老年群体的新型养老服务需求，搭乘科技发展的东风，促进健康养老服务行业的发展。

5. 多元主体积极参与，各行各业相互融合

健康养老是为满足老年人对养老服务和产品的需求、消弭老龄社会的特定社会问题而发展出的兼具公益福利性事业和专业市场性产业特征的新兴业态。随着我国养老服务体系的发展理念逐渐从单一政策发展到综合政策体系的构建，产业业态也从单一的机构评价体系，逐渐向多层次的由投资、金融、

保险为上游，医疗、服务、地产等实体建设为中游，老年用品、旅游和教育等为下游的产业生态转变。

基于我国国情和社会特征，健康养老需要构建“政府+企业+社会”的多元养老服务供给主体，逐步完善以居家为基础、社区为依托、机构为补充、医养结合的多层次养老服务体系，引导产业融合，系统化、专业化发展，积极探索“互联网+”“物业服务+”等新型健康养老模式。健康养老涉及多个产业，需要各行各业的积极加入和有机融合才能促进产业的全面发展，为我国老年群体提供更加完善的产品和服务，兼纳各类资源推动支付端和服务端的整合，进而形成全生命周期的良性闭环，进而打造健康养老服务生态链。

（二）健康养老服务面临的挑战

人口老龄化将明显改变我国的人口结构，这种变化作用于微观个体、中观产业、宏观社会，并从宏观人口变化、社会养老保障、老年群体健康需求、社会养老服务供给、适老化环境等经济社会文化方面，影响健康养老服务行业的发展。

1. 人口结构日益老化，家庭功能逐渐弱化

人口老龄化是全球正面临并需要积极应对的发展问题之一，人口结构的转变将带来巨大的挑战和机遇。世界银行数据显示，自 1960 年以来，我国 65 岁及以上人口占总人口的比重不断增加，虽然目前我国老龄化程度低于日本和美国，但是上升速度明显快于美国，老龄化趋势接近日本。

与此同时，我国家庭户规模总体呈现不断缩小的态势。历次全国人口普查数据显示，2010 年我国平均家庭户规模约 3. 1 人，而 2020 年缩减至 2. 62 人，缩减约 15%。在“二孩”“三孩”政策实施期间，我国的平均家庭户规模有了短暂回弹，但整体仍呈现下降趋势。我国家庭代际结构正逐渐从“二代户”向“一代户”转变，以夫妻及其未婚子女组成的“二代户”占比从 1982 年的 48. 2%下降到 2020 年的 36. 7%，而以单身或同辈居住为主的“一代户”占比从 1982 年的 13. 9%上升到 2020 年的 49. 5%。

随着人口老龄化程度的加深和城镇化率的增长，我国家庭结构日益简化，老年群体与子女同住比例逐步下降。第七次全国人口普查数据显示，2020 年我国城镇化率由 1982 年的 20. 90%上升到 63. 90%，上升了 43 个百分点（见图 2-33）。传统的“四世同堂”大家庭模式逐渐被“三口之家”的核心家庭

居住模式所取代，2021 年数据显示，我国老年人与子女同住的比例仅为 27%，66%的老年人选择独居或是与老伴同住（见图 2-34）。这意味着以家庭为单位的居家养老模式持续被打破，未来对社会养老的需求将会明显上升。

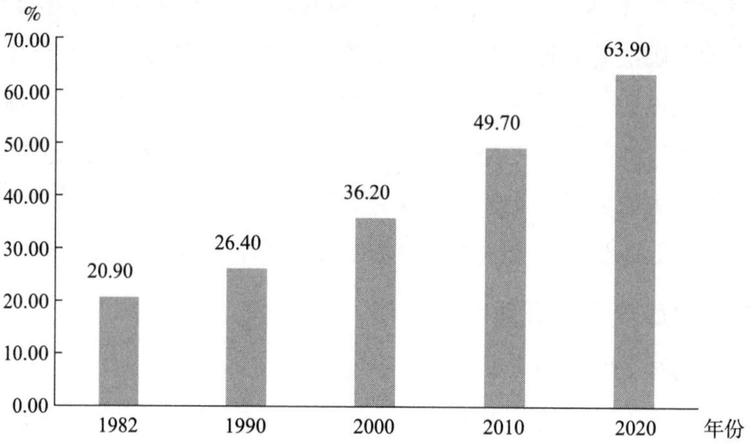

图 2-33　中国历次人口普查城镇化率情况

资料来源：历次全国人口普查。

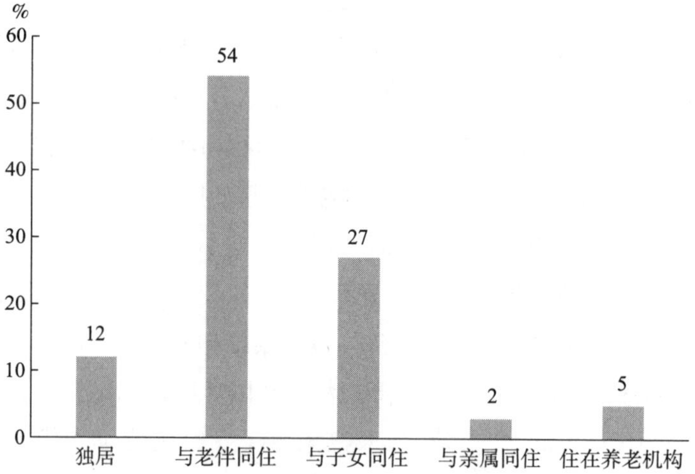

图 2-34　2021 年中国老年人居住情况

资料来源：贝壳研究院。

从宏观人口转变来看，我国人口老龄化程度日益加深、速度不断加快，家庭规模日益缩小、家庭结构不断简化、城镇化率逐渐提高、老人与子女同住比例下降，种种因素相结合导致我国以家庭为主的居家养老模式逐渐被打破，这是伴随人口老龄化现象而来的挑战之一。

2. 养老金区域差异明显，三大支柱结构失衡

从社会养老保障角度看，我国老年群体退休后很大一部分的经济来源是养老金，但我国多支柱养老金体系尚未构建完善，地区间待遇水平存在较大差异。《中国统计年鉴（2022）》数据显示，我国地区间年均养老金水平极值差异高达 84534.29 元，养老金替代率水平极值差异高达 50.07%，较大的养老金待遇水平地域差异将会对健康养老的全面均衡发展形成一定阻力。

与此同时，我国社会养老保障体系三大支柱发展失衡，结构性矛盾凸显。第一支柱基本养老保险的中长期支付压力过大，受到财务可持续性问题困扰；第二支柱的职业养老金覆盖面增长缓慢，尚未形成有效补充保障；第三支柱的养老保险仍处于起步阶段，未来发展任重道远。

3. 医疗照护需求量攀升，失能半失能人口增加

我国老年人口庞大的绝对数量意味着未来我国医疗体系将面临较大规模的医疗护理服务需求，较快的人口老龄化速度意味着我国医疗体系要在较短时间内对这种人口结构变动做出调整。国务院发展研究中心相关研究预测，我国失能半失能老人规模数量将由 2020 年的 4564 万人上升到 2030 年的 6953 万人，至 2050 年将进一步上升到 12606 万人，对护工的需求将从 2020 年的 33.8 万人增加到 2030 年的 52.2 万人和 2050 年的 101 万人。

对于老年人和其家庭而言，预期寿命的不断增长也将导致老年人的医护成本持续增加，未来对慢性病的管控和治理是需要重视的领域。随着人类预期寿命的增长，身体机能逐渐下降，老年人患有慢性病的可能性大大提高，同时随着老龄化程度加深，高龄老人比重增加，会使得失能半失能老人比例增加。第七次全国人口普查显示，我国 60 岁及以上人口有 12%处于不健康的身体状况中，其中 2%生活不能自理（见图 2-35）。

4. 城市养老服务结构失衡，农村养老服务供给不足

尽管我国目前的养老服务供给总量逐年提升，供需结构不断优化，但是日益扩大的老年人群体对养老服务供给提出新的需求。与城镇相比，我国农村地区的社会化养老服务起步较晚，基础养老设施覆盖率较低，养老院/敬老院覆盖率仅为 10%，老年活动室/老年活动中心覆盖率为 39%，这在一定程度上降低了农村老年人购买养老服务的意愿，进而制约农村健康养老服务行业进一步发展（见图 2-36）。

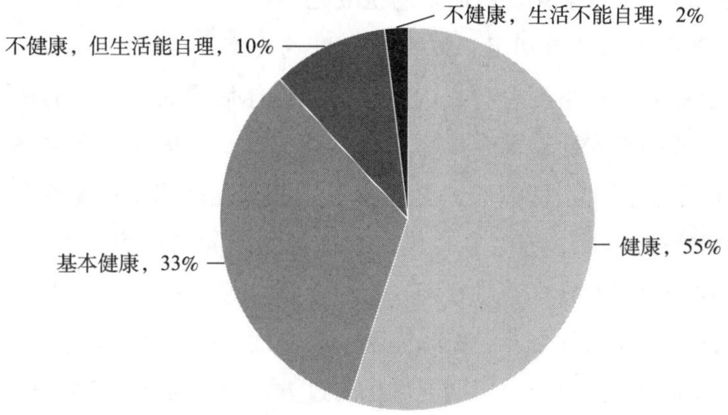

图 2-35　中国 60 岁及以上人口健康状况情况

资料来源：第七次全国人口普查。

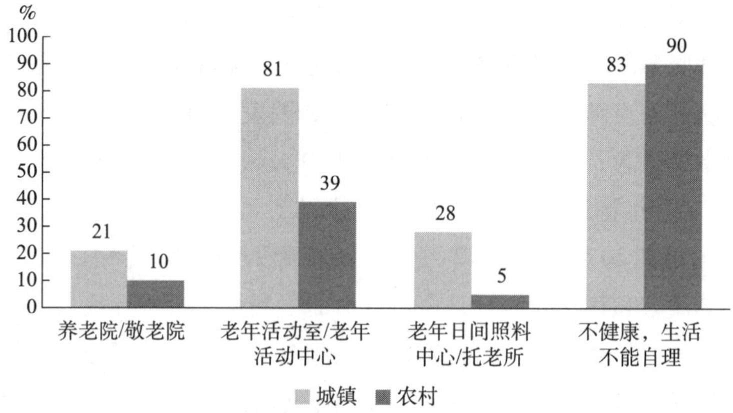

图 2-36　中国养老设施/机构覆盖率情况

资料来源：《乡村振兴背景下农村居家养老服务纾困路径研究——基于生态系统理论视角》。

城市地区健康养老服务供给数量更为充分、供给种类更丰富，但也面临供需结构性失衡错位问题。首先，由于城市空间布局导致城区“一床难求”与郊区“床位空置并存”的供需错位现象出现；其次，供给层次分布错位，导致中端市场供应不足，低端、高端市场供应有余的供需矛盾出现；最后，专业化服务供给缺口较大，导致老年群体医护需求难以满足的供需不匹配问题出现。目前，我国社区养老机构服务供给主要聚焦于自理能力较强的健康老年群体，尚欠缺面向失能失智老人的专业性医疗健康服务，导致城市专业化健康养老服务供不应求的局面出现。

5. *适老化环境改造处于初级阶段*

适老化环境建设不仅包括既有建筑适老化改造，方便老年人日常出行和老龄群体社交活动等，也包括缩小老年人数字鸿沟、助力接轨数字生活的虚拟应用场景的营造。目前，我国的适老化环境建设尚处于起步阶段，针对老年人的老年友好型适老化改造存在巨大的发展完善空间，但在物理空间改造方面，尚缺乏权威、统一且完善的适老化改造标准，这对城市既有社区适老化改造工作的全面开展和广泛推进形成了一定阻力。另外，已经开展的适老化改造工作往往未能深入且多维度分析老年人生理和心理需求，无法真正营造老年人切实所需的适老化环境。

中国互联网信息中心发布的《第 49 次中国互联网络发展状况统计报告》显示，我国 60 岁及以上网民规模达到 1. 19 亿人，占网民整体的 11. 5%，60 岁及以上人口的互联网普及率达到 43. 2%，使用手机上网比例达 99. 5%，与其他年龄段基本持平；而使用智能手环、智能家居、可穿戴设备上网的比例不足 10%，远低于其他年龄段网民。尽管上述数据显示我国老年人积极融入互联网数字化浪潮，但仍有 55%的老年人认为专门针对老年群体需求的数字化产品和服务太少，应用界面适老化改造滞后。

四、行业发展的对策建议

我国人口老龄化程度日益加快加深，家庭负担和照料需求也与日俱增，完善建设健康养老服务模式的重要性和紧迫性日益凸显。

（一）发挥家庭的基础性作用

我国不仅有敬老孝老的家庭文化和社会风气，更有代际和谐、睦邻友好的社群氛围和居住传统。尽管随着老龄化程度加深，家庭功能逐渐弱化，但是根植于传统文化伦理的家庭观念使得家庭仍然具有强大的凝聚力，同时能为老年人提供亲密熟悉的环境，改善老年人健康。未来健康养老服务行业的发展应在传统家庭纽带以及传统文化价值观的基础上，强化家庭建设与家庭支持体系，倡导相关文化教育宣传，营造孝亲敬老的社会文化环境，建立常态化指导监督机制，督促赡养人履行赡养义务。同时，为家庭照护者提供相关培训，强化和保障居家照护功能；鼓励推动老年人家庭的无障碍和适老化改造，积极开展家庭病床、居家养老床位以及上门巡诊等居家医疗服务。

（二）强化社区服务的保障作用

居家养老是我国目前最主要的养老方式，而其重要支撑来自社区。社区是政策制定、社会管理、资源配置的基点，向上能够对接政府行政资源，向下能够辐射家庭和个体，横向还能链接社会网络与产业资源。应提升社区治理能力，在强化居家养老的基础上充分发挥社区作为基层组织在公共服务供给上的天然地缘优势；加强社区养老服务网建设，形成居家社区养老服务圈，引进助餐、助洁、助医等方面的专业为老服务机构以及相关护理机构，共同探索“社区+物业+养老”服务模式。同时，通过行业协会等社会组织为有劳动意愿的老年人提供相应的就业指导服务，以社区为平台打造推广“时间银行”，助力实现老有所为。

（三）逐步完善社会保障体系

1. 监管反馈体系：实现老年人权益保障

健康养老服务作为不断发展壮大的业态，其监管体系也随着产业的发展不断完善健全，以求形成产业、市场需求及监管部门间的有效反馈机制，实现老年人的权益保障，推动我国健康养老服务格局的完善。首先，政府需加强对健康养老服务机构的评估、考核与政策指引，建立全国统一的健康养老服务标准和评价体系；其次，进一步明确监管责任主体，建立各司其职、各尽其责的跨部门协同监管机制，强化事中事后协同监管，让健康养老服务规范有序运行；最后，加强风险管控，规范各服务机构行为，健全风险防范机制，严厉打击欺老虐老等侵害老年人合法权益的行为。

2. 健康支撑体系：实现健康老龄化

提升老年人生活质量，助力实现健康老龄化。老年人所需服务不仅在于日常照料，还包括医疗照护、健康管理、疾病诊治等健康支撑体系的完善，这也是为老年人提供高质量服务的重点。提升老年人晚年的生活质量，不能仅着眼于老年时期，应该在更早的时期进行健康管理。因此，为增强全民自我健康管理的意识与营造孝亲敬老的氛围、加强老年健康教育与健康管理，应当加强老年人群重点慢性病的早期筛查、干预及分类指导，建立并完善包括健康教育、预防保健、疾病诊治、康复护理、安宁疗护、心理干预等综合、连续的老年健康服务体系，增强医疗机构为老年群体的服务能力以及向家庭、社区的延伸。

3. 科技支撑体系：实现智慧化养老

随着老龄化程度加深，老年人群养老照护需求以及医疗资源增加的同时，新一代老年人的消费需求和消费观也有了较大转变，催生了健康养老产业的科技化转型，智慧养老应运而生。自2013年以来，国家发布了一系列促进智慧健康养老产业发展的政策，推动智慧养老产业迅速发展。未来，我国健康养老产业将通过完善的科技支撑体系，推动科技化与智能化，强化老年用品、老年服务与科技的融合发展，以老年人的实际需求为出发点，发展智能可穿戴康复辅助器具，推广智慧健康养老产品的应用，鼓励支持养老企业与科技企业交叉融合，实现智慧养老，为老年人提供更加优质的生活。

4. 人才支持体系：实现高质量养老

健康养老是一个劳动密集型服务行业，在老龄化程度不断加深的当下，一方面是养老服务需求的急剧上升，另一方面是劳动力数量下降。与此同时，我国的养老照护由于薪资待遇低、劳动强度大、人员队伍不稳定等，属于相对不被看好的一类工作。因此，需完善行业人才支持体系，从供需两侧打通健康养老服务人才短缺的堵点，以助力实现高质量养老。首先，在建立完善健康养老服务人才培养机制的基础上，建立有效的激励机制，拓展职业发展空间。其次，对于在岗的从业人员，不仅要建立定期的职业培训体系，还应加快健全养老服务从业人员的权益保障、职业培训、考核定级、特殊岗位津贴等政策制度，增强行业吸引力。此外，要广泛宣传健康养老服务人才培养的重要性，积极引导社会舆论，营造全社会关心、尊重、认同和支持人才培养的氛围，形成全社会尊重养老服务从业人员、支持人才培养的良好环境。

5. 养老保险体系：实现有钱养老

我国目前的养老保险体系由三大支柱构成，但发展不均衡，区域之间也存在较大差异，重点加强第二、第三支柱。积极扩大企业年金覆盖面，鼓励支持个人储蓄性养老保险，推动完善个人养老金制度的进一步发展，加快实现“三大支柱”的养老保险体系架构，完善适应老年群体需求的长期护理保险制度。金融机构可以创新金融支付方式，设计更加适合老年人的金融产品，提升资产流动性。有关部门可加大金融对健康养老服务的支持力度，探索设立产业引导基金，推动社会资本和民间资本加大投入力度，从而形成多层次的养老保险体系，以促进老年人支付能力的提升，实现有钱养老，提高其晚年生活质量。

6. 老年友好环境体系：实现环境友好

环境是老年人生活中的重要一环，不仅包括物理环境，还包括虚拟环境、数字环境、社会文化环境等，未来将完善老年友好环境体系，实现老年宜居环境，让老年人安享幸福晚年。为此，要增强老年人社会参与感，在全社会倡导积极向上的老龄观，引导老年人根据自身情况，积极参与家庭、社区、社会发展。在物理环境方面，推进公共环境、社区以及家庭无障碍和适老化改造，提升老年人的体验感；在数字虚拟环境方面，推进智能化服务适应老年人需求，引导老年人了解新事物、体验新科技、运用新技术；在社会文化环境方面，营造养老、孝老、敬老的氛围，加强老龄法治建设，健全相关法律法规和政策，加大普法宣传教育力度，保障老年人权益。

第五节　健康保险服务

疾病是人生难以避免的风险，健康是最具普遍性的民生诉求，医疗保障则是应对疾病风险和促进健康素质提升的基本制度保障。我国曾在 20 世纪 50 年代建立了由公费医疗、劳保医疗和农村合作医疗组成的医疗保障体系，实现过覆盖全民的目标。经过 20 多年的探索，原来的三大制度已经被社会化的城镇职工基本医疗保险、城乡居民医疗保险（两者构成了基本医疗保险）和医疗救助制度所替代，再加上逐渐发展的商业健康保险，已形成了城乡一体、责任分担、社会化运行、多层次结构的医疗保障制度体系框架。

基本医疗保险与商业健康保险都是人类应对疾病风险和促进健康的基本工具与管理手段。基本医疗保险是社会保障体系的重要组成部分，是由政府制定、用人单位和职工共同参加的一种社会保险；商业健康保险是以被保险人的身体为保险目标，确保被保险人在病症或意外事件而致损害时的直接花费或间接性损害有赔偿的保险。本章节将以商业健康保险为重点阐述对象，以期为中国特色多层次医疗保障体系建设的探索及促使其尽快走向成熟、定型提供有价值的参考。

一、商业健康保险的定位

《“健康中国2030”规划纲要》和《中共中央 国务院关于深化医疗保障制度改革的意见》等战略规划作为健康中国建设和医疗体系改革领域重要的指导意见和行动纲领，对“健康中国”背景下的商业健康保险在多层次保障体系中的功能定位有非常清晰的表述。

《“健康中国2030”规划纲要》作为国家健康战略性文件，对商业健康保险的发展释放了积极的政策信号。首先，提出了“健全以基本医疗保障为主体、其他多种形式补充保险和商业健康保险为补充的多层次医疗保障体系”。因此，以基本医疗保障制度为主体的地位仍然要保持不变，“其他多种形式的补充保险”为未来补充保险的形式提供了较大的发展空间，商业健康保险仍然是补充的定位，被明确地提出作为多层次医疗保障体系的组成部分，也是2030年成熟定型的全民医保体系的一部分。其次，在健全医保管理服务体系中提出了“逐步引入社会力量参与医保经办”，从政策上明确了商业健康保险可以继续参与医保经办。此外，《“健康中国2030”规划纲要》将积极发展商业健康保险作为单独的一节列出，体现了国家对促进商业健康保险发展的关注，以及对其在健康中国战略中所发挥作用的强调。文件一方面提出了落实税收优惠、鼓励开发与健康管理相关的健康保险产品、发展新型组织形式等商业健康保险的发展路径；另一方面，还为商业健康保险进一步发展提出了目标，即“2030年，现代商业健康保险服务业进一步发展，商业健康保险赔付支出占卫生总费用的比重显著提高”。

综上所述，《“健康中国2030”规划纲要》对医疗保障体系赋予的重要目标是实现成熟定型的全民医疗保障体系、监管医保管理服务体系、积极发展商业健康保险，这些目标都需要商业健康保险贡献独特的力量。

2020年2月，由党中央、国务院发布的《关于深化医疗保障制度改革的意见》对未来医疗保障体系改革和制度建设提出更为明确的要求。第一，更加明确了基本医疗保障体系“保基本”的原则，即“坚持应保尽保、保障基本，基本医疗保障依法覆盖全民，尽力而为、量力而行，实事求是确定保障范围和标准”。第二，对于多层次医疗保障体系的构成更为明确，即“到2030年，全面建成以基本医疗保险为主体，医疗救助为托底，补充医疗保险、商业健康保险、慈善捐赠、医疗互助共同发展的医疗保障制度体系”。第三，明确了医疗保障待遇是“公平适度的”，提出“强化基本医疗保险、大病保险与医疗救助三重保障功能，促进各类医疗保障互补衔接，提高重特大疾病和多元医疗需求保障水平”，再次对商业健康保险的发展路径提出了要求，并增加了“研究扩大保险产品范围”的新内容。第四，将推进医保经办的完善提到推进医保治理创新的高度。在推进医保经办机构法人治理中，提出了“积极引入社会力量参与经办服务，探索建立共建共治共享的医保治理格局”。同时要“规范和加强与商业健康保险公司、社会组织的合作，完善激励约束机制”。

在“健康中国2030”的战略目标和新的医保改革文件背景下，商业健康保险未来的发展定位不仅仅是着眼于保险业的自身发展，更应该成为实现共同富裕、推进“健康中国2030”、深化医疗卫生体制改革、健全多层次保障体系的重要组成部分。

一是成为健康中国的重要参与方。在“健康中国2030”国家战略下，商业健康保险一方面要以保障方的角色促进全民健康水平，以提升全民健康为己任，提供完善的、惠及全人群、覆盖全生命周期的健康保险保障；另一方面要以支付方的角色促进健康相关产业的繁荣发展，以特有的“金融服务”属性整合支付能力，在健康产业链中成为融合医疗健康服务供需双方的枢纽。

二是成为深化医改的重要推动方。首先是发挥更大的支付作用，调整个人支出在医疗费用中的占比。在2008年“新医改元年”，个人支出占我国卫生总费用的比例是40.4%，2020年这一数字下降到了27.7%；在基本医保边界日益清晰的情况下，降低个人支出占比将是商业健康保险的重要使命，也符合医改的方向。其次发挥健康风险管控能力，推进“以治病为中心”向“以健康为中心”转变，通过主动介入客户的风险管理过程，在商业健康保险的服务中引入健康促进、慢病管理、疾病护理等健康管理手段，将客户健康风险管理前置化，从根源上提升健康保障。最后成为医疗行为和医疗费用的管控方。随着商业健康保险保费规模和保障作用的进一步扩大，有助于更加完善国家医疗费用支付结构，为医疗市场增加新的医疗行为和医疗费用的管控方与支付方。

三是成为多层次保障体系的重要建设方和衔接方。自国家医保局成立以来，在实现更有价值、更有效率的医保管理与医保支付方面做了一系列的探索。统一的待遇清单制度、医保目录动态化调整机制、集中带量采购范围的逐步扩大、DRG等多元复合支付方式的实施，大大提高了基本医保的支付效率和医保基金的可持续性。商业健康保险作为基本医保的重要补充，需要在多层次保障体系建设中发挥更大的作用，以满足民众日益多样化的医疗保障需求。通过营造创新性、多样化的医疗保障供给环境，增强民众安全感的同时，实现保险公司的高质量发展，成为扩大中等收入群体、实现共同富裕的重要保障。

商业健康保险应当有助力健康中国建设、推进医改深化等高度使命感，定位于解决老百姓的多层次医疗保障需求、促进健康产业发展，以调整个人医疗卫生费用支出结构为目标，与其他医保制度共建多层次医疗保障体系，在国家政策范围内大胆探索，通过实践创新不断明确和丰富“补充”的内涵，才能真正做到行稳致远。

二、商业健康保险行业发展现状

（一）典型国家商业健康保险发展现状

在全球范围内，有许多国家的商业健康保险已经有了比较成熟的运营机制，与政府的法定医保形成了互补或竞争等适应自身国情的明确定位（见表 2-15）。

表 2-15　典型国家商业健康保险在医疗保障体系中的概况（部分）

国家	医疗保障体系	商业健康保险定位	商业健康保险市场份额	商业健康保险对公共医疗体系的价值
美国	市场主导型	以商业健康保险为主，政府公共医保体系为辅	超过 60%	保障被公共医保体系排除在外的群体医疗健康需求；规避过度医疗、兼顾控费和医疗服务效率的提升；参与经办、提升基金运用效率
英国	全民医保型	以政府主导的国家卫生服务保障制度为主，商业健康保险为补充	约 10%	在提供与公共医保体系相同的覆盖范围的基础上提供更优质的服务和更灵活的选择；参与经办、提升基金运用效率
德国	社会医疗保险体系	以政府主导的强制性法定社会医疗保险为主，商业健康保险为补充和替代	约 30%	保障被公共医保体系排除在外的群体医疗健康需求；为拥有公共医疗保障的群体提供满足个性化医疗保障需求的选择空间；参与经办、提升基金运用效率

续表

国家	医疗保障体系	商业健康保险定位	商业健康保险市场份额	商业健康保险对公共医疗体系的价值
新加坡	储蓄型	以基本医疗保障制度保障公立医疗机构医疗服务为基础，商业健康保险为补充	约 70%	补足公共医保体系覆盖范围外的个人医疗支出和服务需求

1. 美国：以商业健康保险为主体，政府医保为辅

美国医疗保障体系分为政府公共医疗保障和商业健康保险两个部分，美国联邦医保中心（Centers for Medicare and Medicaid，CMM）提供的公共医疗保障主要覆盖老年人、低收入人群和特殊人群（军人、联邦雇员等），占比约为 29%。其余超过六成的美国民众需要通过购买商业健康保险来获得医疗保障，从而催生了美国发达的商业健康保险市场，并成为医疗保障体系的重要支柱。

虽然美国的公共医疗保障和商业健康保险各自覆盖不同的人群，但是政府也积极支持商业健康保险公司参与到公共医保体系的管理之中。一方面，美国政府委托商业健康保险公司参与经办管理，以提升公共医保的资金运用效率和服务水平。另一方面，美国政府提供顶层设计、制定监管和准入等关键政策后，由专业的商业健康保险公司承办，进行质优价廉的补充医疗保险产品研发和运营，双方共同建立专业高效、有序发展的多层级医疗保障体系。

老年人医疗保障计划（Medicare）是美国最大的政府医保计划之一，是政府公共医保的组成部分之一，但是商业健康保险公司深度参与其中，超过40%的保费通过商业健康保险计划运营。Medicare 由 PartA、PartB、PartC、PartD 四类保障计划组成，秉持政府财政主导、分段保障的原则，主要是政府补贴为主、兼顾个人缴费的运营形式。前两部分是政府部门提供的住院医疗保障待遇和门诊保障待遇，为老年人提供基础保障。PartC（Medicare Advantage Plan，简称“MA 计划”）和 PartD（Medicare Prescription Drug Plans，简称“处方药计划”）是由政府引入的商业健康保险公司提供和运营，以满足参保人多元化的健康保障需求，也对政府提供的基础保障形成有效补充。Medicare 不依靠行政性的分支经办机构，通过调动市场力量，实现了全国性的医保运营，是政府和商业健康保险公司合作的一个范例。由此可以看出在美国，保险公司不仅是一个纯商业健康保险市场的参与者，更是一

个确保整个医疗服务体系高效运转的保障者。

2. 英国：商业健康保险成为全民医保的有益补充

英国是采用全民医保模式的典型国家，不仅保障项目全面，而且收费低廉或完全免费。其医疗保障体系以国民健康服务体系（National Health Service，NHS）为主，商业健康保险是国民健康服务体系的重要补充。由于全民医保的实施，商业健康保险在英国的占比较低，维持在10%左右，主要为高收入、多元需求人群提供个性化的医疗服务。

由于英国NHS的管理模式、资源配比、经费来源等大都实行计划管理，政府的干预虽然推动了医疗保障的公平性和普遍性，但也削弱了医疗服务效率，同时NHS也面临着医疗支出增长过快、财政不堪重负的重大挑战。为了改变医疗资源的不合理浪费、服务效率低下的局面，英国政府开始积极探索NHS市场化运作机制，旨在通过政府购买服务的方式，推动服务提供者之间的良性竞争，提高NHS的服务效率和质量，其中一项措施即NHS将部分业务服务外包给资质优良的商业健康保险公司。

英国政府虽然联合商业健康保险公司对NHS经办管理，但是仍然由政府建立规则，强化监管力度，有序引导保险公司发挥市场化和专业化优势，优化原有制度，提高NHS的运行效率。在保险公司的准入审核方面，政府要对保险公司进行严格的资质审查以及管理效果评估，保险公司只能提供与其资质相匹配的服务。在市场化运作方面，英国政府除了利用本土商业健康保险公司，还采用公开招投标的方式，积极引进国外的专业健康保险公司参与NHS的运营。这一方面有利于本土保险公司学习和借鉴国外的先进经验，提高自身竞争力；另一方面，多个主体的竞争将最大化发挥控制费用、规范医疗服务行为的作用，从而促进医疗保险服务效率的提升。

在全民医保模式下的英国，政府支持保险公司参与NHS经办，有助于提升运营效率和健康服务质量，同时也为在公共医保体系中拥有绝对市场覆盖面的保险公司提供更多的发展路径。因此，在政策允许的情况下，商业健康保险公司通过积极参与公共医保体系的管理，能够实现政府、企业和患者的多方共赢。

3. 德国：法定医保与商业健康保险良性竞争与互补

德国是采用社会医疗保险模式的国家，以法律形式（《社会法典》）明确规定了法定医疗保险是主要的医疗保险模式。商业健康保险作为法定医疗保险的有益补充和替代，主要针对三类人群，分别是参加法定医疗保险后有需求和购买能力的群体、免费享受医疗保障的群体（公务员、警察等），以及不参加法定医疗保险的高收入群体。

德国的商业健康保险与法定医疗保险相互承接，一方面，在法定医疗保险基金的管理机构中引入商业健康保险，能够极大地提升法定医疗保险的运营效率，同时对原来的疾病基金形成“鲶鱼效应”，激励其进一步改进完善。另一方面，在政府的引导下，商业健康保险与法定医疗保险形成良性竞争关系，共同为德国全体国民构建一个完整的医疗保障网络。主要体现在以下几点。

第一，政府在立法层面增强对商业健康保险发展的激励，与法定医疗保险形成替代、竞争关系。首先，根据收入明确划分参保人类型，参保人可按需自由选择。根据德国法律，参加法定医疗保险是公民的社会义务，收入在规定标准以下的德国公民必须参加法定医疗保险；收入超过法定界限的公民则可以在法定医疗保险和商业健康保险之间自由选择，但已离开法定医疗保险计划的公民禁止返回。为防止医疗服务过度使用，法定医疗保险设有许多限制性规定，这也为商业健康保险留下了较大的发展空间。其次，商业健康保险对法定医疗保险具有可替代性，充分的市场竞争激励双方主动提升服务品质。德国政府颁布的《法定健康保险现代化法》和《法定医疗保险强化竞争法》，明确了商业健康保险可以提供与法定医疗保险相同的保险产品，并允许国民在疾病基金会和商业健康保险机构之间自由选择。在这样的政策环境中，商业健康保险和法定医疗保险相对独立且平等，存在充分的市场竞争关系。商业健康保险可通过提供比法定医疗保险更以客户为中心的医疗保障、更优质的医疗服务等来拓展市场。

第二，政府的职能定位进一步促进了法定医疗保险与商业健康保险的良性竞争。在德国，无论是法定医疗保险公司还是商业健康保险公司都拥有独立的法人资格，与政府之间不存在隶属关系。政府主要负责设计保险制度的框架、保险合同，进行必要的监管等宏观调控工作，并不介入医疗保险的运行和管理。政府的适当干预行为有助于激发市场活力，激励双方不断提高自身的服务能力，为更多公民提供个性化、多层次的医疗保障。

第三，政府的有力监管推动商业健康保险专业化运营。首先，根据德国法规监管要求，只有专业的商业健康保险公司才可以销售健康保险产品。其次，为了规范商业健康保险公司间的竞争，规避出现逆向选择的风险，德国建立了风险机构补偿系统（RSA），所有商业健康保险公司的保费收入集中在一个“保费池”中，由一个联邦机构管理。根据每个投保人的年龄、性别和疾病风险等加权因素，每个医疗保险公司可以从该“保费池”中获得一笔等于该风险群体平均治疗费的费用。

第四，充分发挥行业协会的作用，形成良好的行业秩序。德国的医保制度秉持自我管理原则，即在国家层面制定法律政策并依法实施监管，在运行层面各机构主要通过行业协会，如商业健康保险协会、医院协会、医师协会等实行自我负责、自我管理。首先，行业协会作为行业利益代言人，代表所有会员公司与医院、医师、药厂等相关利益主体就服务标准和质量、医疗服务价格、药品折扣进行谈判。其次，行业协会担负着数据统计与公开、推动行业规范化发展的责任。行业协会每年根据各商业健康保险公司定期上报的相关数据，制定“个人风险统计表”和“退保统计表”，方便保费测算，还向全行业和社会公布行业运营状况及统计分析。最后，行业协会有专人进行专题研究，研究的范围涉及商业健康保险外部经营形势、企业经营运行各个环节的改进等。在行业协会的指导下，德国商业健康保险公司进行信息公开、行业自律和自主管理，形成了良好的行业秩序。

由此可见，当政府适当放开医保体系，在严格的筛选和监管前提下由合格的市场主体进行管理，使公共医疗保险与商业健康保险形成良性竞争时，不仅有助于市场迸发活力，进一步丰富人们的医疗保障选择，而且强有力的监管能够保证市场运作的规范性，保障人们享受到高性价比的保障和服务。

4. 新加坡：储蓄型医保体制的典型代表

新加坡是建立储蓄型医保体制的典型代表。新加坡中央公积金局为会员设立公积金账户，共分为三类：普通账户（用来支付住房、保险投资和教育费用）、保健储蓄账户和特别账户（用来为退休储蓄医疗费）。在政府主导下，新加坡建立了包括保健储蓄计划（Medisave）、终身健保双全计划（Medi Shield Life）和保健基金计划（Medi Fund）的医疗保障制度，简称“3M 计划”。保健储蓄计划要求公积金会员每月把部分公积金存进保健储蓄账户，用于支付个人或直系亲属基本的医疗费用；终身健保双全计划是由原先的健保双全计划过渡而来，具有强制性、全民受保（不受限于年龄、健康状况）的特点，主要是满足个人和家庭的大病保障需求；保健基金计划则是政府为保障低收入公民享受医疗保险的最后一道“安全网”。

为了满足人们日益增长的医疗服务需求，同时减轻终身健保双全计划覆盖范围外的个人支付负担，新加坡政府在终身健保双全计划的基础上，与商业健康保险公司合作推出了升级版综合健保计划（Integrated Shield Plan，IP）。IP计划主要由中央公积金局承保管理的终身健保双全计划与商业健康保险公司承保的商业健康保险两部分组成。新加坡政府要求商业健康保险公司在设计IP产品时，将终身健保双全计划涵盖在内，所以公民参保了IP计划，也意味着其享有了终身健保双全计划保障，无须二次投保。同时政府也允许不同的商业健康保险公司对IP产品设置灵活的保障计划及保费水平，以增加投保人的多样化选择。

（二）典型国家商业健康保险经验借鉴

1. 政府主导顶层设计，明确定位与职责

无论是以美国为代表的市场主导型、以德国为代表的社会医疗保险模式、以英国为代表的全民医保型，还是以新加坡为代表的储蓄型医保体制，政府都在其中发挥着重要的顶层制度设计作用，明确公共医保和商业健康保险的定位和保障范围，并引导参保人根据自身情况选择合适的保障计划，织密织牢医疗保障网。反观我国，一方面，在基本医保覆盖范围和保障水平不断改进和提高的同时，还有待进一步在补充、大额、大病、救助等方面建立保障制度，并保证连贯性和衔接性。同时，参保人在实际患病前通常也较难理解政府医保“保基本”的保障范围和实际保障水平，从而在结合自身实际需求的基础上，难有动力进一步购买合适的商业健康保险产品。另一方面，当前我国的商业健康保险市场仍然处于发展初期，商业健康保险产品创新很多，但与基本医保之间的衔接不紧密，今后需要政府进一步给与更加明确的规划和引导。

2. 开展竞争与合作，建立多层次医疗保障体系

从国际经验来看，政府设计与商业健康保险合作的清晰有序的规则，指导商业健康保险建立标准化的产品，通过政府背书提高投保率和降低营销成本，允许商业健康保险通过管理式医疗控制费用等手段，在监管评价、数据共享和安全等多方面进行监督、引导和支持，以达到多方共赢，建立运营高效、价格合理、服务优质的多层级保障体系。从我国的未来发展来看，在基本医保经办服务方面，可进一步丰富社会力量参与经办的模式，将商业健康保险公司的创新思维和专业化运作模式引入公共医疗服务部门，协助医保管理部门在评估、规划、采购、绩效管理等工作中积极发挥作用，成为医疗服务的购买者和监控者，而政府医保管理部门可专注于行业监管，维护行业规

范、确保良性运行。在基本医保基础上的商业补充险产品方面，由政府主导顶层设计，系统地规划商业健康保险与基本医保衔接配合、共同发展的多层次医疗保障新模式。从深圳等地的城市补充医疗保险经验来看，均是通过当地医保局主导顶层设计、政府信誉背书、开放个账投保、医保结算系统对接、市场积极参与等方式实现了高参保率，商业健康保险与基本医保之间形成了明确定位和补充，市民以实惠的价格获得了更为全面的医疗保障，并实现了缴费和理赔报销的紧密衔接，为参保人提供高效、优质、一站式的投保和理赔服务，真正实现保险惠民。

3. 强化商业健康保险专业化经营能力

商业健康保险与寿险、财险等保险产品在精算、风险管理以及经营规律上存在较大不同。商业健康保险公司应强化专业人才队伍建设，加强与医疗、医药等健康产业的关联，推动健康保险走专业化道路。例如，德国在监管要求方面就明确规定只有专业的商业健康保险公司才能经营商业健康保险，这就使得德国商业健康保险公司能够专心发展商业健康保险，形成了系统而精细的健康保险经营理论，保障了商业健康保险在德国法定保险之外的成长空间。在英国，政府积极引入经验丰富的国外专业保险机构，取长补短强化本国保险市场的专业化经营能力。

4. 发挥行业协会作用，促进高质量发展

借鉴德国经验，深化发挥行业协会的作用。商业健康保险行业协会不仅对外有助于维护商业健康保险行业整体的利益诉求和权益，而且对内能有力推动行业内的沟通交流和信息共享，有利于行业整体专业能力的提升。由行业协会组织制定统一的商业健康保险保障目录，并定期调整。统一的商业健康保险目录与国家基本医保目录形成互补，体现商业健康保险在多层次、多样化保障中的作用价值。同时，与商业健康保险息息相关的各行业协会、产业伙伴之间也应组织不定期的沟通与交流，充分发挥各自所长，为建立商业健康保险保障目录的准入与更新机制提供支持，确保目录的时效性与可持续性。

（三）我国商业健康保险的发展现状

商业健康保险是指以被保险人为保险标的，使被保险人在疾病或意外事故所致伤害时发生的费用或损失能够获得补偿的一种人身保险。商业健康保险与基本医保共同构成了我国多层次医疗保障体系。区别于基本医疗保险，商业健康保险具有目标定位和融资渠道广泛、非强制性、产品设计灵活、给付丰富等特点，在满足人们多样化医疗需求方面扮演着重要角色。从筹资渠道和参与方式来看，商业健康保险的筹资渠道主要来自参保人和企业自愿缴纳，可以实现在不增加国家财政负担的基础上，以商业筹资方式帮助部分人群实现风险分散和解决医疗保障需求。从产品设计和保障范围来看，商业健康保险可根据参保人的需求定制保单，保障范围纳入了医保目录外的医疗技术和相关服务。

1. 市场规模

根据国家金融监督管理总局（原中国银行保险监督管理委员会）规定，我国商业健康保险主要分为疾病保险、医疗保险、失能收入损失保险、护理保险，以及2019年底刚纳入的医疗意外保险五类。

在供给规模方面，我国商业健康保险供给规模快速扩大，原保费收入不断攀升，对保险业的业务贡献日益突出。截至2022年，商业健康保险原保费收入已达8653亿元，在全年保险业原保费收入中的占比约为18%，与2021年相比，提高了2.4个百分点。商业健康保险已飞速发展十年，但是目前我国的商业健康保险市场规模仍然较小。一般来说，在一个成熟的保险市场中，商业健康保险保费收入占人身险保费收入的比例约为30%，所以我国的商业健康保险市场仍有很大的发展空间。

在保障水平方面，健康保险赔付支出不断提高，2022年健康保险赔付支出达2517.5亿元，其中短期险和长期险的赔付分别为1244.4亿元和1273.1亿元。但是从商业健康保险赔付支出与规模保费收入的比值来看，2022年仅为29.09%，相较于美国商业健康保险赔付率普遍高达80%的情况而言，仍处于较低水平。

在发展水平方面，保险密度和保险深度是衡量一个地区保险市场成熟程度的指标。保险密度是指在限定的统计区域内常住人口平均保险费的数额（保费收入/总人口），标志着该地区保险业务的发展程度，也反映了该地区经济发展的状况与人们保险意识的强弱。保险深度是指保费收入占国内生产总值（GDP）的比例，反映该地区保险业在整个国民经济中的地位，取决于经济总体发展水平和保险业的发展速度。据国家金融监督管理总局公开数据计算，2022年，我国的保险密度达到近十年来最高值，为3326元/人，较2021年增加147元，其中北京（12604元/人）、上海（8416元/人）、江苏（5076元/人）、天津（4881元/人）、浙江（4785元/人）、广东（4000元/人）、湖北（3349 元/人）等地的保险密度超全国平均水平，而西部地区保险密度和东部发达地区保险密度仍存在着一定差距。与保险密度创十年来新高不同的是，保险深度继续走“下坡路”。2022 年，我国保险深度增长至 3.88%，放眼近十年数据，保险深度在 2020 年达到 4.45%的顶峰后连续两年下滑，2022 年为近七年来最低。分地区来看，在 2022 年保险深度超过全国平均水平的 15 个地区中，除了上海（4.69%）、广东（4.51%）、浙江（4.38%）、四川（4.05%）外，均为北方地区。其中排名前三的为北京（6.63%）、黑龙江（6.18%）、吉林（5.19%）。

2. 竞争格局

随着我国商业健康保险的高速发展，大量多元化的市场参与者进入了商业健康保险行业。其中传统的商业保险公司（人身险、财险公司）依然是主要的供给主体，而专业商业健康保险公司、再保险公司的加入进一步提升了定价风控能力和业务专业度。伴随着信息技术进步和互联网平台的发展，大量创新型第三方服务机构、互联网保险公司和互联网保险中介平台涌入，进一步激发了商业健康保险市场的活力，为创新产品开发、优化用户体验、健康管理服务等环节提供了全新的解决方案。此外，医疗服务机构等健康相关服务提供商也开始积极探索与商业健康保险公司的合作。

（1）商业保险公司仍是供给主体

随着我国商业健康保险市场规模的快速增长，作为供给主体的保险公司也在不断增加。国家有关数据显示，我国经营保险业务的市场主体现有 977160 家，其中经营健康保险业务的主体约有 84638 家。整体来看，近十年我国健康保险业务相关公司注册量呈波动式减少趋势，其中 2016 年新增公司数量同比增加 12.5%至 2937 家，成为近十年注册量最大的一年，此后年度注册量逐年减少，至 2019 年，全年新增 1159 家相关公司，同比减少 28.5%；2020 年受新冠疫情影响，健康保险相关公司注册量结束了连续三年减少的态势，同比大幅增加 74.5%至 2023 家，2021 年则大幅回落，仅新增 664 家。

从公司类别来看，商业保险公司可分为人身险公司、财产险公司、专业健康险公司和互联网保险公司四大类。从各类公司商业健康保险保费收入占比可以发现，由于经营监管限制、市场拓展等原因，目前我国商业健康保险市场的销售主力仍然是以经营疾病险等长期商业健康保险为主的人身险公司，保费收入占商业健康保险保费总收入的比例接近 90%。从资方类别来看，中资商业健康保险公司占有绝对市场优势，外资商业健康保险公司在我国商业健康保险市场占有的份额不足10%。

在专业健康险公司方面，目前我国有人保健康、平安健康、和谐健康、太保安联健康、昆仑健康、复星联合健康、瑞华健康等7家。从市场竞争来看，目前其产品尚未与综合性的保险公司形成差异化，专业化优势不明显，面临较大的竞争和生存压力。健康险在2022年全年共实现保费收入8653亿元（包括人身险公司的7073亿元以及财产险公司的1580亿元），同比仅增长2.4%。相较之下，2020年以前的年增速达20%~30%，尤其是近年来作为健康险支柱产品的重疾险（重大疾病保险）新单增长持续乏力，这一局面或与代理人萎缩和市场饱和度已经较高有密切关联，或表明重疾险对于有支付能力客户的开发已经较为充分。

起步较晚的互联网保险公司的商业健康保险业务规模虽然较小，但是增速明显。众安在线、泰康在线、安心财险和易安保险四大互联网保险公司商业健康保险业务的规模保费从2015年的10.3亿元增长至2018年的122.9亿元，3年间增长了11倍。相较于传统保险公司，互联网渠道具有不受地域限制、触及人群广、产品推陈出新快等优势，所以在保单件均较低的短期商业健康保险领域竞争力强，例如百万医疗险。新冠疫情进一步使保险线上化的进程加速，特殊时期传统营销渠道受阻，消费者更倾向于在线上“非接触式”咨询和购买保险，给互联网保险获客创造了有利条件。

随着保险越来越脱离纯金融产品属性，而更偏向医疗服务方向，各类保险公司加速了在医疗健康生态领域的拓展。一方面，科技赋能和线上诊疗能力建设已成为各大保险公司的重要发展战略之一。另一方面，打通线下医疗健康服务端也是各大保险公司开拓商业健康保险业务的重要抓手。相较于成熟市场的商业健康保险公司，我国各类保险公司在整合资源方面仍然处于初期阶段。即使是自己体系内的医疗服务机构，由于各医疗服务机构都有自己的利益主张，保险公司想要完全实现保险和医疗的融合仍然困难重重。在资源和知识都是高壁垒的商业健康保险市场，整合能力依然是未来保险公司的制胜关键。

（2）第三方服务机构以技术赋能

在商业健康保险市场高速增长和科技驱动的趋势下，保险公司在医疗资源整合上大展拳脚之外，市场上涌现了大量从数据赋能、医疗服务供应网络搭建、药品福利等切入点来撬动行业创新的第三方服务机构（Third Party Administrator，TPA），包括数据和科技型TPA、医疗服务型TPA、药品福利和创新支付（PBM）企业。

数据和科技型 TPA 以大数据为基础，通过云计算、人工智能、区块链、物联网等先进科技，为保险公司的业务流程和服务环节提供数字化解决方案。一类是以平安医保、众安科技为代表的保险科技公司。通过部署业务中台和智能运营平台等，将保险公司核心系统中的业务功能剥离出来，全面解决保险公司在商业健康保险产品设计、精准营销、核保核赔、运营管理与服务等诸多方面的痛点，帮助保险公司实现优化承保经营效率及用户体验，并同时降低运营成本，快速实现数字化转型。另一类是以因数云为代表的脱胎于医疗大数据，以数据驱动为主的公司。它们依托医疗大数据构建专业医学知识图谱和专病模型，帮助保险公司深入了解非标准体的投保风险和产品设计，为患病群体及亚健康群体提供个性化的保障需求。区别于前者，后者对特定疾病领域的知识和数据积累更加丰富，较多地深耕于专病险/单病种保险等垂直细分领域。

医疗服务型 TPA 通过搭建线上线下的医疗服务网络，响应保险公司商业健康保险中的健康服务需求，以赋能保险公司服务端的专业能力。例如，以微医互联网商业健康保险平台为代表的线上医疗服务网络平台。它们通过链接的 2400 多家医院，为保险公司参保人提供便捷就医、在线问诊、健康管理、直付快赔等增值服务，提升用户体验。另外，以妙健康、善诊为代表，协助保险公司商业健康保险业务向互动式保险解决方向转型的专业化健康科技公司，也开始探索与保险行业的结合，应用人工智能、大数据等技术实现线上线下联动，帮助保险公司进一步深化支付端与服务端的协同。它们在线上为参保人提供疾病预防、饮食运动、养生保健等较为轻度的健康管理服务；在线下搭建体检中心、健康管理中心等实体服务网络，可进一步为参保人提供风险筛查、健康评估、疾病干预和慢病管理等服务。在为保险公司提供多维度、全周期的健康管理方案的同时，服务过程中所采集到的用户信息也可为保险的前端提供风控支撑。

PBM 企业多以药品的支付和服务为切入点，推动特药险的产品设计，并提供药品供应链服务，协助保险公司为参保人提升药品的可支付性和可及性。部分 PBM 企业也与药企合作，针对具体产品，设计提高患者购药能力的金融解决方案。例如健易保主要针对慢性病；诺惠医疗主要针对包括罕见病在内的重大疾病等；镁信健康一开始主要为各大药企的肿瘤特药设计以金融分期、疗效保险为主的创新支付项目，于 2018 年底开始联手中再寿险助力多家直保公司推出特药险并提供药品供应服务，于 2020 年进一步把特药险拓展到城市补充医疗险领域。

商业健康保险为保险和医疗、医药产业的合作提供了土壤，但跨行业间的沟通成本高、执行落地困难，商业健康保险第三方服务机构的出现恰逢其时。数据型 TPA、服务型 TPA 和 PBM 企业借由其资源及技术上的优势，不仅在一定程度上解决了传统保险公司商业健康保险专业运营能力欠缺、医疗服务融合不足的痛点，提升了保险公司运营效率，而且还推动了特药险、专病险等创新产品的发展，为商业健康保险细分市场拓展和业务模式创新提供了新思路。

（3）互联网销售平台发展迅猛

互联网的普及和渗透使得保险产品不再仅依赖于线下代理人，获客成本低且触达范围广的网销渠道发展迅猛。网销渠道可分为保险公司自建平台和第三方互联网公司平台。相较于保险公司自建平台，以社交、金融、公益互助、电商、自媒体等平台为代表的第三方互联网公司平台凭借着流量入口优势，成为互联网保险保费收入的主要来源。统计数据显示，2022 年我国互联网保险公司数量达到了 129 家，其中互联网人身险企业数量约为 56 家，互联网财产险企业数量约为 73 家。互联网保险的原保费收入规模达到 4782.5 亿元，同比增长 26.6%，占国内保险行业原保费收入比重的 10.2%。这意味着越来越多的消费者开始选择互联网保险，看好其便捷、灵活、透明和可定制的特点。

随着消费者对互联网保险的认可和需求的不断增长，互联网保险公司将加强与移动医疗领域的合作，通过共享信息和提供个性化产品，提升行业的盈利能力。互联网保险发展势头强劲，将与互联网金融进一步融合，推动风险管理需求的增加，形成一个更加完整的保险生态圈。

3. 发展特征

我国商业健康保险产品结构失衡，一是保费收入基本呈现疾病险七分、医疗险三分的结构，护理险及失能险的保费占比很小。自 2020 年以来，疾病险保费占比持续小幅下降（见图 2-37）。

二是两大主力险种均呈现业务收缩或停滞状态，疾病险整体小幅萎缩（保费收入同比下降 3.6%），医疗险增长乏力（保费同比微增 0.4%），护理险和失能险保费收入出现较为剧烈的波动。具体来看，不同险种出现了差异化的业务调整：疾病险呈现短期险增、长期险降的趋势，而医疗险则恰恰相反，是短期险降、长期险增。

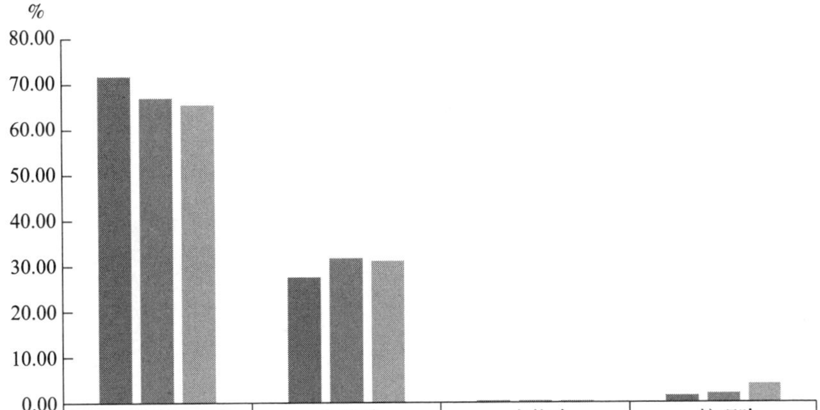

	疾病险	医疗险	失能险	护理险
2020年	71.20	27.30	0.04	1.50
2021年	66.50	31.50	0.04	1.96
2022年	65	30.90	0.03	4

图 2-37　2020—2022 年中国商业健康保险收入占比

资料来源：中国保险行业协会。

三是占市场主导地位的长期重疾险出现越来越明显的市场饱和状态。2022 年长期重疾险的新单业务继 2021 年出现负增长后继续大幅萎缩，新单原保费收入同比下降约 50%，对长期重疾险保费收入的贡献率也从 2021 年的 15%腰斩至 7. 5%。虽然续期保费保持增长（增速近 5%），但受新单业务的影响，长期重疾险保费收入同比下降约 4%。

四是随着近年来监管政策、市场结构和经营模式的不断完善，长期医疗险业务的作用日益加强。虽然业务发展整体向好，但医疗险不可避免地受到宏观经济、消费需求等因素的影响，2022 年新单保费收入同比显著下降 10 个百分点，长期业务增长主要来自存量保单续期保费的上升。与此同时，随着新冠疫情后经营活动的恢复，医疗保障责任带来的赔付支出持续上升。

4. 转型与创新

商业健康保险在我国市场多年来的发展以类寿险的、定额给付的重疾险为主要保费来源，报销型和保长期的医疗险发展相对缓慢。传统的销售渠道以线下代理人为主，主要针对健康人群和中高收入人群进行销售。整体来看，商业健康保险的人群覆盖、产品创新等方面的历史发展并不尽人意。在保费收入稳定增长的同时，仍然存在保险渗透率低、保障范围窄、与医保无法有效衔接等行业痛点。随着社会需求的发展，以及新兴技术和互联网流量平台的推动，以2016年百万医疗险的推出为起点，商业健康保险产业不断推动产品和业务模式创新，持续扩大覆盖人群，积极融合健康服务，并推进与政府和基本医保的紧密合作，行业出现了快速发展和百花齐放的繁荣景象（见表2-16）。

表2-16　中国商业健康保险的产品创新

相关业务模式创新		保障人群	保障责任	社商合作
主流险种	重疾险	部分创新	重要创新	
	百万医疗险	重要创新	重要创新	
部分创新项目	疗效险、特药险		重要创新	
	专病险、单病险	重要创新	重要创新	
	互助计划	重要创新	部分创新	
政府合作	普惠性城市补充医疗险	重要创新	重要创新	重要创新
	赋能地方整合式医疗体系转型			重要创新

资料来源：国家金融监督管理总局，中国保险行业协会及公开报道等。

针对商业健康保险行业发展的痛点，以及居民健康的保障需求，我国的商业健康保险市场从保障人群、保障责任以及社商合作等几个方面，开展了相关的产品设计、客户触达、服务模式升级以及政企紧密合作的多种创新尝试。

第一，扩展保障人群。针对公立医保和传统商业健康保险市场覆盖不足的人群，创新保险产品形态，完善产品矩阵，覆盖更多人群的健康保障需求；通过渠道创新触达范围广大的潜在客户，扩大商业健康保险供给，提供有效的补充保障。例如特定的非标群体、特定的带病人群以及老年人等，之前被视为商业健康保险的高风险人群常被拒保，而未来他们将在健康保险产品上拥有更多选择权。另外，传统商业健康保险产品和渠道较难触达中低收入群体，例如低线城乡居民、流动就业人口等，其医保保障和风险意识都不足，可通过互联网平台等新渠道进行快速获客、教育和转化，使其成为商业健康保险保障人群扩张的主要来源之一。

第二，丰富保障责任和内容。扩大现有医保目录外的特药覆盖范围，扩展保障期限，推动健康保险与健康管理融合发展，提升疾病和健康管理水平。例如特药险作为重疾险和百万医疗险的补充升级，把医保目录外的靶向药、免疫药等先进疗法纳入保障范围。在保障期限上，目前的创新医疗险产品也在风险可控的基础上最长延至六年；随着监管法规的更新，市场上已经出现可调费率的终身医疗险。另外，“保险+健康服务”已成为商业健康保险的发展共识，保险公司针对不同参保群体的健康和医疗需求，从被动治疗转向主动预防管理，用健康管理服务代替疾病发生后的医疗服务，从源头降低用户的疾病发生和发展概率。为此众多保险公司开始尝试建立健康管理平台（包括自建或与第三方合作），从事后理赔逐渐延伸到前期预防、中期治疗、后期康复全流程。在此过程中，保险公司也积极探索与公立医疗机构的合作模式，参与政府医疗体系改革的进程，逐步提高商业健康保险的话语权。

第三，衔接地方医保和医疗体系。中共中央、国务院发布的《关于深化医疗保障制度改革的意见》提出：促进多层次医疗保障体系发展，促进各类医疗保障互补衔接，提高重特大疾病和多元医疗需求保障水平。保险公司与各地政府合作，积极探索衔接地方医疗服务和医疗保障体系，包括赋能地方整合式医疗体系的转型和升级，推出社商合作的普惠型商业补充医疗保险、试行单病种委托商业健康保险等。保险公司与地方政府合作推出的商业健康保险产品，克服了市场上现有商业健康保险产品渗透率低、保障范围不够定制化等局限，既能拓宽医保基金保障护城河，更能精准地满足当地居民的健康需求，又能使商业健康保险深度参与推动地方医改落地。

第四，以基本医保和政府合作为导向。社商合作是一种介于商业保险和基本医疗保险、大病保险之间的创新形式，也是商业健康保险发展的一个重要方向，商业健康保险通过直接与地方政府和基本医保合作，更深入地参与多层次医疗保障体系建设和地方医疗体系改革。社商合作的主要模式分为三个方面：首先，参与地方的基本医疗保险、大病保险等业务办理，致力于解决医保经办机构因体制机制经办能力不足的问题。其次，开发城市补充医疗保险等商业健康保险产品，协助搭建社商紧密衔接的多层次保障体系，推动地方的健康扶贫和疾病管理。最后，融合公立医疗服务体系，推动地方医疗体系升级，探索参与医改的新途径。

三、商业健康保险未来展望

（一）机遇与趋势

商业健康保险近几年的积极创新和加速发展，为建设我国多层次医疗保障体系做出了有益探索，在加强人群覆盖、丰富保障责任等方面有了显著突破。但由于我国以医保和公立医疗机构为主的体系特点，商业健康保险的整体渗透率还处于较低水平，医疗机构合作和医疗服务能力建设还处于非常早期的阶段，商业健康保险产品与基本医保的衔接程度也相对较低。从商业健康保险产品供给的角度看，未来万亿的市场增量和产品创新方向将聚焦于以下方面。

第一，做好多样化的商业健康保险保障。商业健康保险产品应进一步多样化，在产品布局上，不断创新保险产品形态，完善产品矩阵，积极拓展保障人群和保障责任，提高对整体人群尤其是高风险人群的保障水平。通过医学数据技术赋能、产品创新和渠道扩展，提高整体人群尤其是高风险、低保障人群的商业健康保险覆盖水平。特定的非标群体，如慢病和重大疾病等带病人群、特定年龄或性别人群（例如儿童、女性以及中老年人等），将在健康保险产品上拥有更多选择权。面向特定社会阶层的普惠商业健康保险，例如农村居民、城镇低收入人群、流动就业人员，也应有序发展。随着《健康保险管理办法》的修订以及相关行业规范的不断完善，商业健康保险产品未来在病种覆盖种类、新医疗技术保障、健康管理服务提供、延长保障期限等多个方面预计有显著的改进和创新。

第二，从事后支付型向主动管理型转型。商业健康保险的产品属性应从目前的以赔付为主的支付型商业健康保险，积极向管理型商业健康保险转型，提升对参保人的医疗和健康服务能力。商业健康保险公司的角色，将从索赔和福利的支付者转变为医疗保健咨询和解决方案的提供者，服务方式应由提供单一的健康保险产品向全周期健康服务转变，保险功能由医疗费用补偿向参与社会治理体系建设、提高国民健康水平等新的领域扩展。

第三，推动城市补充险等紧密衔接医保的商业健康保险业务发展。积极探索商业健康保险与基本医保相互补充的新业务形态以及商业健康保险参与地方医改的新途径，织密织牢多层次医疗保障网络。从目前直接面向消费者的商业健康保险产品来看，在保障人群、保障期限和保障责任上存在较多的空白，与医保的衔接程度较弱，离“织牢织密健康保障网络”的目标还存在较大差距。从普惠型城市补充险的实践来看，由政府制定和提供顶层设计，保险公司在政府支持下提供质优价廉的补充医疗保险产品，这种模式推动了政府医保与商业健康保险的合作共赢，值得未来广泛推广。在这种模式下，由于政府的组织和主导，保险公司可节约销售、运营方面的成本，并能精准有效地渗透目标人群。节约了这些成本，最大的好处就是消费者可以获得高性价比的保障产品，实现多方共赢。

从产业发展的支撑机制来看，商业健康保险目前的发展态势已经具备了“天时”（发展时机）和“地利”（良好布局）。在发展时机上，政府连续出台重要行业政策，明确商业健康保险在我国多层次保障体系中的重要地位，而民众的参保意识也在不断提升。在目前的发展布局上，商业健康保险通过产品和渠道创新深入开展了市场渗透活动，通过经办、承办基本医保与各地地方政府建立了合作关系，传统险企和新兴市场主体都已经入场进行了未来的发展布局。接下来需要关注“人和”，即向“生态化、专业化”经营转变，推动各方合作，建立产业生态和提高专业运营能力。对外需要具备医疗、医药、基本医保等多方面的生态联动能力；对内需要提高专业化经营能力，通过产业链上下游的专业分工和医保科技赋能，在客户洞察、产品研发、渠道、运营和风控等方面不断提高能力。

（二）展望与建议

1. 政府为商业健康保险提供政策支持

从中央顶层设计到地方具体执行为商业健康保险与基本医保的有效衔接创造积极的政策环境，为商业健康保险专业化和健康规范发展提供政策支持。第一，政府界定好基本医保“保基本”的范围，从而为商业健康保险的作用发挥划定更为清晰的界限。2020 年 3 月，中共中央、国务院发布的《关于深化医疗保障制度改革的意见》提出：到 2030 年全面建成以基本医疗保险为主体，医疗救助为托底，补充医疗保险、商业健康保险、慈善捐赠、医疗互助共同发展的医疗保障制度体系。可见，多层次医疗保障体系的定位和分工已经明确，即基本医疗保险作为主体层，为最为广泛的就业人群和城乡居民提供保障，为经济社会发展保驾护航；医疗救助托底，构筑最后的安全网，促进社会公平、遏制贫困蔓延；商业健康保险和补充医疗保险、慈善捐赠、医疗互助共同作为补充层。

第二，商业健康保险积极参与基本医保经办服务，参与构建共建共治共享的医保治理。《关于深化医疗保障制度改革的意见》也提出了积极引入社会力量参与经办服务，探索建立共建共治共享的医保治理格局，这就为商业健康保险参与医保经办治理提出了明确的政策要求。因此，在完善监管的基础上，需要强化商业健康保险的付费方角色，真正成为医疗服务的购买者和监督者；商业健康保险公司应加强专业能力建设，制定合理、高效的业务流程，充分利用大数据和信息化，提高经办管理的规范化、智能化，提高经办效率。另外，要鼓励商业健康保险提供与非医疗有关的健康服务，比如预防保健、健康管理等。

第三，落实促进商业健康保险产品专业化的激励政策。商业健康保险的专业化是其实现转型和创新的必由之路，而政策起着十分重要的作用。《关于深化医疗保障制度改革的意见》提出：丰富健康保险产品供给，用足用好商业健康保险个人所得税政策，研究扩大保险产品范围。首先，《健康保险管理办法》为商业健康保险的专业化提供了很好的政策环境，下一步需要稳步落实，同时需要与医保等专业部门加强沟通并取得这些部门的政策支持；其次，制定行业统一的医保目录外的税优商业健康保险的赔付目录，提高税优额度和税优范围，用足用好商业健康保险个人所得税政策；最后，完善商业健康保险与健康服务业，特别是与健康服务新业态融合的政策环境，促进商业保险公司与医疗、体检、护理等机构合作，发展健康管理组织等新型组织形式，促进商业健康保险产品创新和生态创新。

第四，完善对商业健康保险的监管，促进其健康规范发展。为了更好地促进商业健康保险的规范发展，发挥其在我国多层次医疗保障体系中的作用，规范商业保险机构在承办基本医保、经办城乡居民大病保险工作中的行为，推动税收优惠产品的发展，完善监管制度，成立专门监管部门和队伍，完善信息管理平台以及落实当前的监管政策，提高商业健康保险监管的专业化程度，为商业健康保险的发展提供制度保障，引导商业健康保险走专业化道路。

第五，继续推进城市补充医疗险等社商合作项目，政府与保险公司合力探索高效率、低成本、优质体验的多层级保障体系模式落地，推动商业健康保险与其他补充医疗保险共融。由政府主导、保险公司承办以实现广大人群保障、费率惠民、一站式理赔、合理控制医疗成本等效果，是履行商业健康保险在多层次保障体系中定位和职责的有益尝试。一方面有助于缓解基本医保保障限制和医保基金支出的增长压力，另一方面避免了市场导向的商业健康保险产品设计不精准、费率高、保障责任与医保衔接不紧密等问题。未来，需由政府主导并提供政策支持，在顶层设计和建立规则方面完善产品标准、财政支持、准入规则、监管原则等关键内容，通过市场广泛和有序参与，由保险公司在政府制定的框架下提供质优价廉的补充医疗保险产品。在产品设计方面应与基本医保福利待遇合理衔接，适度扩展目录范围，进一步推动补充商业健康保险产品落地，实现提升保障的效果，为参保人解决“因病致贫”

的问题。

第六，鼓励将主动健康与健康保险相结合，推动健康管理与保险的双赢。坚持以人为本，是健康保险和健康管理合作的基石，健康管理要实现高质量可持续发展，必须有商业保险的大力支持。健康保险行业可着眼于提高被保险人的健康状况，开展“治未病”健康管理工程，将健康保险与“治未病”结合起来，通过健康管理服务指导被保险人建立健康的生活方式，预防疾病发生，降低医疗费用，同时还可逐步搭建包括医网、药网和信息网在内的“三网”健康保险服务平台，为被保险人提供全方位的健康保障服务，实施“健康管理+健康保障”的创新实践。借助商业保险已有的医疗健康生态优势，积极参与和推进保险和医药健康产业的融合创新，不断拓宽与提升商业健康保险的保障范围和水平，通过“保险+服务”“保险+科技”的新模式落实风险减量，逐步实现从“保健康人”到“保人健康”的转变。

2. 推动产品创新应对多元化保障需求

目前商业健康保险市场以重疾险、短期医疗险为主，存在重赔付、弱管理、保短期，以及与我国疾病谱发展和老龄化带来的长期健康保障需求错配等问题。随着技术发展和监管环境的改善，商业健康保险产品的未来创新应朝着长期险、专病险、管理式医疗险等几个方向大力推动，从而为参保人提供重服务、强管理、保长期的商业健康保险产品，平衡考量产品在商业价值、推广模式和能力建设等方面的价值。

重视满足不同社会阶层的多元保障需求，创新和开发普惠型产品。过去几年间，结合技术手段和业务模式的创新，出现了互助产品、医疗众筹和互联网保险平台等新型产品和渠道，在普通民众（尤其是低收入社会群体）中普及商业健康保险、提供基本保障方面起到了显著的推动作用。未来应该在人群覆盖和保障责任等方面进一步拓展。

3. 探索商业健康保险的落地服务模式

如今，部分地方政府也在与保险公司或 PBM 企业的合作过程中推动新项目，在此基础上行业内部应形成合力，在完善模式、制定标准、推广倡导和影响政策方面开展工作，加速社商合作的模式优化和发展，协助政府制定多层次医疗保障体系并落地实施。良好的社商合作关系的建立可将保险公司产品研发、风险管理、科技创新等专业化优势引入公共医疗保障项目，协助政府部门实现医保控费和提升服务水平，最终实现多方共赢。

目前，商业健康保险在自建医疗服务网络、第三方采购以及与公立医疗机构合作等方面探索医疗服务的提供和融合，但客户的健康管理闭环还远未形成。未来应把握互联网医疗“破冰”进入医保体系的发展契机，与互联网医疗机构积极合作，探索商业健康保险客户的健康管理和医疗服务模式。不管是基于线下单体医疗机构还是全国布局的互联网医院，借由此次的政策松绑和跳跃式发展，有望发展出新的诊疗和医患互动形态，改变之前互联网医疗以“轻问诊”为主的松散模式。继续探索与传统公立医疗服务机构的线下合作。主要的突破口之一可能在城市补充医疗险的广泛推广上，商业健康保险作为重要的支付方将有能力与公立医疗机构进行深入合作，打通商业健康保险与公立医疗机构的资源对接，深化保险公司与医疗机构之间健康生态体系的协作。

由于商业健康保险业务经营范围广、管理环节多、业务处理量大、服务内容繁杂，没有功能完善、处理顺畅的信息系统的支持不可能做到精细化管理，更需要完善商业健康保险信息系统，推动与其他健康相关数据库的互联互通和信息共享，提升对数据信息的深度处理和统计分析能力，加强业务风险预警和控制，提高科学定价，协助经营决策。因此，一方面，亟须建立商业保险信息共享与支持平台；另一方面，要明确医保信息可利用的环境与条件，或者放宽限制，在保障信息安全的同时，最大化利用信息，促进基本医保信息、医院医疗信息对商业健康保险公司适当放开限制，接轨数字化发展要求。

第三章　深圳健康产业优秀企业

第一节　时代（中国）集团有限公司

一、企业简介

时代（中国）集团有限公司20年来专注精准营养健康领域，是国内较早致力于健康饮品、功能营养食品开发的领军企业，也是率先提出用品牌模式做ODM（原始设计制造商）代工服务的头部供应链企业。公司旗下有国内南北两大生产基地及日本、韩国分公司，厂房占地面积达10万平方米，建有亚洲专业前沿的水剂、粉剂、果冻等不同剂型的现代化生产线。引领世界高端口服液潮流是公司的产业战略，公司始终把产品品质放在首位，选用全球一流品质的原料，使用“三同标准”供应国内外市场。公司是国内开创和领衔50ml系列健康口服液、时尚饮品ODM代加工生产的高新技术企业，在国内产能和规模均较大；曾为全球第一大沙棘产品供应商和日本第一大中国健康食品及美肌食品供应商，具有设备先进、规模大、产能高、研发实力强、配方及技术储备量大、生产技术优秀、品质控制严格等独特领先优势。公司先后获得了“广东省院士（专家）企业工作站”“广东省科技专家工作站”“广东省工程技术研究中心”“广东省生物医学创新平台—特殊膳食用食品研究平台”“广东省专精特新中小企业”等认证评定。

时代（中国）集团有限公司旗下的时代生物科技（深圳）有限公司（以下简称“时代”）创立于2002年，注册资本达500万港币，原为日本ERA·JAPAN株式会社中国区生产基地的日资企业，产品出口日韩，远销欧美。自2008年10月被时代（中国）集团有限公司收购重组以来，时代一直以“致力生物科技、服务人类健康、共建世界品牌”为使命，以“主人文化、服务为本，诚信至上、艰苦创业”为核心价值观，专注于为广大客户提供健康口服液、美容饮品、粉剂固体饮料，并配套软胶囊、硬胶囊和片剂等不同剂型的中、高端系列产品的研究、开发和ODM代加工服务。

时代（中国）集团有限公司旗下时代特殊医学用途配方食品（深圳）有限公司（以下简称“时代特医”）成立于2016年，是一家集产学研用为一体，专注于智慧临床营养服务生态的企业，现拥有ERA FSMP、特臻配、特臻膳等知名品牌。引进以天然产物为基质的特医食品精准营养设计模型以满足符合健康效应评价的临床营养需求，以国内外4位院士为首，聚集2位省市级领军人才及多位相关领域的专家，在临床营养、食品与病毒理、多肽及功能性氨基酸、食品加工技术、农产品营养缓慢释放等领域组建科研学术专家团队，打造最易于人体吸收的肠内营养制剂。公司创立初期就与南方医科大学等共建广东省生物医学创新平台，以南方医科大学附属医院为切入点，开发出特臻配系列产品。与兰州大学第一医院成立加速康复医学临床营养产学研基地，共同研发了涵盖肿瘤、胃肠、ERAS、妇产、减重、肝病等多款特定疾病临床营养支持产品，是迄今全国唯一在ERAS领域开展15家多中心临床试验的公司。时代特医秉持“始于临床、终于临床”的理念和“精准营养、加速康复”的定位，以患者为中心，围绕临床需求，展开校企/医企合作，开展多中心临床试验、真实世界研究（4个项目），推动临床产学研项目转化30余个。时代特医搭建了从三甲医院临床营养和配置中心供应及配送，到县区一级专科联盟运营，再辐射到社区营养管理的供应系统，产品应用覆盖医院、诊所、药房、养老公寓、月子中心、社区康养及慢病管理等多个医疗终端应用场景，每年服务上百家三级医院和超过20万名患者。

时代特医拥有以首席科学家刘瑞海院士领衔，相关专业博士、硕士组成的创新科研团队，在科研学术、配方设计、产学研转化等方面都有卓越表现。时代特医近年来推动产业技术升级，由功能营养食品向临床营养、精准营养方向开拓。

二、生产经营

时代主打的营养健康饮品以胶原蛋白肽、胶原三肽透明质酸钠、酵素、红参阿胶肽、覆盆子牡蛎肽、沙棘三肽等不同配方的口服液为主，是该细分领域30ml和50ml高端口服液系列产品的行业领军供应链企业，拥有设备先进、规模大、产能高、研发实力强、生产技术领先、品质控制严格等各种优势。口服健康饮品的日生产能力达到80万~100万支，产品市场以中国大陆、日本、韩国为中心，辐射中国香港、中国澳门、中国台湾、东南亚、澳大利亚、北美及欧洲等。公司成立至今一直保持着良好的发展势头，在营业收入不断增长的同时，继续加大对研发的投入力度，近三年的研发投入新增将近2000万元。在小分子肽及天然产物应用领域，储备了数千款功效及成分差异化的配方。

时代在开展产学研合作项目时，对新产品、新技术、新工艺的开发进行深入研究，并进行成果转化和产业化应用。针对鱼皮胶原水解肽脱色脱腥副产物中高活性肽的回收技术进行攻关研究，针对脱色脱腥吸附物中的产物肽进行回收、富集，根据被吸附产物疏水性肽的物化性质和特点，采用有机溶剂梯度脱除疏水肽，并对活性肽进行富集浓缩、脱腥、干燥，可回收高活性肽80%以上，使得胶原肽得率比普通工艺提高了6%~8%。公司联合研发的成果全部在公司的产品中得以应用和实施，其中关山樱花鲑鱼蛋白胶原三肽饮品同期实现销售增长20%以上，累计实现销售收入1亿元。

时代秉持“科技引领时代发展”的理念，与美国康奈尔大学、加拿大麦吉尔大学、中国农业大学、江南大学、华南理工大学、华南农业大学、南方医科大学、深圳大学、江西省科学院等40多家国内外知名院校及研发单位开展合作，连续承办四届粤港澳大湾区健康科技国际论坛（IFHST），积极促进产学研转化，与顶尖科学家一起打造有竞争力的行业精品，塑造健康行业知名品牌。为国内外食品营养健康领域搭建跨界交流平台，团结了国际国内健康产业领域的顶尖科学家、企业家共解产学研融合密码，大力促进了科研创新成果落地转化。粤港澳大湾区健康科技国际论坛开展多领域、多层次、多形式的对接交流，推动壮大了健康科技领域的产学研用合作联盟，建立起了更常态、更丰富、更健康的行业发展生态。

三、研发创新

（一）产品与技术

公司建有时代（中国）多肽生物活性研究所（以下简称“时代生物”），且成功引进美国著名食品科学家刘瑞海院士。刘瑞海院士是美国康奈尔大学食品科学系教授，2008年荣获国际食品科技界的最高荣誉，即获选为国际食品科技联盟（International Union of Food Science and Technology，IUFoST）的年度院士（Fellow）。公司以刘瑞海院士研发团队为核心，进一步提升科研水平，打造尖端化、国际化的科研人才团队，秉持以科技引领时代发展的理念，打造健康行业知名品牌。2019 年，在深圳市科学技术协会的支持下，时代生物邀请国际著名食品科技专家、加拿大皇家科学院院士、国际食品科学院院士 Hosahalli S. Ramaswamy 博士来深圳访问交流，并共同举办首届 Swamy 国际食品科学技术论坛，广东省食品界 70 多位同行与会，引起较大反响。正是通过这次论坛，双方深度交流碰撞，签订了共建院士工作站的长期合作协议。2019 年 10 月 26 日，在深圳市科学技术协会等单位支持下，公司成功举办了第一届粤港澳大湾区健康科技国际论坛，邀请院士 5 位、国内外行业专家 50 余位，高等院校及科研院所 30 余家共同参与，同时促成了一批项目（如开发异旨康产品、NMN 专项研发等）落地或对接。

（二）经营与服务模式

作为率先提出用品牌模式做 ODM 代工服务的头部供应链企业，时代以技术创新为引领，注重配方及工艺的专利申请，依托集团科研实力，基于前沿学术研究及海内外市场的数据反馈，各种引领潮流、差异化概念配方源源不断地研发诞生，形成自己的技术配方储备库，为客户提供多样化选择，也根据客户独特需求研发个性化的产品配方。

时代精准洞悉海内外市场热点和趋势，定期推出创新性产品，其中胶原蛋白生产加工处于全国前列，从胶原蛋白口服液到燕窝胶原蛋白肽口服液，再从红参阿胶饮品到透明质酸钠胶原三肽黄金组合饮品，开创和领衔了 50ml 口服液发展潮流，成品质量获得中外客户一致好评。为欧莱雅、雀巢、圃美多、Absolute RED、广药白云山、健康元、五谷磨房、绿瘦等上百家国内外知名品牌代工产品。

时代完整地经历过从海外供应、电视购物、美容院院线、药店连锁、电商平台、微商时代、直播经济等不同年代不同渠道的市场需求，始终与一线消费市场保持紧密联系，在不同圈子进行深入布局，以专业化的“产品经理+市场营销服务”为核心，为客户定制基于不同渠道及市场特点的产品。

四、发展规划

（一）市场前景

在 30ml/50ml 药用玻璃瓶高端口服液领域，时代是领军企业。在行业内，较早使用“三同标准”供应国内外市场。公司先后通过了“广东省院士（专家）企业工作站”“广东省科技专家工作站”“广东省工程技术研究中心”等评定，是行业内具有科技创新发展理念的供应链企业，也是该行业品类的头部供应商。

（二）核心竞争力

科技引领时代发展，时代拥有深厚的技术配方储备库，能为客户提供多样化、个性化的产品配方；深耕产学研领域，在新原料应用及开发上引领潮流；持续的设备及工艺配方技术升级，为客户提供稳定品质的创新产品；20年国内外供应链及市场经验，让时代的服务团队能更好地助力客户落地项目；基于现有板块的产业升级模块，在临床精准营养领域的特医特膳项目会反哺现有功能产品开发，更符合国家在全民营养、主动健康领域的发展政策。

（三）发展规划

引领世界高端口服液潮流是时代的产业战略。未来，在高端口服液细分领域，时代依旧会保持“以科技引领发展”的理念，在科研、生产技术、产品创新、服务模式等方面持续加大投入力度和保持技术领先，继续做好国内的供应链服务，同时以东南亚为跳板，深化国际市场。

在科技引领研发的同时，继续办好粤港澳大湾区健康科技国际论坛，寻找到更多类似于米糠脂肪烷醇及特甘全益生菌多肽蛋白固体饮料的产学研落地项目，为粤港澳大湾区健康科技领域发展发挥行业先行示范作用。同时，加强与国内外高校及科研院所的合作，推动健康行业产学研用生态建设。

第二节　深圳市汉仁宫健康科技服务有限公司

一、企业简介

汉仁宫品牌创立于2008年8月8日，创始人汪朝田先生、彭志谋先生秉承“只做与健康有关的事情”的使命，以“经络推拿、传统足道、耳道”等健康调理服务为主营业务，凭借“正规、手法好”的客户口碑，在深圳已开设汉仁宫养生坊品牌连锁门店38家，成为深圳本土养生连锁知名品牌。

深圳市汉仁宫健康科技服务有限公司（以下简称“汉仁宫”）致力于弘扬中国养生文化，通过特色推拿和足道，为大众提供手法专业、中式正规的健康养生服务。汉仁宫养生坊有自身“专”的优势。汉仁宫的服务更注重服务体验，价格更贴近消费者，其最大的竞争优势就是有“主场”优势。汉仁宫目前拥有活跃会员25万人，年服务客户超200万人，在深圳养生保健服务企业中保持领先，享有专业化的培训、服务和产品体系，在深圳养生保健服务行业里具有较高的品牌美誉度和知名度。

汉仁宫在养生保健服务领域不仅“专”，也将“严、高、情”作为核心竞争力。“严”——品质严控，服务质量是企业生存的根本，汉仁宫独有的古法传承手法与特色专利辅助产品在专业研发团队的指导下，以学术理论为基础，进一步转化为良好的客户口碑。“高”——服务质量高，汉仁宫在众多行业品牌中独树一帜，始终坚持“顾客至上”的经营理念，推出“不满意，我买单”的消费保障，不断追求卓越服务，以优化体验来吸引客户，提高客户的忠诚度和贡献度，有坚实的客户基础。“情”——凝聚人心，自2008年品牌创立以来，十几年发展到直营店有近40家，员工超过1500名，拥有多年行业服务与管理经验的管理团队，凝聚企业力量，努力为员工打造成熟、广阔的发展平台。

汉仁宫发展十余年，经过公司全体同人的努力和不懈奋斗，先后荣获以下论证和荣誉。

国家保健服务行业“领跑者”认证。

深圳首家保健服务行业“五星级”标准认证。

全国保健服务标准化技术委员会编委单位。

深圳市健康产业发展促进会副会长单位。

深圳按摩师协会会长单位。

深圳大学医学院合作单位。

李佃贵国医大师传承工作室。

内蒙古民族大学“养生保健产学研合作基地”。

深圳广电集团授予“深圳最受喜爱养生馆”。

中医医院院长大会“特邀嘉宾”。

国际中华传统医学会“理事单位”。

中华传统医学会“特色疗法成就奖”。

全国名老中医临床技术高峰论坛“特邀嘉宾”。

第十四届传统医学手法学术交流大会“特色手疗法名医”。

全国名老中医临床技术高峰论坛组委会“中医经络诊疗杰出单位、中医中药重点课题突破单位、中医中药专利发明奖”。

二、生产经营

汉仁宫发展历程如下。

2008 年，汉仁宫正式创立，次年开设连锁分店。

2015 年，参与保健行业国家标准制定，成为深圳首家且唯一取得保健行业国家标准的养生连锁机构。

2017 年，建立全套企业标准、制度、流程体系。

2018 年，与深圳大学中医筋膜学发展研究中心达成战略合作，将筋膜理论深入到技术领域。

2019 年，成立汉仁宫党支部、团支部，拥有党员 15 名、退伍军人 40 余名。

2020 年，成立深圳汉仁宫义工分队，超过 500 名员工成为义工，并参与深圳龙华区、深圳北站等大型疫情防控点核酸检测 20 余天，服务时长超过 4000 小时。

2021 年，成立李佃贵国医大师传承工作室，深入研究传统医学，并进行临床实践，提升保健服务行业专业化、标准化能力。

2022 年，联合深圳市健康产业发展促进会编撰行业白皮书，向深圳市两会提交关于促进深圳市养生保健行业发展的提案。

2022 年，获得深圳市消费者委员会“共建放心消费城市”诚信推荐商家。

2022 年，公司内部进一步实施职业化改革落地，经营管理权与所有权分离，坚定职业化发展道路。

2023 年，分别获得由深圳市健康产业发展促进会、深圳市保健协会、全国保健服务标准化技术委员会颁发授予的“健康产业消费者信赖品牌”“健康产业标准创新奖”“保健服务国家标准宣传推广单位”等。

2023 年，汉仁宫荣获市场监管总局保健服务企业标准“领跑者”认证。

经过多年辛勤耕耘，汉仁宫已成为深圳首家取得国家标准的养生保健服务行业企业、市场监管总局授予的保健服务行业企业标准“领跑者”认证企业，并自主开发建设专业化程度高、健全的人才培训体系，有能力完成无限制的技术人员孵化，有 3 年以上经验的资深技术人员占全体技术人员数量的 60%以上，拥有专利 12 项，拥有知识产权、著作权及全系列注册品牌商标、运营 IT 系统等。公司持续定位于“祛痛”和“放松”养生项目，经营足道

（汉仁宫足道、专科经络足道、特高科足道）、推拿（精油SPA、淋巴排毒、盆底肌调理、亚健康及妇科调理）、采耳（耳道、眼部保养、面部SPA）等业务。

三、研发创新

（一）国医大师传承工作室

汉仁宫积极建设国医大师传承工作室。2021年，与国医大师、河北省中医院教授、主任医师、博士生导师李佃贵合作开展国医大师传承工作室建立工作。

（二）线上线下协同构建健康生活圈

1. 中医养生社交电商平台

会员平台：依托汉仁宫独有的中医养生保健技术，利用“互联网+”建设“社交+电商”新平台，形成“线下门店体验+线上社群电商（客商）+裂变（会员+销售）”模式，将会员的养生保健培训、指导、交流等服务和配套产品、上下游合作商相结合，拓展多元化服务形态，以满足不同受众的需求。

开放平台：汉仁宫通过与美团/大众点评合作，利用APP、公众号、小程序等将客户引流到线上，以社交互动增强黏性，打造形成“引流—转化—消费—反馈—留存”消费闭环，实现收益最大化。

2. 智慧合伙连锁门店

依托汉仁宫的品牌，将产品展示和体验中心概念融入线下实体店，推出中医养生类知识付费、专家坐堂、智慧诊疗等服务，打造针对不同个体的“中医体检+智能穿戴设备+专家坐诊/人工智能+智慧系统”的精准中医养生方案，开展“人+机+产品”或“店内+店外”专业服务，实现线上线下互通的新零售。

在大数据、物联网等多种形式的推动下，汉仁宫探索出“标准化项目输出+培训+数字化系统”运作模式，以旗舰店（总部）为核心，负责引流和统一进行人员培训，同时进行设备、系统和管理模式输出；以区域（片区）中心店为辐射，负责体检和综合服务；广布社区智慧店，负责会员服务，为直营和加盟品牌赋能，实现全国门店会员一卡通，辅以感动式服务强化情感连接，形成社区化健康服务平台，打通社区健康生活服务/方式“最后一公里”，形成社区健康生态圈。

（三）人才专业化建设

公司不断提倡及要求全员持证，与国家职业技能对标。汉仁宫的员工严格参照国家职业技能标准——《保健按摩师》的整体要求进行技术培训、考核及选拔。公司现有二级技师保健按摩师10人、三级高级保健按摩师100人、四级中级保健按摩师200人、五级初级技工保健按摩师200人。

（四）开展行业研究

2022年3月，汉仁宫立足于研究深圳养生保健服务行业现状，分析行业发展特点与存在问题，联合深圳市健康产业发展促进会共同完成《深圳市养生保健服务行业白皮书》，通过行业深度调研，充分了解养生保健服务行业的发展情况及发展趋势，提出促进深圳养生保健服务行业发展的建议，并形成提案提交相关部门，期望能为推动深圳乃至我国养生保健服务行业创新发展提供参考。

（五）知识产权

汉仁宫长期重视知识产权的建立及完善，经过多年的产品及技术研发，目前已拥有知识产权专利12项、品牌VI知识产权全类别注册等。通过自己组建IT团队，打造形成集前台收银买单、派单、房态及技师状态信息查询、客户预约信息查询等于一体的IT自主产权系统，成为深圳养生保健服务行业首家自主开发信息化管理系统的企业。

四、发展规划

（一）市场前景

我国悠久的历史和文化，造就了一批爱好温泉、足道、推拿、艾灸、刮痧、拔罐等传统保健项目的消费者。人口老龄化、亚健康与气候环境变化为养生保健行业创造了广阔的发展空间。特别是亚健康人群增多，世界上真正处于健康状态的人只占5%，被诊断患有疾病的人占20%，其余75%的人都处于亚健康状态。在我国约有15%的人是健康的，15%的人处于疾病状态，其余70%的人处于亚健康状态，亚健康人数超过9亿，这些构成了健康服务行业的潜在市场。截至2022年末，我国60岁及以上人口达2.8亿人，占全国总人口的19.8%，已经远远超过联合国老龄化社会的传统标准（60岁及以上人口占总人口的10%），即将进入中度老龄化社会。新冠疫情以后，大众的健康意识不断加强，健康理念不断普及传播。

在健康刚性需求下，养生保健服务业快速发展对各地经济发展、人民文化生活的丰富以及对人民生活质量的提高起着重要的推动作用。特别在一些经济不发达地区，劳动密集型产业、服务业对促进就业、拉动需求具有积极作用。公开数据显示，养生保健服务业吸纳的就业人数达1000多万。

当下，养生保健作为现代服务业的重要组成部分，已成为朝阳产业，正处于快速发展的良好态势。据大众点评收录数据统计，全国与养生保健相关的企业至少在20万家以上，温泉洗浴人均花费高达142.7元。其中上海、北京、广东、江苏、云南的人均健康养生成本排在全国前列。上海的健康养生成本最高，每次人均消费高达611.4元，北京排名第二，每次人均消费为407.6元。

（二）发展规划

汉仁宫历经十余年创业发展，深知想要在竞争中求生存，在缝隙中求发展，成为未来我国养生保健服务市场深受消费者喜爱的品牌，出路只有一条：改造自我，与巨人同行。面对巨大市场容量，想成就品牌，成为行业翘楚，就要在“打铁还需自身硬”的同时，增强软实力，提高服务质量，塑造企业品牌。

1. 深耕自身优势，增强客户黏性

当前，养生保健服务业鱼龙混杂的情形既是危机也是机遇，谁能“本本分分”做好自己的服务，提高自身技术优势，谁就能在以后的市场竞争中获得有利地位。汉仁宫将充分发挥企业品牌在深圳养生保健服务领域的影响力，在保持原有产品服务的基础上，开发新技术、新产品，不断创新，将产品服务优化组合，提升服务质量，深耕区域资源，掌握一定区域内商业业态和消费者需求，以特色产品服务为卖点，形成圈内口碑效应，增强客户黏性。通过分析不同消费者对养生保健服务需求的差异性，打造特色产品及服务卖点，增加服务附加值，以老带新，引流拓客，在消费者心中创造独特记忆，形成口碑效应，创新会员模式，多维度锁定不同客户群。

2. 线上线下协同发展，构建健康生活圈

一方面，重视线上营销，社交与电商相结合。互联网消费趋势盛行，O2O平台逐渐成为获客重要渠道，不仅为消费者提供预约、团购、赠券等诸多服务，也能有效促进商户营销引流。汉仁宫通过与大众点评、抖音、小红书等线上渠道合作，将客户资源线上化，利用APP、公众号、小程序等将客户引流到线上，建立管理客户偏好、基本信息、消费行为等的系统，加强社交互动，打造形成“引流—转化—消费—反馈—留存”消费闭环，实现收益最大化。

通过已有消费者资源，依托汉仁宫独有中医养生保健技术，利用互联网建设养生保健服务的“社交+电商”新平台，将会员的养生保健培训、指导、交流等服务和配套产品、上下游合作商相结合。在对客户进行精细化运营、分级分层管理和服务的同时，塑造品牌矩阵，拓展多元化服务形态，以满足不同受众的需求。

同时，线下稳健布局，打造社区化健康生态。汉仁宫在精益求精的服务手法之外，基于客户需求和客户数据库打造自用产品与拓宽服务边界，依托自身品牌优势，针对企业强项进行特色化发展，推出中医养生类知识付费产品和专家坐堂、智慧诊疗等服务，实现“线上+线下”互通的新零售。

当前，在大数据、物联网等多种形式的推动下，养生保健服务行业将进入全新的“数字化健康管理”时代。可探索“标准化项目输出+培训+数字化系统”运作模式，以旗舰店为核心，区域（片区）中心店为辐射，广布社区智慧店，为直营和加盟品牌赋能，联合基因检测、健身机构、月子会所、保健食品、中医诊所、养老服务机构、康复中心等资源，精准布局健康管理。

3. 加强人才培养，增强服务软实力

汉仁宫拥有健全的培训体系，可对从业人员进行服务标准、服务技能、服务态度等方面的培训。通过与高校、社区、医院、职业技能培训鉴（认）定机构合作，创新人才培养模式，以产业链对接学科链，构建以“就业为导向、以岗位职业能力为引领”的课程体系，理论知识“够用、实用”，突出实训时间和内容，培养一专多能的养生保健服务人才。

以学促研、以研带产、以产助学。汉仁宫将加强与高校合作，校企共建现代化养生服务实训基地、中医养生保健实训中心等创新载体；利用社区健康服务平台，为老年人、残疾人、健全人提供健康服务，传授中医养生保健方法，提升大众养生保健的自我意识和群体意识；借助职业技能鉴定机构，为喜爱和从事养生保健工作的人员提供健康管理师、保健按摩师等职业资质实操培训，形成教、学、研、产、管一体化养生保健服务体系，推动行业发展。

4. 不忘初心，为行业正名

汉仁宫作为具有真实力、踏踏实实做服务、有志于推动养生保健服务行业发展的企业必将会获得更好的发展环境和空间。通过行业协会发声，建议政府相关部门改变对足疗馆、推拿馆、养生机构等养生保健服务机构的监管方式；充分发挥媒体的传播作用，促进市场净化；积极参与制定养生保健服务行业标准，加快推进养生保健技术的挖掘，以学术理论和科学研究为基础，建立“技术—产品—人员培养/培训—硬件设施—服务”操作规范和行业准入制度，促进和完善以养生保健服务为主的现代健康服务业体系，为行业发声、为行业正名。

第三节　深圳市界水医疗科技有限公司

一、企业简介

界水——世界水准。古人云，“气乘风则散，界水则止”，胸怀天下，聚集世界人才，为人才提供平台、为客户提供价值，则可为基业长青企业。

深圳市界水医疗科技有限公司（以下简称“界水医疗”）是国家高新企业，专业从事康复医学设备研发、设计、生产、销售及教育培训。公司成立于2013年，注册资本为3000万元。公司总部位于深圳市南山区桃源街道南山智园，拥有超1400平方米的办公室、实验室及研发场所。公司的生产地是广州市花都区赤坭镇培正大道41号A栋2楼，面积约500平方米，2021年4月开始筹建，车间设施、人员现已配备完成。公司共有管理人员和员工94人，设有总经理办公室、研发部、供应链部、销售部、销售支持部、财务部、生产部、质控部、售后服务部等。

界水医疗自主研发生产覆盖水中康复全过程的高端医疗产品，并提供创新先进的水中康复系统解决方案。其中可升降流水康复训练大池、卡门流水步行浴槽、中医五行康复浴槽、儿童脑瘫康复浴槽、低氧环境专业运动员训练大池等产品为世界首创。目前，已申请了12项发明专利，已授权了21项实用新型专利、10项软件著作权，发起主编撰写团体标准1项。公司现已通过ISO9001国际质量管理体系认证、ISO45001职业健康安全管理体系认证、ISO14001环境管理体系认证。

亚太水治疗康复研究中心是界水医疗投资控股的全资子公司，是一个非营利性、致力于亚太地区水中康复学术推广的机构，也是目前亚太地区唯一的水中康复国际性交流平台。在全国具有九个挂牌基地（亚太水治疗康复研究中心分中心及培训基地），包括中国康复研究中心、江苏省人民医院、泰康之家康复医院、西安国际医学中心、西安工会医院、十堰市太和医院、宁夏残联康复中心、上海第一康复医院和全军特勤康复中心。

公司自成立以来，先后获得如下论证和荣誉。2015 年被国际物理医学与康复医学学会（ISPRM）评为康复界“十大风云企业”和“十大风云技术”。2016 年在“创新为生”康复专场荣获“一等奖”及“三等奖”。2017 年被评为康复界“康复风云企业”。2021 年在中国互联网发展创新与投资大赛（深圳）数字医疗赛道荣获第三名。2021 年被评为深港澳科创百强第 18 名。

二、生产经营

界水医疗在水中康复行业的上中下游全部有对应的布局和业务覆盖，并形成上中下游合力，打造行业龙头。其中，水疗中心设计部、产品研发部、学术培训部、运营管理部等为公司的生产运营提供强有力的支持。

水疗中心设计部：有十多年经验的专业设计团队可根据客户需求，提供水中康复中心设备功能布局、整体装修、淋浴更衣、恒温除湿等系统科学的设计方案。

产品研发部：团队目前掌握了世界一流的水中康复核心技术，可针对客户需求，对产品功能和尺寸进行定制化研发和创新。

学术培训部：亚太水治疗康复研究中心是一个非营利性且致力于亚太地区水中康复学术推广、教育培训、临床研究的机构，会集了全球顶级的水中康复专家，可根据客户需求，经过评估考核，设立亚太水治疗研究中心分中心及培训基地，开展水中康复学术活动、水中康复师教育培训及临床研究。

运营管理部：针对全球客户提供个性化运营管理服务，如水中康复日常管理、水质远程管理、维保服务、远程医疗、人才培训及输送、市场运营、大数据管理等。

界水医疗已与中国康复研究中心、深圳市人民医院、深圳市儿童医院、深圳禾正医院、中山大学附属第七医院、深圳市福田区风湿病专科医院、深圳市新元素国际医学中心、十堰市太和医院、西安工会医院、甘肃省残疾人康复中心、西安国际医学中心、泰康之家、太平洋保险、天津体育学院、全军特勤康复中心等单位成功开展合作并完成科研项目。

除此之外，还有很多成功的客户服务案例，比如深圳南澳人民医院、襄阳中心医院（湖北）、山东中医药大学第二附属医院、山东省荣军总医院、余姚人民医院（浙江）、昆山康复医院（江苏）、宁夏残疾人康复中心、北京顺义区儿童福利院、广东省足球训练中心、重庆当代力帆足球俱乐部等，并与香港中医医院、香港体育学院建立了合作关系。

三、研发创新

界水医疗近两年投入的研发经费超过1000万元人民币，主要研发项目为以下三大类。

基于大数据的智能肢体康复机器人/康复辅行器研发（水中、陆地、减重状态）；智能运动康复训练新方法、新技术等下肢运动康复领域研究。

基于可穿戴传感、多模感知、信息识别、人机交互与协同控制等技术的辅助传感器系统（水中、陆地、减重状态），配属在康复机器人上。

基于康复参数的数据分析服务器系统与相关的数据分析软件，包括与手机相连的数据采集、分析APP，并与智能康复系统形成闭环数据循环。

代表性产品包括：康复训练大池、流水步行浴槽、身体机能平衡舱、蝶形浴槽（见图3-1至图3-4）。

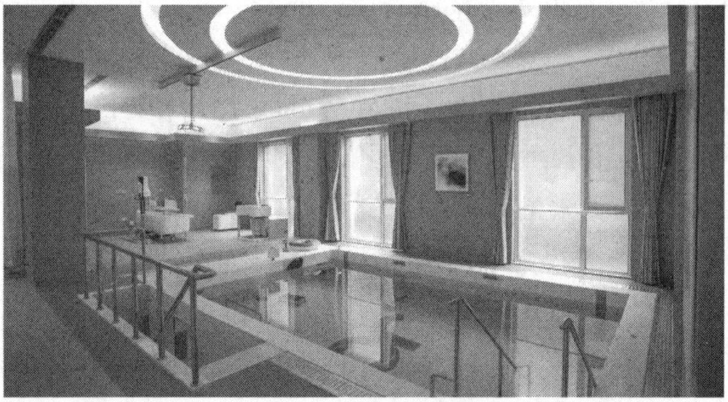

图3-1　康复训练大池

康复训练大池优势：卡门旋涡；可安装多个跑台、无障碍转移；特殊高密度硅胶材料跑带、FRP主体；恒温控制；高质量过滤消毒系统；大小可定制，配有观察窗；安全制动防控系统。

临床应用：偏瘫、脑瘫、脑卒中、低位痉挛截瘫、骨性关节炎、下肢骨折、关节挛缩及强直性脊柱炎、脊髓灰质炎后遗症、腰骶神经根炎、坐骨神经痛、腰椎间盘突出症、术后康复。

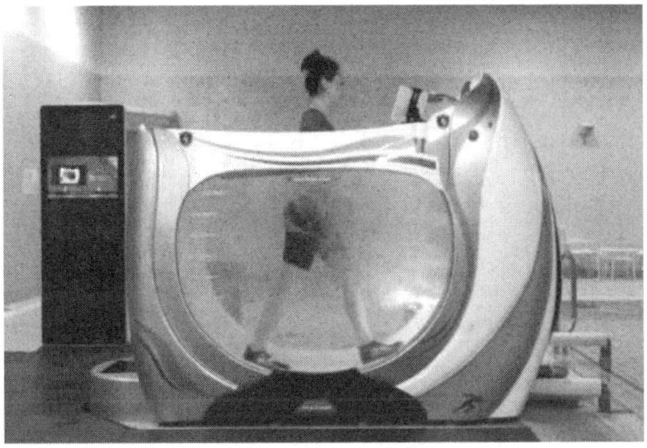

图 3-2 流水步行浴槽

流水步行浴槽优势：相比陆上运动，水中运动时身体的负荷极小。由于水的减重作用，在陆地上运动存在困难且担心关节损伤的人群都可以自主放心地使用水中步行者 WWS 来进行运动及康复训练。水中的阻力可以有效防止运动损伤，任何人都可以根据自身的身体特征、运动级别、年龄等进行最适合自己的运动。

临床应用：偏瘫、脑瘫、截瘫、骨性膝关节炎、腰椎间盘突出、关节挛缩及强直性脊柱炎、坐骨神经痛、下肢骨折等负重及步行功能障碍、术后康复。

图 3-3 身体机能平衡舱

身体机能平衡舱优势：把包含维琪淋浴功能的美体疗理舱与水融合装置（红外线热+蒸汽）结合，是集成强力气喷射按摩浴缸及蒸熏水疗装置的多功能创新设备，为同类平衡舱之最，是市场上功能最齐备、最多疗程的平衡舱，是水中康复与科技的结晶。

临床应用：抑郁、失眠、抗衰老、肥胖、慢病（高血压、高血脂、糖尿病）、帕金森、物质成瘾、肿瘤康复、腰椎间盘突出症，可快速恢复体力。

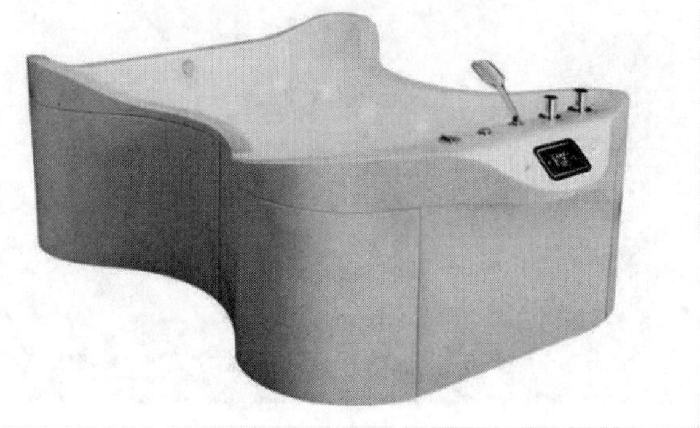

图 3-4　蝶形浴槽

蝶形浴槽优势：蝶形浴槽又称“8 字浴槽”“哈伯特浴槽”，因其横截面呈蝶形或“8”字形而得名。可适应大部分患者在患病状态下的身体姿态，可供患者在槽内伸展躯干及上下肢，方便医护人员从多个角度接近患者并进行康复工作。可选配运送患者出入浴槽的水疗移位升降装置。

临床应用：脊髓损伤、脑卒中、脑外伤、脑性瘫痪、截肢术后、骨折及关节置换术后、骨性关节炎、烧伤、烫伤、纤维肌痛综合征等疾病。

四、发展规划

（一）市场前景

世界上的疾病有超过九成是无法治愈的，在后续治疗中，除手术、药物外，由疾病导致的患者功能障碍往往还需要长期的康复治疗。目前，我国 60 岁及以上老年人口达到 2.8 亿人，其中需要康复服务的有 7000 多万人；我国残疾人已达到 8500 万人，其中 5000 万人有康复需求，2.1 亿左右的慢病患者有康复需求。随着老龄化程度的加深，疾病与运动功能障碍的老年患者剧增，对医疗体系、医疗保障体系构成了重大冲击，康复市场需求巨大。

康复工程在康复医学中占有重要地位，一个国家康复医学水平的高低与康复工程技术的发展水平有密切关系。良好的行走对正常人来说是轻而易举的，但对于那些罹患各种疾病的患者而言，却是一个需要付出大量体力、精力的活动。步行康复是康复工程与临床医学领域的一项重要内容，步行康复医疗器械在我国开展较晚，水平远远落后于发达国家，发展任重道远。

水中康复是康复医学里最重要的手段。水中康复以水为媒介，结合现代高科技技术及国际水中康复技术，利用不同温度、压力、成分的水，以不同的形式作用于人体，可以在水中进行流水康复训练、步态训练、减重训练等，以预防和治疗疾病、提高康复效果。水中康复是一种可以让患者在水中感受到安全、有趣，且能重新找到尊严的康复治疗方法。

在发达国家，先进和成熟的康复医学技术都配备了水中康复，“只要在水中，就开始被康复”。随着我家政策的强力支持，三级康复医院都被要求配备水中康复设备，行业市场前景广阔。

（二）核心竞争力

技术优势：界水医疗拥有众多核心专利，开研发及应用场景先河，自主研发八大核心技术，包括卡门旋涡流水技术、可升降水下跑台技术、高速回流水槽流水技术、FRP 材料技术、智能水处理技术、远程会诊及水质管理系统、低压氧环境模拟流水技术、气泡消除技术。

人才优势：界水医疗与亚太水治疗康复研究中心专家云集，我国著名康复专家励建安院士，日本著名水中康复专家水野加寿，流水步行浴之父、骨科专家荻原博嗣，康复机器人专家刘海鹰博士及尚鹏教授等众多行业大咖为界水医疗的高质量发展提供了强有力的技术支持。

（三）发展规划

界水医疗未来瞄准成为国际先进、国内一流的以步态康复为主的基于大数据的智能康复医疗企业，集科技研发、生产、销售为一体，计划在目前年销售额已达 3000 万元的基础上，3 年内将销售额提升到 4 亿元，并在 5 年内寻求在国内主板，或者港股上市。为此企业将不懈地提升自身的科研实力，并与国内外多个高校和科研院所展开科研合作，不断扩大实验室设备规模，培养与招募高水平人才，增强自身的科研实力。

第四节　邦泰生物工程（深圳）有限公司

一、企业简介

邦泰生物工程（深圳）有限公司（以下简称“邦泰生物”）成立于 2012 年 7 月，由海外归国高层次人才创办，是一家以生物酶催化等合成生物学技术为核心，以生物合成辅酶系列、天然产物为主要产品，集研发、生产、销售于一体的高新技术企业，现总部位于光明科学城恒泰裕产业园。

邦泰生物作为 NMN 行业的开创者，拥有全球首创全酶法技术，已成为辅酶系列产品细分领域的行业龙头，其产品广泛应用于营养健康、生物医药、医美日化、绿色农业等领域。

邦泰生物坚持自主创新，累计申请国内国际发明专利 160 余项，于 2018 年通过知识产权管理体系认证，先后承担了多项省级和市级重点科技项目，创立全国首家、广东省唯一的省级辅酶工程技术研究中心，同时获得以下荣誉和认证：广东省生物技术 100 强、深圳市“专精特新”中小企业、“高效生物催化辅酶技术研发与产业化”项目深圳市科技进步二等奖、中国（深圳）创新创业大赛优秀企业奖、第七届中国国际军民两用技术博览会“优秀产品奖”、创新百强企业、深圳市光明区合成生物企业、邦泰哈佛医学院联合研究中心、药物合成与绿色合成工程研究中心、邦泰哈佛医学院联合研究中心。截至目前，邦泰生物共有员工 147 名，其中博士 2 名、硕士 24 名、本科生 56 名、涉及酶催化尖端研发团队人员 36 名、生物科技领域高管团队人员 13 名。

邦泰生物将发挥绿色、低碳、低成本、高附加值的生物技术产业化优势，与国内外科研院所、上下游合作伙伴共建产业生态，持续领跑合成生物行业，为人类创造更加健康美好的生活。

二、生产经营

邦泰生物的主营业务包括辅酶系列产品和天然产物系列产品等的研发、生产和销售。

（一）主要产品

辅酶系列产品：如 NMN（烟酰胺单核苷酸，应用于化妆品、保健食品），NAD（烟酰胺腺嘌呤二核苷酸—氧化型，应用于诊断试剂、化妆品、保健食品），NADH（烟酰胺腺嘌呤二核苷酸—还原型，应用于功能食品饮料、生物医药、保健食品、体外诊断试剂）等。除此之外，邦泰生物的辅酶系列还包括 NMNH、NADP、NADPH、S-NAD 等产品，依托生物酶催化技术，已成为辅酶系列产品细分领域的行业龙头。

天然产物系列产品：如红景天苷（应用于新药研发、免疫力保健食品），人参皂苷（应用于饮料、药品、保健品、化妆品、日化用品）等。邦泰人参皂苷是国内率先使用全酶催化技术实现量产的一款产品，原料纯粹、转化率高，且产品含量高，最高可达98%，超过市面99%的其他人参皂苷产品，并且拥有多项专利和严格的第三方自检，还提供一站式产品解决方案定制服务。

（二）重大项目建设

邦泰生物的天然产物系列产品的研发与产业化已于2022年获批了广东省重点领域研发计划绿色生物制造专项“植物药的活性成分规模化绿色生物制造关键技术与应用示范”项目（获批财政资金1000万元），这是在广东省科技厅备案的抢占国际科技前沿、实现国产替代、引领产业发展的项目。

（三）技术突破

1. 辅酶系列

联合国《世界人口展望2022》预计，全球平均预期寿命将继续增加，叠加生育率下降，将加剧人口老龄化危机。随着老年人口的增加，与年龄相关的疾病如动脉粥样硬化、高血压、骨关节炎、神经退行性疾病（包括阿尔茨海默病和帕金森病）、糖尿病和癌症的发病率上升，导致沉重的社会经济和医疗负担。因此，抗衰老的意义在全球范围内都显得尤为重大。

在此背景之下，NMN作为抗衰长寿领域的新突破进入了人们的视野，一经上市就成为风靡全球的“热门单品”，在养生、医疗、健康各大领域也都得到了广泛的运用。邦泰生物是哈佛大学衰老研究专家大卫·辛克莱尔（David Sinclair）NMN研究团队的原料供应商，同时也是国内外数十家知名机构开展NMN科研工作的原料供应商，其产品纯度高达99.5%及以上，共拥有13项专利，是全球拥有NMN相关专利最多的企业。同时，邦泰生物的NMN产品还获得了多项国际认证，包括美国FDA注册认证、HALAL清真食品认证、Kosher犹太洁食认证和ISO9001质量保证体系认证等。

2. 人参皂苷

目前市面上人参皂苷的生产技术主要以传统的植物提取法为主，这类制备方法依赖于人参皂苷资源的供给。由于人参皂苷在人参和西洋参中含量很低，稀有人参皂苷含量更是仅有万分之一，有限的天然资源难以满足日益增长的医药及研发需求，而且长期依靠野生资源作为药源必然导致天然资源的枯竭，严重破坏生态平衡。人工种植人参、西洋参需要4~15年的栽培周期，且面临农药残留、重金属污染及品种退化等问题，这些都是大规模推广种植人参、西洋参的制约因素。

面对传统植物提取技术含量低、周期长、效率低、成本高等劣势，邦泰生物用酶法合成生产人参皂苷的技术应运而生，且相继在2017年、2019年和2022年获得了生物酶法合成人参皂苷技术、酶法规模化生产系统以及稀有人参皂苷Rh3和Rk2混合物的制备方法及其混合物专利，并在2019年实现了百公斤级的人参皂苷酶法量产。这种技术相较于传统植物提取技术更便于体外操作，且条件温和、反应周期短、易复制推广，非常适用于工业化生产。

酶催化生产辅酶和天然产物等系列产品为传统化工企业进行产品升级换代提供技改方案；打造顶级生物酶催化技术平台，服务深圳及全国生物产业经济。邦泰生物坚持走绿色生物合成的酶催化工艺路线，有着广泛持久的发展空间，将成为生物经济时代的一匹黑马，为我国生物产业化发展翻开崭新的一页。

三、研发创新

（一）产品与技术

2023年，邦泰生物除了生产抗衰老辅酶系列产品，还将重点打造绿色合成天然产物及膳食补充剂等消费级产品。1972年，屠呦呦从中药典籍中获得灵感，从黄花蒿中分离出活性成分青蒿素，使数百万人免死于疟疾。屠呦呦因此荣获2015年诺贝尔生理学或医学奖。2005年，Amyris公司成功在酿酒酵母中构建了青蒿素前体，实现了合成生物学在青蒿素规模化生产中的应用。青蒿素的发现及生产历史带来的核心启示之一是，生物技术革新不仅仅能够降本增效，更是对产业的革命性颠覆。这一技术背后的关键理念是合成生物学范式变革，即在工程学思想指导下，按照特定目标理性设计、改造乃至重新合成生物体系。通过生物合成法，引入工程化思维，为解决人类正在面临的新药研发创新困境带来全新的思路：设计新的生物合成途径，挖掘更多可能成药的天然产物。类似于青蒿素，很多广泛存在于植物中的天然产物具有重要的生理活性，是开发新药的重要来源。邦泰生物通过发掘植物天然产物生物合成关键基因，采用合成生物学策略设计和改造微生物菌株来生产植物天然产物，对于实现中药现代化有着非常重要的意义。

中国滋补养生文化历史悠久，是药食同源、更天然、更健康的心智资产。随着近几年国潮的崛起，中式养生也被更多年轻消费者熟知。CBNData发布的《年轻人养生消费趋势报告》数据显示，在各大电商平台上，人参、枸杞、养生茶这类药食同源的中式滋补品，已经成为最受“95后”青睐的养生食品。

基于药食同源的文化根基，瞄准年轻人的健康焦虑，新老玩家纷纷入局，通过挖掘传统中式养生的历史资产，结合年轻人的生活习惯、饮食习惯，推出年轻化的“新中式养生”品牌。通过咖啡、零食等年轻化、高热度的品类，探索传统养生年轻化的方法。邦泰生物精准狙击年轻人的养生需求，采用颠覆性的包装与产品形式，在新中式养生赛道中抢先布局，有望成为如韩国正官庄、日本山本汉方一样的全球性养生品牌。

随着合成生物学技术的兴起以及AI、基因测序等基础技术的发展，构建微生物细胞工厂合成天然产物的方向成为业界关注点。微生物细胞工厂是指能够按照人类意愿、高效生产相应产品的重组微生物。通过遗传操作，可以对微生物底盘细胞进行代谢功能改造、代谢途径优化等，使微生物细胞利用粗原料过量积累一种或者多种化学品，甚至生产原本无法合成的产物。目前，邦泰生物利用细胞工厂构建的天麻素、迷迭香酸、藏红花酸、虾青素等产品，都已经打通合成路线或即将达到产业化水平。

（二）经营与服务模式

除了产品本身，邦泰生物还加快了供应链的落地实施，在生产和销售过程中，通过与供应商、物流公司、仓储公司、零售商等各个环节的协同合作，实现物流、采购、生产、销售等业务的有机衔接和高效运作，从而提高企业的生产效率、降低成本、提高客户满意度和市场竞争力。供应链业务涉及多个环节和多个企业之间的协同合作，需要通过信息技术和管理手段进行有效的协调和控制，以实现整个供应链的高效运作和优化。供应链业务的目标是通过优化各个环节，实现企业的战略目标和商业价值最大化，实现整体供应链可视化、企业管理信息化、整体利益最大化、企业管理成本最小化，从而实现企业与客户“双赢”，达到经营模式创新的目的。

四、发展规划

（一）市场前景

1. 辅酶系列

iiMedia Research数据显示，全球抗衰老市场规模从2015年的1395亿美元增长至2021年的2160亿美元，增长了765亿美元。2021年全球抗衰老市场规模同比增长率高达11.1%，预计未来全球抗衰老市场规模将保持较高增速，抗衰老市场具有巨大的发展潜力。在中国市场，消费者对NMN有很大的兴趣。艾媒咨询数据显示，2020年中国NMN成分保健食品市场规模达51.06亿元，同比增长34.87%，到2023年将会以近70.25%的增速攀升至270.17亿元，行业发展速度较快。根据中信证券测算，当前国内每1%保健品人口对应的NMN市场空间为304亿元，伴随抗衰老产品的不断推广，行业远期市场有望达到千亿元规模。

2. 人参皂苷

中国是世界上最大的基于稀有人参皂苷技术的功能性食品市场。按零售额统计，基于稀有人参皂苷技术的功能性食品的销售额从2017年的4.06亿元增至2021年的6.45亿元，复合年均增长率为12.3%，预计将以更高的复合年增长率16.1%进一步增至2027年的15.61亿元。随着Z世代群体逐渐成为社会消费主力军，健康养生已不再是中老年人的标配，新成长起来的Z世代青年正在用自己的风格建立起全新的时尚养生模式，而不是仅仅局限于保健食品领域，这也让人参皂苷迎来了新的发展机遇，在饮料、酒类、零食、日化等多个领域跨出新的一步。

（二）核心竞争力

邦泰生物作为NMN行业的开创者，于2014年就在全球率先实现NMN全酶催化产业化，是市场上较早一批NMN的原料供应商，且多年来始终坚持全酶法生产NMN，产品品质稳定、安全性高，广泛应用于营养健康、生物医药、医美日化、绿色农业等领域。此外，邦泰生物的NMN不仅获得了多项国际认证，还拥有13项专利，独有的Bonzyme全酶法和Bonpure七步纯化技术使产品纯度高、稳定性强、绿色环保，且无有害溶剂残留。

邦泰生物的酶法合成人参皂苷技术在市面上脱颖而出，是国内率先使用全酶催化技术实现人参皂苷的企业，原料纯粹、转化率高。邦泰生物独有的Bonzyme酶催化技术使人参皂苷得以精准分为S和R两种异构体，使产品做到精准靶向，并拥有超高活性。同时邦泰生物还拥有多项专利和严格的第三方自检，并提供一站式产品解决方案定制服务。

（三）发展规划

邦泰生物正在布局与药品、食品相关的天然产物赛道，计划在安徽阜阳建设占地100亩的绿色生物制造工厂，用于量产甜菊糖苷、人参皂苷等产品。

与此同时，邦泰生物计划新产品于2024年商业化，2025年启动科创板上市之路。

第五节 深圳天基权健康科技集团股份有限公司

一、企业简介

深圳天基权健康科技集团股份有限公司（以下简称“天基权”）创办于2001年，注册资本达5110万元，是国家高新技术企业，以促进人类健康长寿为宗旨，率先开发量子科技在医学领域中的应用，是集半导体激光治疗仪、量子健康信息检测仪、血细胞检测仪等权威产品研究、开发、设计、生产、销售、服务于一体的集团企业和“专精特新”企业，也是国内最早从事量子医学健康器材研发的企业之一。公司总部位于深圳福田区，研发生产基地位于深圳观澜天基权健康科技产业园。天基权下设深圳市天基权保健服务有限公司、深圳天基权生命科学研究有限公司、深圳市天基权生物科技有限公司、深圳天基权大药房连锁有限公司四个子公司，还设立了天基权商学院教育培训机构，并在国内设有数十个天基权城市运营中心。天基权全球特许连锁服务终端“天基权易康之家”、“天基权大药房”、天基权医院院线“天基权心脑血管物理治疗室”遍布全国大中型城市，总数已达数千家，员工数万人，用户近千万人，产品远销韩国、德国、南非、东南亚等国际市场。

公司秉承董事长释延豹先生“关爱人类生命，科技造福健康”的崇高理念，倡导“高科技绿色保健”新概念，致力于高科技健康事业发展，经过20余年的沉淀，已经发展成为健康领域集产品研发生产、全球特许连锁销售终端、强大的企业文化于一体的大型高科技健康企业集团。

天基权是量子医学理论研究的先驱，在量子医学的应用技术方面起步较早，是中国量子医学和心脑血管健康领域知名品牌。天基权人才济济，掌握着量子医学的核心技术，拥有数百项国家专利及知识产权。目前已开发了数十种高科技绿色健康产品，核心产品取得国际ISO及欧盟CE认证。由天基权研发的量子共振健康信息检测仪和半导体激光治疗仪，荣获国家专利和市场监管总局颁发的二类医疗器械注册证，让无数心脑血管患者重新恢复了健康。

二、生产经营

天基权产品先后获得欧盟 CE 质量体系认证、欧盟 13485 质量体系认证、ISO9000 认证，出口欧洲、韩国、马来西亚、新加坡等国家和地区，并获得南非科技展览会金奖。

天基权自成立之初就将科研创新作为维持和提高公司核心竞争力的根本策略，在内部设立了工程技术研发中心，配置了研发专用设施设备。天基权主要定位在健康领域，尤其是在心脑血管半导体激光治疗设备的工程技术研究上，针对慢性心脑血管及脑科学激光应用技术进行基础研究和应用设备开发，主要研究激光心脑血管治疗、激光经络治疗、激光穴位治疗及激光针灸治疗设备等。天基权有多名从事临床研究及新产品研究开发、产品设计、工艺制作的专业造诣深厚的工程技术人员，占企业总人数的 20% 以上，且企业设施配备齐全，有布局合理的研究基地和试验场所 3000 平方米以上，并与多家企业、研究院、咨询机构和学校合作。天基权技术力量雄厚，是光量子应用在医学上的权威机构，具备较强的研究开发各类激光设备和健康产品的能力。

2022 年，天基权为了配合深圳市龙华区产业升级改造项目，投入 300 万元升级研究实验室，投入运作使用面积近 2000 平方米，投入组装设备价值近千万元，配置实验室工作人员近 20 人，自动化生产流水线已经在组装测试过程中。公司投入的研发费用合计 809 万元，对新的基地设施建设投入超 200 万元，在试验设备购置、组织管理、后勤保障等方面也给予了全面支持。

2022 年 7 月，天基权工程中心建设场地搬迁到英达利工业园，场地租用面积达 3770 平方米，其中试验办公面积约有 1300 平方米，办公用场地面积约有 300 平方米，科研试验用房面积约有 1000 平方米；共有仪器设备 56 种 65 台，总价值达 330 万元；建设自动化制造工艺实验室，实验室建设面积约有 1700 平方米，办公用房面积约有 500 平方米，科研试验用房面积约有 1200 平方米；投入总价值 1500 万元的仪器设备 7 台（套）。

三、研发创新

（一）产品与技术

虽然新冠疫情对天基权的工作产生了很多不利影响，但其还是全部完成了每年的计划任务指标。完成的研发立项共计 16 项；申报专利 13 件，其中发明专利有6件，实用新型专利有5件，外观专利有2件；完成软件著作权登记1项。天基权和广东食品药品职业学院合作建设教学实习基地，为学生提供教学实践场地及设施，公司委派管理人员和技术人员作为实习生的带教老师，培养实习生的实际操作能力和职业素养。天基权和自动化设备生产企业合作建设广东省心脑血管激光治疗设备自动化制造研究实验室，为设备产业化提供可靠的保障；同时还和深圳质量计量研究院开展合作，提升检验水平和保障产品的质量。

天基权根据自身定位和发展，制定了引进技术骨干和高层次技术人员及稳定人才的相关措施，利用公司市场优势资源，逐步引进高水平人才，打造出了一支稳定的、结构合理的、高水平的技术人才队伍。公司聘请了一批具有专业技能和工作经验的专家，为未来的设备研发和技术创新打下了坚实基础。天基权在项目实施过程中，充分发挥技术带头人的“传、帮、带”作用，使团队创新能力得以最大程度的提升；自设研究课题，为有能力的人才提供研究课题和经费支持；通过产学研项目，为年轻人才提供发展机会和条件；为工程中心的技术管理人员提供学习深造的机会，参加高水平的学术会议、技术研讨会及技术培训会。

天基权工程中心在支撑企业创新发展方面也取得了不错的成绩，申请了13项专利，开展激光治疗设备的研究课题12项，研发出半导体激光经络梳、智能自适应式制氧机、脑灸仪等创新型设备。

天基权在科技项目、奖励、经费、知识产权、仪器设备及绩效评价等管理环节建立了规范的管理制度，充分调动人员的积极性和创造性，规范工程研发项目的立项、进度跟踪、项目评审及奖惩的相关程序，充分发挥人员的主观能动性和专业特长，提高研发项目管理的执行效率。

近两年，天基权开展了30多项研究和开发活动，包含技术攻关、设备开发、健康产品生产工艺研究，以及12项应用基础研究，完成真实世界临床研究病例1163例，并获得授权发明专利6件、实用新型专利5件、外观专利2件、软件著作权1项，为半导体激光设备开发积累了大量的基础研究资料，同时探索了半导体激光治疗设备新的预期用途，必将带来具有很高社会价值的新发明。同时，完成多功能激光梳、自适应智能制氧机、半导体激光治疗仪、骨营养片、富硒含片等创新产品投产项目5项，自主研制的产品半导体激光梳销售额达3000多万元，制氧机销售额达1000多万元。

（二）经营与服务模式

天基权大爱无疆，以治病救人为唯一目标。二十年磨一剑，发展成为全球量子医学领军企业和中国心脑血管健康产业龙头企业。

2001年，天基权在深圳诞生，发布易康之家全球连锁经营战略，全球第一家易康之家挂牌，并于同年首次参加高交会，举办第一场公益活动。2002年，天基权在深圳龙华总部发布全球医疗连锁万店战略，全球第5000家易康之家挂牌。2003年，全球第一台实现纯物理体外注光洗血的半导体激光治疗仪诞生。2016年，第五代半导体激光治疗仪GSLT全球发布。天基权连续四年进驻人民大会堂，为全国两会代表提供健康服务，引领国民心脑血管健康消费潮流。2015年，天基权在人民大会堂成功举办庆祝联合国成立七十周年的千年之约公益盛典。2019年，天基权创建世界长寿论坛，联合国前任秘书长潘基文和多位诺贝尔奖得主莅临首届论坛。

面对“人类健康第一杀手”的心脑血管病，天基权确立了做人类心脑血管卫士的目标，提出让全国人民都健康的天基权梦。整合传统中医和现代量子医学高科技，打造以GSLT为核心的绿色高科技产品线。创立医疗、健康四化理论和易康健康服务模式，构建集“品牌+实体+互联网+物联网+金融”于一体的“易康之家”品牌连锁服务体系。构建网络渠道管理设施，下沉到城市、社区和县与乡镇，开创全民健康事业，让无数患者丢弃拐杖、扔掉药瓶，从轮椅上站起来，健康与快乐的生命之花重新绽放。如今，全球近千万用户已经把易康之家当成自己的家，放心地把自己的健康与幸福托付给了天基权。

德行天下，海纳百川。财富共赢，定位决定格局。天基权打造中国大健康产业平台，实施“天基权+”战略，与行业知名企业强强联手，共铸辉煌。天基权搭建大健康产业平台，孵化产业精英、财富英雄，感召天下能人异士会聚天基权旗下。站在巨人肩上起飞，成就宏图大业。

天基权以高度的社会责任感，致力于社会公益事业，大力弘扬中华传统文化。2015年，创建中国国际文化传播中心深圳文创院；2016年，创建丝路孔雀艺术馆；2019年，创建天基权大学；2020年，天基权总部基地的镇园之宝——天中萃宝开馆。得道多助，天基权为建设健康中国作出了重要贡献，赢得了老百姓的由衷信赖，成为中国诚信经营的典范和具有高度社会责任感的企业标杆。目前，天基权品牌价值已达100亿元。

（三）特色创新——360 生命健康管理系统

天基权自成立以来一直专注全民健康，推动“促进人类健康长寿”发展，拥有 20 多年为人民健康服务的经验，通过实践深刻了解和认识国民健康指数和全方位生命需求。全民健康不仅包括“救死扶伤”需求，还包括将大健康产业目标提升到增强人民体质、提升人民生活品质的高度。

天基权应国民健康的需求，通过创新开发健康技术和完善健康服务，推出天基权 360 全方位生命健康管理产品和服务体系，转变传统医疗产业发展模式，从单一救治模式转向“防—治—养”一体化防治模式，并推出心脑血管、运动骨骼、免疫力、抗癌、睡眠系统等全方位的“生命元素+生命之光”产品组合。

四、发展规划

（一）核心竞争力

天基权的核心竞争优势就是深厚的企业文化和自主创新能力，公司的发明专利拥有量在同行中名列第一，同时公司加大了科研人才的引进与培训工作，组建了更多的专家团队。完成光量子半导体激光医疗设备的研发设计及相关系列产品在良率、性能等方面的深度升级，并实现规模化量产。公司已经成为行业内最有影响力的企业，为半导体激光治疗心脏病、鼻炎、高血压、脑梗、脑出血、血栓、糖尿病等 12 种疾病的应用基础研究及半导体激光设备开发积累了大量的基础研究资料。

（二）发展规划

天基权将依托利用科技造福人类的发展规划，紧抱国家和省市医疗设备相关产业政策，面向国内外中高端市场和半导体激光医疗未来技术发展趋势，深化自主创新，加强产学研合作，以激光治疗设备为主要研发方向，致力于激光医疗设备关键技术研究开发能力的提升，以现有的科研成果为基础，瞄准国内外前沿技术，大力发展以自主知识产权为标志的产业配套技术，开展相关技术的研发和创新，逐步建成业内规模最大、技术水平最高、设施完备的心脑血管激光治疗设备工程技术研究中心。通过心脑血管激光治疗设备技术中心的建设，不断推出具有高科技含量、高附加值的系列产品，有力促进企业的快速发展，并进一步带动我国激光治疗设备的全面发展。

公司将加强与企业、科研院所、高等院校的合作交流，提升硬件平台、科研力量，达到优势互补、共享双赢的目的；努力在核心技术开发、产业链整合、价值链优化等方面有所突破，在交流与合作中提高自己、服务他人，并且每年开展对外培训、学习和交流，使公司真正成为心脑血管激光治疗设备研究领域的高层次人才培养基地；加强人才梯队建设，进一步培养骨干技术力量；加强与产业和企业对接的合作运行机制，积极与企业合作，促进科技成果快速转化，为提高行业整体技术水平作出贡献。

公司还将开展科研人才的引进与培训工作，聘请技术、市场、管理等方面的专家、学者、教授担任专家委员，为高新技术引进、开发进行指导和技术咨询；组建更高端更专业的研发团队，对于公司已有的专业技术人才进行重点培养，借鉴国际顶尖企业在决策机制、管理体系、科研立项、成果转化、人才管理等方面的先进经验，结合公司的发展战略，打造一批专业化的高素质人才。

公司根据市场的发展需求，在已有的品牌加盟连锁、合伙人模式的基础上，积极开拓医疗系统渠道，构建全球连锁体系。未来两三年内，依据公司的研究成果，充分利用公司在人才、技术、设施、资金等方面的优势，建设创新团队，为我国培养一支在激光医疗设备开发应用领域具有国内先进水平的研发队伍。

长远来看，天基权将建立全球连锁品牌，加快培养激光医疗设备技术领域的专家型人才，全面提升企业核心竞争力，打造全国知名品牌，推动企业及行业的科技进步，做行业的领头羊，成为真正的、伟大的民族企业。

第六节　深圳未知君生物科技有限公司

一、企业简介

深圳未知君生物科技有限公司（以下简称“未知君”）成立于2017年，是目前国内领先的专注于肠道微生态治疗的AI制药公司，拥有自主搭建的、技术水平全球领先的AI微生物组研究与产业转化平台。未知君的主营业务包含三大微生态产业方向。

第一，药物发现。实现功能微生物及其产物的高效基础科研发现和药物开发，利用活体生物药和微生物小分子调节剂，实现疾病的缓解或治疗，成为微生物药物开发领域的首选合作平台。

第二，肠菌移植（Fecal Microbiota Transplantation，FMT）治疗。在国家监管规则下，通过肠道菌群移植手段，解决关键微生态相关疾病中未被满足的临床需求，引领中高端人群的亚健康保健。

第三，益生菌研发。通过菌株和解决方案授权的方式，输出平台、技术、菌株资源，助力益生菌产业伙伴，造福大众健康。

未知君自成立以来，先后获得国家高新技术企业认证、深圳市“专精特新”中小企业认证，被全球知名科技媒体“麻省理工科技评论”评为“50家聪明公司”，入选全球知名创投媒体 Fast Company 的“中国最佳创新公司 50 强”，并连年被国内权威媒体、机构评为“深圳市领先生物科技企业 20 强”“大湾区生物科技企业创新 50 强”等。目前，在核心技术、产品种类、管线/适应证覆盖等多个衡量药物研发企业实力的核心指标中，未知君均领先于国内同行。据第三方统计，未知君在全球同行业企业中排名前五。

未知君的核心研发团队，由来自博德研究所、哈佛大学、麻省理工学院、斯坦福大学、耶鲁大学、纽约大学西奈山医学院、约翰霍普金斯大学、加利福尼亚大学圣迭戈分校、香港中文大学等国际顶级名校和知名研究机构的科学家组成；药物开发团队成员具有辉瑞、诺华和施贵宝等国际一流药厂和生物科技公司的研发工作经验；临床团队成员具有超过 20 年的药物临床试验、注册申报以及 FDA 药物评审工作经验；科学顾问委员会由中美科学院院士、前 FDA 药物评审专家、药物工业界顶级专家组成。目前，未知君在深圳、北京、东莞、苏州等城市，以及美国波士顿共拥有全球员工约 150 人，其中高学历（硕士以上）人才占比常年达 70%~80%，研发人员常年占比约为 80%。

公司联合创始人、CEO 谭验博士，在美国麻省理工学院—哈佛大学博德研究所（Broad Institute of MIT and Harvard）完成生物信息博士研究，拥有波士顿大学生物信息与计算生物学博士学位和北京大学生物技术学士学位，其研究领域横跨生物信息学、微生物学和免疫学。在博士研究期间，谭验设计和完成了大量的生物信息学分析软件，在免疫学和微生物学领域作出创新性贡献，其研究成果发表在 *Immunity European Journal of Immunology* 等专业杂志上，被 *Nature Science Nature Immunology Nature Medicine* 等顶级学术期刊多次引用，并数次受邀在国际、国内学术单位和会议论坛上做学术报告。博士毕业归国后，谭验在 2017 年创立未知君，此后其带领公司快速发展。他组建了全球化、AI 与 BT 复合型的人才团队，带领公司搭建了世界领先的微生态药物研发闭环平台，将微生态制药从实验室阶段的科学探索，推向产业化落地。

二、生产经营

未知君自2017年成立至今，迅速发展成为一家立足微生物组基础研究与产品研发的跨国企业，总部位于深圳，在深圳、北京、东莞、苏州等地设有办公室，在有着美国生物科技“好莱坞”的波士顿拥有全球研发与创新合作中心。过去三年，未知君的主营业务收入以每年35%~45%的速度高速增长，累计研发投入达亿元人民币。受益于在领先技术上的突破、药物管线的快速进展及优秀的人才团队，未知君获得了资本市场的长期青睐。截至目前，未知君获得了高榕资本、君联资本、五源资本、春华资本等知名机构的持续加注，单轮及累计融资金额屡创中国微生物制药行业新高。

未知君的主要产品与服务涵盖了药物发现、FMT肠菌移植治疗、益生菌研发三大方向。

微生物组被称为人体“被遗忘的器官”，具有激活天然免疫系统、促进营养物质消化吸收、调控神经系统等多重作用。得益于生命科学与人工智能的发展，越来越多的研究结果表明，肠道微生物能直接或间接调节人体各大系统，与人类健康和疾病的发生、发展有着重要联系。目前，在肿瘤、免疫性疾病、中枢神经系统疾病、心血管疾病、代谢系统疾病、炎症性肠病等多种疾病中，通过传统治疗手段仍然有大量未被满足的临床需求，许多患者的生命、生活质量仍然亟待提升。

目前，未知君团队已在肿瘤、消化系统疾病、免疫相关性疾病和泌尿系统疾病等领域完成布局，已有四条管线进入临床阶段。根据权威第三方数据库Pharma Informa Intelligence的统计，未知君的肠菌移植FMT药物管线XBI-302，是亚洲范围内第一个在美国FDA获得IND临床批件的FMT药物管线，填补了亚洲药物研发企业在该领域的空白，打通了中国生物科技企业FMT药物管线在美国FDA进行临床申报的完整、可行路径，是中国微生态制药行业的重要里程碑。未知君的LBP01药物管线，是亚洲范围内首个进入临床阶段的基于合成生物学和基因工程菌的药物管线，有望于近期直接进入临床Ⅱ期阶段；未知君的KEX02药物管线，是国内率先获得美国FDA临床批件的微生物活体药物（LBP）管线之一。目前，在全球范围内，只有两款药物获得美国FDA批准上市，绝大部分药物管线都处于早期研发阶段，未知君的每一款药物、产品在临床注册上的突破，都堪称行业内的里程碑式突破。

由于微生态药物源于微生物，与宿主间有着全面、广泛的相互作用机制，具有来源丰富、安全性高、研发周期短、产量高、综合效应显著和适应证广泛等显著优点。未知君以“解开微生态奥秘，守卫人类健康”为使命和愿景，根据不同适应证患者肠道菌群的特异性，通过微生态创新疗法，满足多个系统疾病中未被满足的临床需求，针对性地研发肠道菌群药物，用于多个适应证的治疗，并逐渐实现慢性疾病及亚健康的预防和管理，为人类健康带来福祉。

在FMT肠菌移植治疗方向，未知君与北京大学肿瘤医院、中国医学科学院北京协和医院等近20家国内知名三甲医院开展了在不同适应证方向的肠道微生态临床研究合作；并开发AI-FMT个性化肠道微生态精准治疗项目，瞄准健康领域，造福慢性病与亚健康群体。未知君充分顺应中国的法律法规和监管，将FMT肠菌移植作为一种治疗技术手段，推出“AI+FMT个性化肠道微生态精准治疗”项目，形成了一套可行的商业模式。未知君与各大医院共建FMT诊疗室，为医院提供包括诊断、FMT配型、专业医学支持、效果评估、个性化营养在内的FMT肠菌移植完整解决方案。在方案中，未知君所提供的数据和算法支撑、疾病风险预测、供体配型，包括愈后的定值和效果判断等，都达到了领先的技术水平。在产品形态上，未知君可为患者提供口服胶囊制剂，也可以提供通过灌肠方式进行治疗的菌液制剂，二者都按照美国FDA的临床标准进行生产。目前，未知君已凭借“AI+FMT个性化肠道微生态精准治疗”项目，与全国各地医院、健康机构签订千万元级别商业订单。

在益生菌研发方面，未知君基于同样的用于药物研发的平台，进行了多种功能的益生菌研发和生产，在改善骨密度、痤疮、黄褐斑、皮肤水分状况，增强免疫力，控制体内脂肪等功能上，都有相应的产品积累。未知君充分利用业内领先的平台能力，开展功能菌株发现、功能评价、工艺开发、临床试验，赋能益生菌和健康产品企业的上游研发工作。目前，未知君已与美赞臣（中国）以及多家国际健康产业头部企业完成商业合作与转化，并在持续推进自主产权的菌株开发。

微生物产业逐渐成为国家高度重视的战略方向之一，由于微生物技术只发展了十余年，国内与其他国家齐头并进。在科研领域，2019年未知君与中国科学院深圳先进技术研究院共同宣布，成立“微生态制药”联合实验室，双方整合各自优势，从微生态科研、产业化入手，将包括合成生物学设施在内的基础研究成果转化为制药的优势与基础，推动行业的发展。

2021年，未知君与中国科学院微生物研究所共同参与到“亚洲健康人微生物基因和资源库”的研究项目中。该项目旨在通过科学手段筛选出相比于普通人群健康状态更加良好的健康人群，构建属于健康人群的特有数据库，了解健康人群不同身体部位的微生物群落在年龄、性别、地域和饮食习惯等不同因素影响下的差异。数据库的建立将对菌群移植发展起到积极的促进作用。

未知君坚信，凭借丰富的临床资源、特殊的临床审批制度以及国际顶尖的复合型人才等优势，中国的创新药在世界范围内将实现“弯道超车”，成为《“健康中国2030”规划纲要》的重要成果。未知君将在这一过程中发挥重要的作用，为健康中国贡献科技力量。

三、研发创新

（一）产品与技术

近年来，未知君搭建了自主研发、先进、完备的“AI+BT”微生态制药技术平台，实现“干湿结合”的高效药物开发。通过生物信息分析平台、转化与生产平台，结合人工智能、生物信息分析和肠道微生物技术，打通从“数据”到“药物”的转化全链路，将微生态制药从实验室阶段的科学探索，推向产业化落地。相较于传统的小分子药物及大分子生物药、细胞治疗或基因编辑的研发，未知君建立了由人工智能和生物信息分析驱动的微生态药物创新研发模式，用人体数据驱动药物研发，从高复杂度的人体数据切入，预先排除临床风险，改变传统药物研发的“试错式”路径，更安全、更高效、更快速。

未知君采用独有的创新型药物开发平台，将国际一流的AI算法与生物信息技术相结合，极大地提高了药物开发的效率和成功率。未知君以数据和算法为驱动，实现微生态药物研发的完整闭环，打造能持续产生突破性微生态药物的研发平台。未知君实现了以生物学语言对数据进行准确高效提取，实现了多组学数据的快速挖掘与规模化处理；自主开发的AI算法减少了数据噪声、不断提升性能；预测分析工具深度解析，构建完整信息链路；整合全球领先的菌群数据，构建精准、全面、动态的肠道微生态、疾病关系网络；突破技术局限，使培养组学走向高通量和自动化；实现科研级无菌技术向商业级平台的成功转化及应用。

未知君拥有国内首屈一指的与 FDA 达成共识的药物生产体系，确保产品高质合规；对微生态药物生产工艺的各个步骤都进行了反复优化，确保制药的生产工艺能最大限度地提取出高纯度、高活性的肠道菌群，生产过程在全程厌氧的环境中进行；自主设计的一体化设备拥有独家知识产权，在过滤、浓缩处理、温控、清洁灭菌、厌氧等多个环节搭载了顶级的设备与相关技术，具有通量高、工艺稳定安全等优势。团队自主搭建了制剂研发平台，通过多种创新性技术进行菌群冻干保护剂的高通量筛选。未知君在活菌微球等微生态高端制剂研发领域，也已沉淀出大量技术成果与产品。在微生态药物的供体筛选方面，未知君结合国内知名专家的临床意见，采用了沿袭并高于美国及欧洲共识的标准，涉及的检测项目达 130 多个。

在研发层面，未知君建成了兼具人工智能技术与微生物技术的，从药物发现到商业化生产的完整全流程体系。未知君的 AI 算法平台基于两大技术路径构建而成——Top-down 和 Bottom-up。前者是指从适应证出发，找到相应疾病的患者粪便样本，针对这些样本进行多组学研究，包括宏基因组、宏代谢组等各种组学的测序，同时与健康人的样本进行对比，找到二者的差异，推测相应的菌株对特定疾病的治疗作用。后者则是从菌株本身出发，找到单独的菌株，对其基因组进行测序，通过基因组预测相关功能，了解菌株相应功能是否符合某个潜在的机制，从而实现对健康的干预或对疾病的治疗。

在上述基础上，未知君建成了一系列自有的算法体系，并不断根据输入的数据展开训练和迭代升级。与此同时，未知君建立了两个重要的资产库：一个是微生物实物资产，包括收集的各种粪便样本，以及从健康人或者各种人群的粪便里面分离的菌株。另一个是数据资产，是将实物样本通过组学手段变成各种组学的数据，也包括从公共数据中集中获得、整合而来的数据。经过多年的积累与沉淀，目前未知君数据资产库中的多项数据已经全球领先，其中包括肿瘤免疫数据集、肠道菌群的参考基因组、菌株代谢反应通路等。为了让数据产生价值，未知君建立了一系列菌群知识图谱，有助于理解菌群跟人体的相互作用、菌群的作用等。

在依靠数据和算法揭示了一些菌株、菌群或者菌的产物对特定疾病有治疗性作用之后，在依靠微生物技术进行实验验证的阶段，首先未知君建成了功能验证平台，以期验证这些菌（株）是否与数据预测保持一致，以及其是否能够产生某些特定代谢产物。其次未知君建成了机制研究平台，分析最终是什么样的产物、通过什么样的机制起了作用。这一平台能帮助我们更好地理解、优化微生物的功能。再次未知君建立了极具特色的厌氧菌 Crispr 平台，用来对非模式的厌氧微生物进行基因敲除，为 MOA 的研究和微生物的改造提供了极大助力。最后针对动物模型领域，未知君建了独立的子公司——净拓生物。目前，净拓生物已经发展成为国内领先的专注于疾病动物模型、药物筛选模型、无菌实验动物的 CRO 平台，也成为广东省第一个双证齐全（实验动物生产许可证及实验动物使用许可证）的同类企业。目前，净拓生物已经和国内的多所高校、医院展开相关合作。此外，未知君建立了受到美国 FDA 严格监管并全面认可的 CMC 生产平台。未知君自建了 CMC 中试车间，既支撑了其 FMT 肠菌移植业务，也支撑了其自有 FMT 管线 XBI-302。

截至 2023 年上半年，未知君累计申请发明专利 30 余项，现有有效专利 24 项；累计申请软件著作权 37 项，获得授权 31 项。目前，未知君仍是重研发投入的研发型企业，暂未实现盈利。药物研发合作、FMT 肠菌移植治疗、益生菌研发三个主要业务，每年给未知君的营收带来 40%左右的快速增长，并且与国内外知名药企、健康产业品牌企业签订千万元级别的商业订单。

（二）经营与服务模式

借助前沿、创新性的技术平台，未知君打通“AI 算法助力药物发现、高通量实验验证药物机制/功能、快速拓展管线及临床推进”的微生态药物落地转化范式，并通过合作管线开发、推出“AI+FMT 个性化肠道微生态精准治疗”项目、成立子公司/合资公司布局全产业链等商业模型的搭建，实现多元化的产业拓展，持续创造多维的商业价值。

1. 积极探索平台赋能，布局合作管线的开发

2022 年 1 月，未知君与欧洲领先的合成生物学公司 Aurealis Therapeutics 共同宣布，双方就开发及商业化后的临床阶段新药 AUP-16，达成大中华区独家合作与许可协议；双方还将共同挖掘该管线其他适应证的治疗潜力。此外，未知君与一家美国微生态药物研发先驱企业合作，将获得一款 I 期临床阶段配方菌药物管线的全球权益和菌株库等微生态药物的整体资产。未知君将利用自身技术、平台、申报等方面的经验与优势，推动该管线在中美同步，快速进行临床研究。

2. 推出“AI+FMT 个性化肠道微生态精准治疗”

2019 年，美国 FDA 提出重点关注肠便移植发展。随后，人体微生物活菌药物赛道涌入辉瑞、武田、默沙东、基因泰克等大型制药企业，以及未知君

等新锐生物科技企业。相较于传统制药，这一领域正成为当下最前沿和热门的研究领域之一。

在激烈的竞争中，2021 年 6 月，未知君宣布，其代号为“XBI-302”的肠菌移植药物，获得了美国 FDA 的新药临床试验批准，填补了亚洲的空白，也标志着国内 FMT 微生态制药行业的崛起。与此同时，未知君严格把控供体筛选、制备工艺以及生产平台的建设，拥有国内唯一获得美国 FDA 全面认可的 GMP 级生产体系。该药物管线有望于近期进入临床Ⅱ期研究。

未知君作为亚洲首个在 FMT 药物领域获得美国 FDA 临床批件的微生态企业，不仅在美国实现 FMT 药物注册申报，也在国内积极拓展 FMT 肠菌移植医疗技术转化，提供针对多种疾病的解决方案。未知君推出“个性化肠道微生态精准治疗”项目，将由 AI 驱动的新一代 AI+FMT 菌群移植服务推向临床应用，造福患者。项目方案以生物信息分析、宏基因组数据模型为核心，以 FMT 为手段，聚焦肠道微生态调理，通过重建肠道微生态平衡、修复黏膜屏障，控制炎症反应，增强机体免疫力，促使肠道全面恢复健康，有效干预肥胖、糖尿病、高血压、便秘等慢性代谢性疾病，为广大慢性疾病患者和亚健康人群提供肠道个性化全面健康解决方案。未知君的肠菌移植治疗解决方案，可提供基于深度学习的供患配型、订制移植策略、多维效果评价、精准益生菌/营养干预方案，为代谢类疾病、免疫类疾病、肠道类疾病、精神类疾病患者提供新一代“AI+FMT 个性化肠道微生态精准治疗”项目，带来可量化、可视化临床收益。该方案的主要创新点与核心优势包括五大方面。

第一，更智能、更精准的 AI+FMT。在药物研发领域，未知君拥有行业领先的 AI+BT 微生物组研究和产品开发平台；在超过 10 条自研药物管线中，已有 4 条进入临床阶段，领跑中国微生物制药企业。在“个性化肠道微生态精准治疗”项目中，多项来自未知君严谨药物研发的核心技术得到全面应用，形成更智能、更精准的新一代 AI+FMT 解决方案。

第二，人工智能优势。未知君基于药物研究中所积累的业界领先的微生物样本库、数据资产库、真实患者数据，训练、优化 Xstrain、X-classify、X-therapia、X-GEM 等自研 AI 算法，开发出 Donor Ranking（供体排序）系统，建立供体测序、标准丰度等人工智能计算模型，可实现患者与供体间的精准配型，用人工智能技术从供体库中快速筛选出“最优解”和“最适解”。

第三，生物技术优势。未知君拥有端到端的肠道微生物宏基因组检测和分析平台，开发出多组织（肿瘤、唾液等）菌群检测技术，拥有全球领先的基于分子手段的病原微生物检测平台，可在 1 小时内快速检测人群的肠道感染情况。

第四，供体储备优势。截至目前，未知君拥有亚洲领先的肠菌供体库。供体筛选标准沿袭了高于国际共识的标准，并与美国 FDA 达成一致；供体经过层层筛选、严格把控，合格率仅有 2‰，被称为“熊猫供体”。供体筛选基于问卷初筛、一对一面试、160 多项体检筛查。其中，面对国内外监管机构高度重视的多重耐药菌问题，未知君采用传统金标准——实验室检测法及 DNA 测序检测的双重验证，以确保排除多重耐药感染风险。此外，附加 6 种大肠杆菌病原体检测、广州管圆线虫和类圆线虫检测、肠菌结构检测、产量及稳定性检测等，确保每一位供体在身体指标、健康生活习惯上均符合要求，并排除包括新冠病毒、猴痘病毒在内的多种流行性病毒感染风险。在供体管理方面，未知君对合格供体每两个月展开一次筛选复查，确保其身体状况符合捐赠要求，以保证产品质量，并通过长期一对一沟通管理，与供体保持良好合作关系。

第五，治疗方式优势。以刚刚获得美国 FDA 批准上市的 RBX2660 为例，治疗方式是提取健康供体粪便样本中的菌群，用灌肠方式对患者的肠道菌群进行替换。基于未知君的 XBI-302 药物管线，未知君开发口服（FMT-C）、灌肠（FMT-L）两种方式，把健康的菌群移植到患者体内，提升肠菌移植的生理、心理舒适性，提升患者移植治疗体验。

3. 布局全产业链，将技术与平台优势转化为商业价值

净拓生物是国内领先的专注于微生态药物无菌动物模型的商业化平台，拥有中国医学科学院的顶级技术，是全国首家同时具有无菌动物生产许可证和使用许可证的无菌小鼠平台，可为药物研发企业提供科研及研发服务解决方案。君拓生物是未知君和北京科拓恒通生物技术股份有限公司的合资子公司，依托母公司雄厚的研发实力，聚焦肿瘤、消化道、呼吸道、皮肤及慢性病等临床益生菌药物的开发，为国内外活体生物药相关企业及科研单位提供益生菌药物生产服务。

四、发展规划

（一）市场前景

2007 年，美国和欧洲的科学家开始研究肠道微生态，牵头发起人类肠道

微生物组计划（HMP）。中国也陆续发起、参与了一些与解开微生态奥秘相关的重大科研和产业计划。在十几年时间和许多科学家的共同努力下，人们发现肠道微生态或者肠道微生物，与人体的健康和疾病有密切关联。根据目前已发表的文献报道，大概有超过 50 种疾病都和我们的肠道微生物有紧密且直接的关系。

在产业端，多家著名第三方调研机构的信息显示，目前，微生态在药物端已经拥有了数百亿美元的市场潜力，在健康端也极有可能达到上千亿甚至数千亿美元的体量。其实，微生态手段本身，不管是应用于药物还是健康产品，都有几个非常大的优势，而且和中国的国民、国情也有非常高的契合度。

微生物活菌作为一种活性成分，有两个非常大的优势。第一，安全性高。肠道微生物跟人体经过了上百万年的共同演化，它比人工设计的分子和抗体更加安全。第二，微生物活菌作为一个活体、一个活性成分，长期、不断、持续地产生一些物质或是有效成分，起到调节机体健康或者治疗疾病的作用。因此，它具有疗效长久的特点。

从科研和行业数据中可以看到，不管是临床数据、科研文章的数量积累，还是从相关性研究到机制研究的基础科研积累，有一个关键词——“发展”——显得尤为重要。其中，药物研发是微生态领域里一个新的，也是激动人心的应用方向。2021 年底和 2022 年初，美国 FDA 先后批准了两个肠道菌群移植药物，也就是 FMT 药物临床上市，这是微生态领域两个里程碑事件。

在里程碑事件发生的背后，这一赛道早已备受瞩目。全球很多大型药企纷纷进入微生态药物和产品研发领域。经过多年发展，未知君建立起领先的 AI 微生物组研究与产业转化平台，拥有四条进入临床阶段的微生态药物管线，开发精准肠菌移植一站式解决方案，在研发进展上处于国内领先水平、全球第一梯队。未知君在微生态研究领域的市场地位和行业地位，也吸引了三生制药、华润、江中、美赞臣等多家国内外知名药企、健康企业抛来合作橄榄枝，签订的合作金额累计达数千万元。

FMT 是一种将健康供者粪便中的微生物移植到患者肠道的治疗方法，用于治疗与肠道菌群失衡相关的疾病。近年来，FMT 在医学领域以及健康领域受到越来越多的关注，尤其是在消化系统疾病治疗方面取得了显著的成果，被写入国内医学指南并成为专家共识。近年来，关于 FMT 的研究论文数量不断增加，研究领域涉及肠道菌群与疾病的关系、FMT 的治疗方法、疗效评估等，表明其在学术界的关注度持续提升。

FMT 主要应用于治疗艰难梭菌感染（CDI），这是一种由抗生素使用导致的肠道菌群失衡疾病。随着 FMT 在治疗 CDI 方面的疗效得到证实，其在全球范围内的临床应用逐渐扩大。除了 CDI，FMT 还在炎症性肠病、功能性消化不良、代谢性疾病、免疫相关疾病、肿瘤等的治疗中取得了一定的成果。

未知君在肠道菌群研究方面具有较高的技术实力，与国内外多家知名医疗机构和研究机构保持紧密的合作关系。此外，未知君还参与了多个肠道菌群相关的科研项目，并发表了多篇高质量的学术论文。随着肠道菌群对人体健康的重要性逐渐被认识，未知君以其严谨、专业的态度，在 FMT 领域的产品研发、临床试验、商业化等方面吸引了许多合作伙伴，也得到健康领域消费者的认可，逐渐成为医院和健康机构的首选对象。

（二）核心竞争力

近年来，未知君搭建了自主研发、先进、完备的“AI+BT”微生态制药技术平台，实现“干湿结合”的高效药物开发。未知君独有的创新型药物开发平台，将国际一流的 AI 算法与生物信息技术相结合，极大地提高了药物开发的效率和成功率。未知君以数据和算法为驱动力，实现微生态药物研发的完整闭环，打造能持续研发突破性微生态药物的平台。

公司拥有国内首屈一指的与 FDA 达成共识的药物生产体系，确保产品高质合规；对微生态药物生产工艺的各个步骤都进行了反复优化，确保制药的生产工艺能最大限度地提取出高纯度、高活性的肠道菌群，生产过程在全程厌氧的环境中进行；自主设计的一体化设备拥有独家知识产权，在过滤、浓缩处理、温控、清洁灭菌、厌氧等多个环节搭载了顶级的设备与相关技术，具有通量高、工艺稳定安全等优势。团队自主搭建了制剂研发平台，通过多种创新性技术，进行菌群冻干保护剂的高通量筛选。未知君在活菌微球等微生态高端制剂研发领域，也已沉淀了大量技术成果与产品。在微生态药物的供体筛选方面，未知君结合国内知名专家的临床意见，采用并沿袭了高于美国及欧洲的共识标准，涉及检测项目超过 130 项。

（三）发展规划

未来三五年，未知君将巩固其在微生态领域国内领先、国际一流的科研地位，在微生态药物、FMT 以及益生菌领域完成商业化探索，在建立技术护城河的同时实现自我造血；在微生态药物研发方面，未知君在五年内将有 2~3 条管线完成上市，为国内最快；在 FMT 方面，未知君将进行多点布局，力争5年内服务覆盖全国；在益生菌方面，未知君将自主开发菌株产品，成为国内最大菌株及代谢产物供应商。同时，未知君将加大在技术平台方面及产业方面的投入，通过技术驱动产业化、以产业化引领技术方向的模式，成为微生物领域的链长企业。

第七节　深圳市明罡新材料科技有限公司

一、企业简介

深圳市明罡新材料科技有限公司是一家专业从事洁牙产品的集团化高新技术企业，集研发、生产、销售于一体，依托自有核心研发团队，研发了全球首款双刷头声波电动牙刷——“牙友”，颠覆了传统的洁牙模式，解决了广大用户的痛点问题。自2008年至今，该牙刷接连获得了30多项国家专利，福建医科大学多位牙科专家对该产品进行了临床实验，并做了专项课题报告，研究成果发布至《中国实用医药》等多个医学核心期刊上。2022年5月，“牙友”双刷头电动牙刷获得了由深圳市健康产业发展促进会、深圳市保健协会授予的首个“深圳健康手信”。2022年11月，第107届美国巴拿马太平洋万国博览会在海口举行，“牙友”双刷头电动牙刷作为深圳首款健康手信荣获“入围奖”，充分证明了中国口腔产业在世界范围的竞争力，深圳明罡新材料科技有限公司迅速成长为口腔健康行业的新先锋。

二、生产经营

深圳市明罡新材料科技有限公司研发的“牙友”双刷头电动牙刷产品定位于准医疗级别电动牙刷，主打高性价比以及医学实用性强。

在目标客户方面，公司计划锚定的第一类是亲子家庭，注重品质、质量，孩子防蛀护理是关键；第二类是Z世代群体（1995—2009年出生的群体），注重颜值、创新，容易“被种草”；第三类是18~45岁女性群体（职场女性、青年女性），注重实际效果，关心形象提升；第四类是45~70岁各类离/退休的中老年人群。

产品的销售主要采用B2C以及新零售的模式，用户类型覆盖年龄层广，可适用于大多数用户群体，且牙刷为每个家庭必需品。

在线上营销方面，公司采用品销协同的发展战略，在线上销售的同时也可以进行品牌精细化推广宣传，公司现阶段已拥有包括企业官网、自有微信小程序“牙友”小商城、微博、抖音、小红书、微信视频号，以及多家第三方电商平台在内的推广宣传渠道。

在线下销售方面，公司已和平安、中国人寿、怡亚通、深业集团、浦发银行、天虹等国内知名企业达成合作意向，2022 年线下板块出货达 50 万支。在海外市场方面，公司已同斯洛伐克驻华大使、马拉维驻华副大使、加纳驻华副大使、塔吉克斯坦大使馆参赞进行友好交流，并同以上国家达成合作意向，未来 3 年跨境贸易计划出货 100 万支。预计到 2027 年，公司可以销售产品 1000 万支，实现销售收入 30 亿元以上。

三、研发创新

“牙友”是一个专业的口腔护理品牌，根据口腔医学中提出的更加安全高效的“巴氏刷牙法”，针对个体提出解决方案，完全符合医学标准。“牙友”是一把真正专业的准医疗级电动牙刷，以口腔医学研究为基础，技术辅之，以人为本，让更多的人体验和验证效果，其创新性说明如下。

首创三面全牙深度清洁。双刷头的刷毛与牙齿之间形成紧密包裹，深度清洁牙面、内侧面、外侧面，做到无死角、无遗漏。

节省刷牙时间。大幅度缩减刷牙时间，避免“滴水穿石”效应，很多人刷牙时间过长，反而损伤了牙釉质。单头式非包裹刷头不能精准刷到每一颗牙齿及缝隙，很多人会重复清洁同一个部位，做了大量“无用功”，从而损伤了牙齿及牙龈，而全包裹式牙刷三面同时刷，均为“有用功”，大量节约了刷牙时间，特别对于学生和上班族来说，解决了其要求既快又干净的问题。

轨道形设计。由于小孩及老人手脚平衡力不够而发抖，在刷牙时有捅伤牙龈的可能，双刷头电动牙刷采用导轨式设计，将刷头骑夹在牙齿上，来回推拉，问题可迎刃而解。

保护牙釉面不受损伤。刷毛与牙面形成 45 度夹角，更加符合“巴氏刷牙法”，让牙釉面受到最大程度的保护，避免因刷牙力度过大或方向错误导致牙釉面损伤。

口腔内侧整体清洁，解决口腔整体清洁的问题。夹角型设计既可以轻松清洁牙齿，也可以清洁口腔内壁、舌苔及舌头底部，使整个口腔洁净清爽，满齿留香。

刷毛呈圆形分布，不存在牙面上架桥的情况，口腔内部残留的污渍，如菜叶、肉质等，可以全部刷干净，所有缝隙均无遗漏。

预防产生牙结石，解决牙龈受损问题。刷毛与牙根形成45度角，同时使用超声波震颤技术，可以将牙齿和牙龈的接合处彻底清理干净，杜绝牙结石产生，同时牙齿里侧产生牙结石的概率是外侧的3倍，双刷头电动牙刷通过充分清洁内侧，可以提前预防牙结石。

护理工人的护理神器。需要护工的人群，洁牙时会有操作不便等问题，“牙友”双刷头电动牙刷，可以帮助这类人群更好地清洁口腔。

四、发展规划

（一）市场前景

第四次全国口腔健康流行病学调查显示，我国高达97%的成年人正在遭受口腔问题的困扰。人们的生活水平日益提高，但口腔健康问题却越来越严重。其中97%的成年人有牙结石，88%的成年人有龋齿，85%的成年人有牙龈问题，儿童口腔疾病的患病率也越来越高，我国5岁儿童龋齿患病率高达70.9%。此外还有牙齿敏感、口气、牙渍、牙菌斑等一系列问题。

我国民众对于口腔知识的知晓率以及口腔保健态度的积极性均不断提高，我国口腔护理市场规模也呈现不断增长的态势，2016年以来我国口腔护理行业市场规模从49.3亿美元增长至71亿美元，行业处在快速成长阶段。

目前国内电动牙刷存量约为1亿支，结合国内14亿人口规模，伴随国人健康意识的提升以及消费升级，后续电动牙刷行业的发展空间较大，若国内的渗透率达到美国、日本等国60%~70%的水平，行业规模则可达到上千亿元。

（二）核心竞争力

第一，适用人群广泛。“牙友”牙刷为生活必需品，每个人都需要，因此适用人群广泛，尤其对于小孩、老人以及需要护理的人群。

第二，产品裂变性强。“牙友”牙刷为生活日用品，一般使用都是以家庭为单位，因此裂变性强，使用效果好，消费者更愿意跟周围人进行分享。

第三，产品黏性高。牙刷的刷头是消耗品，客户黏性高，忠诚度高，客单消费力高，极具客户价值，为后续私域营销以及开发其他产品线奠定了坚实基础。

第四，专利保护强、产品先发优势明显。“牙友”牙刷拥有国内30项专利保护，技术先发优势明显，且被授予“深圳健康手信”产品荣誉称号。

第五，供应链顺畅，成本、品质可控性强。公司创立30载，销售链路完整，集“研发—生产—销售”于一体，可以根据售卖数量的多少进行成本压缩。

第六，产品更新迭代快。“牙友”牙刷经历了15年的研发，有着深厚的技术沉淀，因此更新迭代迅速，使品牌在行业竞争中立于不败之地。

（三）发展规划

深圳市明罡新材料科技有限公司将在2027年完成在全球的业务布局，力争在2027年成为中国口腔健康管理行业龙头企业，并完成IPO。今后，公司将持续迭代、研发新生代口腔健康管理产品，并会在未来加快进行人才建设，逐年提高人才硕博比例，加大科研投入力度，实现产学研生态稳步健康发展。

目前，公司通过产品销售网络，形成以个体为单位的数据库，同时从物理或生理等系列工程入手，加入传感器、检测技术及微成像技术，刷牙时牙刷内部的传感器也会统计口腔的所有数据，上传至数据库，以便分析客户的日常饮食习惯，包括刷牙力度、时间长短以及口腔菌群的组成。通过对使用者牙齿现状的了解，对牙刷长度、大小、刷毛的软硬度、振幅频率等进行大数据建模建档，精准推荐最合适消费者的样式。公司还会联合多家医院，通过大数据分析使患者接受最专业、最合理的治疗，包括专家的虚拟远程会诊、远程治疗等。

公司将以双刷头电动牙刷的优势切入市场，进行精准获客，再利用物联网、云计算等高新技术，创造性地将区块链技术融入口腔社区，构建基于智慧口腔社区形态之上的价值社区形态，竖起身体健康的第一道“防火墙”。

附录一 《深圳市培育发展大健康产业集群行动计划（2022—2025 年）》

深圳市发展和改革委员会　深圳市科技创新委员会　深圳市工业和信息化局　深圳市市场监督管理局　深圳市卫生健康委员会关于发布《深圳市培育发展大健康产业集群行动计划（2022—2025 年）》的通知

为贯彻落实《“健康中国 2030”规划纲要》和《深圳市人民政府关于发展壮大战略性新兴产业集群和培育发展未来产业的意见》等文件精神，优化要素配置和服务供给，推动深圳市大健康转型升级，满足人民日益增长的美好生活需要，特制订本行动计划。

一、总体情况

（一）发展现状

大健康产业包括医疗美容、康复养老、精准医疗、精准营养、现代农产品、化妆品等健康服务业以及为其提供支撑的医疗美容设备、康复养老设备、新型营养保健品、绿色食品、数字化健康设备和产品、高端化妆品等健康制造业。2021 年，深圳市大健康产业营业收入为 676 亿元，部分细分领域制造业具有全球竞争力，医疗美容激光设备占据全国 15%左右的市场，新一代测序能力与超大规模生物信息计算与分析能力位居世界前列，营养保健、化妆品、康复养老器具等细分产业初步形成集聚效应。

（二）存在问题

一是产业结构有待优化，主要以健康服务和市场流通为主，上游高精尖核心制造业企业数量不够多。二是企业梯队建设与产业集群发展有待完善，大健康产业多以中小微企业为主，重点企业引领作用不强，尚未形成产业集聚发展。三是专业人才供给能力有待提高，适应大健康产业发展的复合型人才队伍紧缺。四是支持政策配套不足，现有产业扶持政策尚未覆盖部分细分领域。

（三）发展机遇

一是生物信息分析、基因组学、生物治疗等生命科学研究和生物技术研发不断突破，孕育催生大健康产业发展的新模式。二是国民健康已提升为国家战略，粤港澳大湾区大健康产业市场需求旺盛，产业发展空间广阔。三是深圳具有先行先试的政策优势，有利于大健康产业创新发展。

二、工作目标

到 2025 年，大健康产业营收达 1200 亿元，培育上市企业 12 家，新增 10 亿以上企业 10 个，努力打造产业结构合理、产业链条完善的大健康制造业生态体系，建成辐射粤港澳大湾区的健康服务示范中心。产业总体水平处于全国前列，居民健康水平明显提升，力争成为全国大健康产业发展集聚高地。

（一）产业集聚效应显著

到 2025 年，规划建设 6 个以上产业布局合理的产业片区，形成“一核一带、三谷联动、多点支撑”大健康产业空间格局，打造协同效应、集聚效益明显提升的产业集群。

（二）产业创新体系完善

培育发展一批自主创新能力强、具有科技引领作用的重点企业，新建一批国家、省市级创新载体，在生命信息、康复养老、精准医疗、数字化健康管理等领域实现技术研发和产业化的重大突破，形成“产学研医”深度融合的大健康产业新模式。

（三）健康服务满足居民需求

优质健康资源覆盖面有效扩大，健康技术研发和转化能力大幅提升，医疗美容、康复养老、精准医疗、精准营养和绿色食品等健康产品和服务供给能力大幅提升，公共健康体系更加健全，居民健康显著改善。

三、重点任务

（一）提升技术攻关能力

重点突破激光、光子、射频、超声和再生医美材料等核心技术，研制前沿医疗美容设备。支持康复辅助器具、健身器械的技术突破，推动智能化、数字化康复养老产品研发。建立精准营养干预技术体系，推进基于个体基因组结构特征的靶向膳食研究设计。强化种质资源与基因发掘，育种与品种创制、良种繁育、种子加工与质量控制，加快食品智能装备及食品安全自动检测装备研制。开发精准药物、高准确度和多位点分子诊断设备和配套试剂。支持化妆品创新原料研发、配方和生产工艺设计开发。（市发展改革委、科技创新委、工业和信息化局按职能分工负责）

（二）补齐产业链条短板

落实强链稳链补链，支持产业链制造、流通、服务和应用示范各环节突破短板、优化提质，实现产业链优化、服务链整合。大力支持设备制造业和原材料生产，构建从研发、中试到产业化的公共服务平台，促进创新成果转化，推动康复养老服务、医疗美容服务、健康管理等健康服务行业向专业化、规范化和差异化发展，推动技术及服务人才队伍建设，支持承办国际国内知名展会及论坛，提升品牌影响力。（市发展改革委、科技创新委、工业和信息化局、市场监管局按职能分工负责）

（三）优化企业梯次结构

培育引进行业重点企业，培育一批医疗美容硬件和康复养老器具制造企业，建设一批专业化、规范化的医美、康养、诊疗等健康服务机构，支持新型康复服务的产业化发展。优化产业结构，大力培育本地企业，逐步形成重点企业引领作用强，中小企业支撑能力足，初创企业发展速度快，制造和服务企业互为支撑的企业集群。（市发展改革委、科技创新委、工业和信息化局、市场监管局、中小企业服务局按职能分工负责）

（四）打造特色产业片区

按照“一核两带、三谷联动、多点支撑”空间布局，重点建设前海大健康核心研发区、“华强北—罗湖口岸—文锦渡—莲塘—沙头角口岸”医疗美容带、盐田精准医疗创新中心（健康谷）、盐田—大鹏康养文旅带、坪山深圳美丽谷、大鹏深圳国际生物谷（食品谷）以及国家农业科技园区等片区。（市发展改革委、规划和自然资源局、科技创新委、工业和信息化局、罗湖区政府、盐田区政府、坪山区政府、大鹏新区管委会、前海管理局按职能分工负责）

（五）强化健康服务能力

围绕居民健康生活和全生命周期健康管理，丰富健康咨询、健康监测、绿色食品、定制膳食、精准医疗、医疗美容和康复养老产品和服务供给，建成完善的“食、诊、医、美”健康服务体系，提升健康服务能力整体实力。（市卫生健康委、发展改革委、医疗保障局、市场监管局按职能分工负责）

四、重点工程

（一）医疗美容品质提升工程

支持开发牙科种植体、再生型医疗美容材料、美容激光仪、热玛吉、超声刀等新型医疗美容产品及设备。开发基因和细胞抗衰老技术，发展以个性化订制为特色的医疗美容项目，吸引国际医疗美容机构聚集。依托企业和行业协会，整合深圳市医疗美容机构资源，打造医美创新联盟。聚焦互联网医疗+健康大数据，搭建美容产业数据共享平台。推动产学研医结合，依托重点医美企业与高校合作，搭建创新技术研发、转化平台。探索医疗美容保险服务。建立行业规范，加强行业监管。加快培养医疗美容医师等从业人员，加速推进企业资质认定及从业人员资格认证规范化进程。（市发展改革委、科技创新委、工业和信息化局、市场监管局、卫生健康委、医疗保障局、市人力资源保障局、教育局、罗湖区政府、坪山区政府按职能分工负责）

（二）康复养老示范亮点工程

支持新型康复训练器材、专业康复辅助器具、义肢及矫形产品、康复机器人、护理机器人、残疾人专用保健用品、新型智能康复训练系统和设备等研发制造和推广应用。布局康复医学、预防医学、慢病管理、数据分析等科技研究专项，建立和完善康复服务技术标准、行业标准，支持引进和培养复合型康复治疗师等专业人员。整合山海资源、文体旅游、康复养老等优势资源，建设盐田—大鹏康养文旅带。（市发展改革委、卫生健康委、残联、市场监管局、医疗保障局、科技创新委、工业和信息化局、人力资源保障局、大鹏新区管委会、罗湖区政府、前海管理局按职能分工负责）

（三）精准营养平台打造工程

建立基于多组学、可穿戴、影像学、生物信息学、人工智能等多种新技术的综合平台，实现个体营养的精准评估、精准诊断、精准预测和精准干预，促进精准营养科研和相关成果转化和产业化，形成全生命周期的精准营养产品链。完善精准营养相关产品的标准体系，开展基于智能穿戴设备以及多组学技术的精准营养评估，健全以学生营养配餐、特殊膳食食品、特殊医学用途配方食品、定制膳食补充剂等为代表的营养健康食品体系，研发智能自我管理设备，并基于此推广个性化精准营养服务以及系统性精准营养解决方案。（市市场监管局、卫生健康委、医疗保障局、发展改革委、科技创新委、工业和信息化局、罗湖区政府、盐田区政府、大鹏新区管委会、前海管理局按职能分工负责）

（四）现代农产品基础创新工程

重点攻克现代农产品生物育种技术，持续培育和改良优质水稻、蔬菜等优势品种，突破分子设计育种技术、全基因组设计育种、合成生物学等现代农产品生物技术。推动食品智能装备与信息化融合，建立流程型智能制造、网络型协同制造等技术体系，研制物流精准冷链调控装备。建立智慧农业技术体系，支持发展智能化农业装备制造业，加强农业设施装备与技术的智能化改造，支持实施数字农业大数据基础工程，建设数字农业共享平台，打造智能化、设施化栽培管理、品质特征挖掘、危害物数据采集、质量控制及溯源追踪体系。加强“菜篮子”现代流通体系建设，推动产业标准、技术推广、检测检验和质量认证等农业标准化体系建立，设立推行全链条、全流程监管体系。（市发展改革委、科技创新委、工业和信息化局、市场监管局、大鹏新区管委会按职能分工负责）

（五）精准医疗先行发展工程

整合基础研究与临床转化科学研究，将基因组技术与临床诊疗相结合，实现精准分析和诊疗。重点突破新一代基因组测序、定量蛋白质组鉴定分析、超灵敏高覆盖代谢组定量分析技术和多组学分析等技术。建设疫情防控与卫生健康统一数据底座及主题库、专题库。推广电子病历，推进医疗机构间检查结果互通互认。推动以个人为中心的体检、诊疗等信息全链条打通。探索药品生产企业向个体化诊疗服务商转化的模式与路径，发展针对肿瘤、心脑血管疾病、糖尿病以及其他常见慢病的预测、诊断和个体化治疗。探索构建健康产业深圳地方标准，加快推进深圳精准医疗与公共健康工程实验室、精准医疗研究院、精准医疗孵化器等创新载体建设。试点推行互联网医院及家庭医生。（市发展改革委、科技创新委、工业和信息化局、市场监管局、卫生健康委、医疗保障局、罗湖区政府、盐田区政府按职能分工负责）

（六）化妆品品牌升级工程

支持围绕化妆品原料、产品配方、生产工艺、功能功效等方面开展技术攻关，提升化妆品质量检测能力，推进化妆品检测检验平台、化妆品监测评价重点实验室建设，形成可溯源的化妆品检测监管体系。推动跨境电商、直播带货等消费新业态，建立线上线下联动专业消费市场。推动化妆品同数字经济、信息技术产业深度融合，打造化妆品产品研发、零售新业态。（市市场监管局、卫生健康委、医疗保障局、罗湖区政府、坪山区政府、发展改革委、科技创新委、工业和信息化局按职能分工负责）

五、空间布局

大健康产业集群布局在前海、罗湖、盐田、大鹏、坪山 5 个区域。前海定位为大健康核心研发区，依托其优秀的创新资源为大健康产业创新研发提供引领和支撑。罗湖区定位为大健康综合发展生态带，打造以医疗美容、智慧健康服务、精准医疗、化妆品等为主的高质高端大健康产业集聚区。盐田区定位为精准体系发展先导区，依托研究机构推动产学研深度融合，加快突破重大疾病防控和精准诊断技术，打造生命健康创新技术服务中心，建设深圳国际健康谷。大鹏新区定位为旅游康养、现代农产品示范区、食品科技创新及成果转化中心，加快引进国际和国内高品质的康复、护理等医疗机构，依托科研院所开展生物育种、智慧农业等工作，建设深圳国际生物谷（食品谷）。坪山区定位为美丽康复产业引领区，建设深圳美丽谷，加强化妆品原料研发、工艺提升、品牌打造以及智能康复辅具设计研发，打造高端化妆品产业集聚区以及康复辅助器具产业园区。

六、保障措施

（一）加强组织领导

加强顶层设计，统筹产业发展，建立大健康产业联席会议工作制度，研讨产业发展规划事项，协调产业发展瓶颈问题，建立专家咨询和定期交流机制，集合政产学研用融等要素资源，构建产业生态圈。制定大健康产业专项扶持政策，加大对大健康产业的资金支持力度，鼓励社会资本投向大健康产业。（市发展改革委、科技创新委、工业和信息化局、卫生健康委、市场监管局、市财政局、地方金融监管局按职能分工负责）

（二）推动产品应用示范

支持大健康创新产品在医疗机构开展应用示范，对可靠性、有效性等进行临床验证考核，形成“应用示范—反馈改进—水平提升—辐射推广”的良性循环，建立由政府部门主导的产品应用推介机制，促进创新产品推广应用。（市市场监管局、卫生健康委按职能分工负责）

（三）强化人才保障

积极引进国内外人才团队和高端项目，完善人才培养、评价、激励机制，按有关规定给予人才落户、资金奖励等政策支持。加强高校大健康学科建设和专业配置，鼓励企业与高校和科研院所建立大健康人才联合培养机制，打通大健康人才流通渠道。（市人力资源保障局、教育局、发展改革委、科技创新委、卫生健康委、工业和信息化局按职能分工负责）

（四）健全监督管理体系

加大知识产权保护力度，支持企业建立完善的质量管理体系。鼓励行业协会积极主导或参与国家标准、行业标准、地方标准及团体标准的制定，推进大健康产业标准化建设。提升产品备案、生产许可等技术审评水平，提高审批质量，简化审评流程，加快产品上市推广速度。（市市场监管局、卫生健康委、医疗保障局、发展改革委、科技创新委按职能分工负责）

附录二 《健康产业统计分类（2019）》

健康产业统计分类表

代码			名称	说明	国民经济行业分类代码及名称（2017）
大类	中类	小类			
01			医疗卫生服务		
	011	0110	治疗服务	指以减轻疾病或损伤的症状和严重程度，阻止威胁生命或正常功能为首要目标的门诊、住院等治疗服务	8411 综合医院 8412 中医医院 8413 中西医结合医院 8414 民族医院 8415 * 专科医院 8421 * 社区卫生服务中心（站） 8422 * 街道卫生院 8423 * 乡镇卫生院 8424 * 村卫生室 8425 门诊部（所） 8432 * 专科疾病防治院（所、站） 8433 * 妇幼保健院（所、站）
	012	0120	康复、护理服务	指为伤残人士或可能伤残人士提供的以达到、恢复或维持最佳的身体、感官、智力、心理和社会功能水平的康复服务，以及为需长期照护患者提供的以减轻疼痛、减少健康状况恶化的专业化护理服务	8415 * 专科医院 8416 疗养院 8512 护理机构服务 8513 精神康复服务 8515 临终关怀服务 8522 康复辅具适配服务
	013	0130	独立医疗辅助性服务	指由独立设置机构提供的检测和诊断相关的服务，包括独立的医学实验室、病理诊断中心、医学影像诊断中心、血液透析中心及安宁疗护中心提供的服务，以及患者转运服务等	8434 急救中心（站）服务 8492 临床检验服务 8499 * 其他未列明卫生服务

注：在国民经济行业分类中仅部分活动属于健康产业的，行业分类代码用 * 标记。

续表

代码			名称	说明	国民经济行业分类代码及名称（2017）
大类	中类	小类			
	014	0140	公共卫生服务	指以防止和减少损伤、疾病及其后遗症和并发症的数量或严重程度，提高人们健康水平为目的的预防保健、健康咨询和家庭医生等服务以及重大传染病防控、出入境健康体检和预防接种服务、国际旅行健康咨询服务、卫生处理服务	7244 健康咨询 7451 * 检验检疫服务 8421 * 社区卫生服务中心（站） 8422 * 街道卫生院 8423 * 乡镇卫生院 8424 * 村卫生室 8431 疾病预防控制中心 8432 * 专科疾病防治院（所、站） 8433 * 妇幼保健院（所、站） 8435 采供血机构服务 8436 计划生育技术服务活动 8491 健康体检服务 8499 * 其他未列明卫生服务
02			健康事务、健康环境管理与科研技术服务		
	021		政府、社会组织和园区健康事务管理服务		
		0211	政府健康事务管理服务	指各级卫生、食品药品监督管理、中医药、医保、体育等社会事务健康事务管理活动，不包括竞技体育管理活动和与环境保护有关的检查、监督、稽查、查处活动	9224 * 社会事务管理机构 9226 * 行政监督检查机构
		0212	社会组织健康服务	指医学研究、医疗卫生、健康、保健、医药、医疗交流、急救培训等专业性卫生团体、基金会、红十字会服务，以及体育团体和非竞技体育运动项目的体育协会服务	8529 * 其他不提供住宿社会工作 9521 * 专业性团体 9530 * 基金会
		0213	健康产业园区管理服务	指涵盖医疗服务、疗养保健及培训、文化、体育、健康事务管理等各类健康产业类型形成的健康园区或产业园区的管理活动	7221 * 园区管理服务
	022		健康环境管理服务		

续表

代码			名称	说明	国民经济行业分类代码及名称（2017）
大类	中类	小类			
		0221	健康环境保护与污染治理活动	指对动物圈舍清理、畜禽粪污处理整治活动；对水环境污染、大气环境污染、土壤环境污染、噪声与振动、光污染和海洋污染的治理活动，包括江河、湖泊、运河、渠道、水库等地表水体、地下水体的污染防治活动，燃煤、工业、机动车船、扬尘、农业等大气污染的防治活动，固体废物、危险废物、放射性废物等的治理活动，生态环境修复相关活动以及噪声与振动、光污染等的治理活动，不包括对污水污泥的再利用活动	0532＊畜禽粪污处理活动 4620＊污水处理及其再生利用 7432＊海洋环境服务 772 环境治理业
		0222	健康环境监测评估和检查	指对环境各要素，以及对生产与生活等各类污染源排放的液体、气体、固体、辐射等污染物或污染因子指标进行的测试和监测活动，包括水环境和水污染监测、大气环境和空气污染监测、土壤环境和固体废物监测、声环境监测、放射性污染监测、光污染监测、海洋环境监测等	7432＊海洋环境服务 7461 环境保护监测 9226＊行政监督检查机构
		0223	健康环境公共设施管理	指城乡生活垃圾综合处理，城乡环境卫生设施管理等	7810＊市政设施管理 7820 环境卫生管理
	023		健康科学研究和技术服务		
		0231	医学研发服务	指基础医学研究、临床医学研究、口腔医学研究、公共卫生与预防医学研究、中医学研究、中西医结合研究、药学研究、中药学研究、特种医学研究、医学技术研究、护理学研究、生物医学工程研究以及其他医学研究与试验发展服务	7340 医学研究和试验发展

续表

代码			名称	说明	国民经济行业分类代码及名称（2017）
大类	中类	小类			
		0232	科技推广和应用服务	指将健康新技术、新产品、新工艺直接推向市场而进行的相关技术活动，技术推广和转让活动，知识产权服务，科技中介活动，创业服务平台，以及其他科技推广活动	7512＊生物技术推广服务 7520＊知识产权服务 7530＊科技中介服务 7540＊创业空间服务 7590＊其他科技推广服务业
		0233	健康产品质检技术服务	指食品、药品、医疗用品及器材等健康相关产品的质量检测、检验和出入境检验检疫、测试、鉴定等活动，还包括健康相关产品标准化、计量、认证认可等活动	745＊质检技术服务
03			健康人才教育与健康知识普及		
	031		健康人才教育培训		
		0311	医学教育	指中等职业教育、普通高等教育、成人高等教育中医疗教育、临床护理教育等与健康相关的职业教育和高等教育	8336＊中等职业学校教育 8341＊普通高等教育 8342＊成人高等教育
		0312	健康职业技能培训	指由教育部门、劳动部门或其他政府部门批准举办，或由社会机构举办的与健康相关的职业技能培训活动，如养老护理员、母婴护理员、康复治疗师、心理咨询师、营养师、健身教练、按摩师培训等	8391＊职业技能培训 8392＊体校及体育培训
	032		健康知识普及		
		0321	新闻广播电视健康知识普及	指与健康相关的新闻采访、编辑和发布服务，数字广播、电视开设的健康科普节目等有关倡导健康生活方式的视听节目等服务	8610＊新闻业 8710＊广播 8720＊电视 8740＊广播电视集成播控
		0322	互联网健康知识普及	指除基础电信运营商外，通过互联网、手机 APP 等移动客户端提供的有关健康知识的在线信息、数据检索以及健康科普等信息服务	6410＊互联网接入及相关服务 642＊互联网信息服务

续表

代码			名称	说明	国民经济行业分类代码及名称（2017）
大类	中类	小类			
		0323	出版物健康知识普及	指医药、预防、治疗、康复、保健、体育健身等健康类图书、报纸、期刊、音像制品、电子出版物、数字出版物等出版服务	8621＊图书出版 8622＊报纸出版 8623＊期刊出版 8624＊音像制品出版 8625＊电子出版物出版 8626＊数字出版
		0324	会展健康知识普及	指健康用品、健康旅游、健康文化等各类健康博览、展览或展会等服务	7284＊文化会展服务 7289＊其他会议、展览及相关服务
		0325	学校健康知识普及	指在学前教育、初等教育、中等教育（不包括中等职业学校教育）、为残疾儿童提供的特殊教育及其他未列明教育中，有关健康生活行为方式、疾病预防、心理健康、生长发育与青春期保健、安全应急与避险等健康基本知识和技能的教育	8310＊学前教育 832＊初等教育 8331＊普通初中教育 8332＊职业初中教育 8333＊成人初中教育 8334＊普通高中教育 8335＊成人高中教育 8350＊特殊教育
		0326	健康内容制作服务	指制作健康题材的影视、动漫、游戏数字等作品，以及与健康题材有关的专业设计服务、文艺创作与表演	6572＊动漫、游戏数字内容服务 7492＊专业设计服务 8730＊影视节目制作 8810＊文艺创作与表演
		0327	其他健康知识普及	指举办有关健康生活行为方式、疾病预防、心理健康、生长发育与青春期保健、安全应急与避险等健康基本知识和技能教育的社会培训机构提供的服务	8399＊其他未列明教育
04	041		健康促进服务 体育运动服务		
		0411	体育服务	指为健身休闲运动服务提供支持的体育组织、体育场馆及其他体育服务，不包括竞技体育部分	8912＊体育保障组织 8921＊体育场馆管理 8929＊其他体育场地设施管理

续表

代码			名称	说明	国民经济行业分类代码及名称（2017）
大类	中类	小类			
		0412	群众体育活动	指由各级各类群众体育组织（其中包括各级体育总会、基层体育俱乐部等）、体育类社会服务和文体活动机构、全民健身活动站点等提供的服务和公益性群众体育活动，包括区域特色、民族民间体育以及体育非物质文化遗产的保护等活动	8840＊文物及非物质文化遗产保护 8870＊群众文体活动 8919 其他体育组织
		0413	其他体育健身休闲活动	指主要面向社会开放的休闲健身场所和其他体育娱乐场所的管理活动、体育娱乐电子游艺厅服务，网络体育游艺、电子竞技体育娱乐活动，游乐场体育休闲活动等	5623 体育航空运动服务 6422＊互联网游戏服务 8930 健身休闲活动 9012＊电子游艺厅娱乐活动 9013＊网吧活动 9020＊游乐园
		0414	体育健康服务	指国民体质监测与康体服务，以及科学健身调理、社会体育指导员、运动康复按摩、体育健康指导等服务，不包括由各类医院、中医院、疗养院等提供的运动创伤治疗、康复、保健等服务	8992 体育健康服务
		0415	体育运动培训	指各类体育运动培训活动，具体包括各种运动辅导、各类群众性体育培训、辅导服务及各类健身培训班等，不包括啦啦队指导、业余体校服务、职业运动员的训练辅导和室内健身运动	8392＊体校及体育培训
	042	0420	健康旅游服务	指依托旅游资源、休闲疗养机构等，面向游客开展的健康和旅游融合服务，包括以体育运动为目的的旅游景区服务以及露营地等管理服务，为社会各界提供健康疗养或医疗旅游的旅行社及相关服务，如向顾客提供咨询、旅游计划和建议、日程安排等服务，不包括以医疗机构、康复护理机构、疗养院为主要载体开展的医疗康复服务部分	6140 露营地服务 7291＊旅行社及相关服务 7869＊其他游览景区管理

续表

代码			名称	说明	国民经济行业分类代码及名称（2017）
大类	中类	小类			
	043	0430	养生保健服务	指以保养、调养、颐养生命为目的的保健服务和休闲养生活动，包括保健减肥服务、保健按摩服务、足疗服务、汗蒸服务、其他健康保健服务	8051＊洗浴服务 8052 足浴服务 8053 养生保健服务
	044	0440	母婴健康照料服务	指主要面向孕产妇、新生儿等的相关健康照料服务，包括月子服务中心等	8010＊家庭服务 8090＊其他居民服务业
	045	0450	健康养老与长期养护服务	指各级政府、企业和社会力量兴办的主要面向老年人、残疾人及疾病终末期患者提供的以健康为目的的长期照料、养护、关爱等服务	8010＊家庭服务 8090＊其他居民服务业 8514 老年人、残疾人养护服务 8521＊社会看护与帮助服务
05			健康保障与金融服务		
	051		健康保险服务		
		0511	商业健康保险服务	指以健康原因导致损失为给付保险金条件的人身保险，包括疾病保险、医疗保险、失能收入损失保险和护理保险，以及具有医疗费用补偿责任的意外伤害保险	6813 健康保险 6814＊意外伤害保险
		0512	其他健康保险服务	指健康保险中介服务、健康保险监管服务及健康保障委托管理服务等与健康相关或密切相关的保险活动	685＊保险中介服务 6870＊保险监管服务 6890＊其他保险活动
	052	0520	健康保障服务	指基本医疗保障服务、城乡居民大病保险服务、补充医疗保障服务、工伤和生育保险服务等，不包括法治保障服务	9412 基本医疗保险 9414 工伤保险 9415 生育保险 9419＊其他基本保险 9420＊补充保险
	053	0530	健康基金和投资管理服务	指为各健康活动提供支持的健康基金（含健康产业投资基金）管理服务、健康投资与资产管理、产权交易服务	6720＊公开募集证券投资基金 6731＊创业投资基金 6732＊天使投资 6760＊资本投资服务 7213＊资源与产权交易服务

续表

代码			名称	说明	国民经济行业分类代码及名称（2017）
大类	中类	小类			
06			智慧健康技术服务		
	061	0610	互联网+健康服务平台	指专门为居民健康生活服务提供第三方服务平台的互联网活动，包括互联网健康服务和产品销售平台、互联网健康旅游出行服务平台等；不包括互联网法律咨询平台服务	6432＊互联网生活服务平台 6434＊互联网公共服务平台
	062	0620	健康大数据与云计算服务	指健康数据处理与存储、大数据处理、云存储、云计算、云加工等服务	6450＊互联网数据服务 6550＊信息处理和存储支持服务
	063	0630	物联网健康技术服务	指面向健康行业所开展的物联网咨询、设计、建设、维护、管理等服务	6532＊物联网技术服务
	064	0640	其他智慧健康技术服务	指其他与健康相关的应用软件开发与经营，基础环境、网络、软硬件等运行维护，健康信息技术咨询等服务	651＊软件开发 6520＊集成电路设计 6531＊信息系统集成服务 6540＊运行维护服务 6560＊信息技术咨询服务 6579＊其他数字内容服务 6591＊呼叫中心 6599＊其他未列明信息技术服务业
07			药品及其他健康产品流通服务		
	071		药品及其他健康产品批发		
		0711	西药批发	指内服药品、注射药品、外用药、生物药品和其他西药批发和进出口活动，不包括通过互联网电子商务平台开展的西药批发活动	5151 西药批发
		0712	中药批发	指人用中成药、中药饮片（含中药配方颗粒）和中药材的批发和进出口活动，不包括通过互联网电子商务平台开展的中药批发活动	5152 中药批发

续表

代码			名称	说明	国民经济行业分类代码及名称（2017）
大类	中类	小类			
		0713	医疗用品及器材批发	指医疗诊断、监护及治疗设备、口腔科用设备及器具、医用消毒、灭菌设备和器具、医疗、外科器械、康复治疗及病房护理设备、医疗卫生材料及用品、康复辅助器械、其他医疗用品及器材批发和进出口活动，不包括兽用医疗用品及器材和通过互联网电子商务平台开展的医用药品及器材的批发和进出口活动	5154 * 医疗用品及器材批发
		0714	营养和保健品批发	指营养品、保健品批发和进出口活动，不包括通过互联网电子商务平台开展的营养和保健品的批发活动	5126 营养和保健品批发
		0715	医学护肤品批发	指医学护肤品的批发和进出口活动，不包括通过互联网电子商务平台开展的医学护肤品批发活动	5134 * 化妆品及卫生用品批发
		0716	健康出版物批发	指健康类图书、报刊、音像制品、电子和数字出版物的批发活动，不包括通过互联网电子商务平台开展的健康类出版物批发活动	5143 * 图书批发 5144 * 报刊批发 5145 * 音像制品、电子和数字出版物批发
		0717	其他健康产品批发	指以休闲健身为目的的体育用品和器材（不包括竞技体育部分）、矫正视力用眼镜、护目眼镜和角膜接触镜（隐形眼镜）等各类眼镜、净水器和空气净化器、家用美容、保健护理电器具、口腔清洁用品的批发和进出口活动，不包括通过互联网电子商务平台开展的其他健康产品批发活动	5138 * 日用家电批发 5139 * 其他家庭用品批发 5142 体育用品及器材批发
		0718	药品及其他健康产品互联网批发	指通过互联网电子商务平台开展的药品、医疗用品及其他健康相关产品批发活动	5193 * 互联网批发
	072		药品及其他健康产品零售		

续表

代码			名称	说明	国民经济行业分类代码及名称（2017）
大类	中类	小类			
		0721	西药零售	指西药、医药及医疗器材一体的专门零售，以及计划生育和性保健用品零售活动，不包括通过互联网电子商务平台开展的西药零售活动	5251 西药零售
		0722	中药零售	指人用中成药、中药材、中药饮片及中西药结合的专门零售活动，不包括通过互联网电子商务平台开展的中药零售活动	5252 中药零售
		0723	医疗用品及器材零售	指医疗诊断、监护及治疗设备，口腔科用设备及器具，医用消毒、灭菌设备和器具，医疗、外科器械，康复治疗及病房护理设备，医疗卫生材料及用品，康复辅助器械、保健辅助治疗器材及其他医疗器材及用品的专门零售活动，不包括兽用和通过互联网电子商务平台开展的医疗用品及器材零售活动	5254 医疗用品及器材零售 5255 保健辅助治疗器材零售
		0724	营养和保健品零售	指营养品、保健品专门零售活动，不包括通过互联网电子商务平台开展的营养和保健品零售活动	5225 营养和保健品零售
		0725	医学护肤品零售	指医学护肤品专门零售活动，不包括通过互联网电子商务平台开展的医学护肤品零售活动	5234 * 化妆品及卫生用品零售
		0726	健康出版物零售	指健康类图书、报刊、音像制品、电子和数字出版物的零售活动，不包括通过互联网电子商务平台开展的健康类出版物零售活动	5243 * 图书、报刊零售 5244 * 音像制品、电子和数字出版物零售
		0727	其他健康产品零售	指以休闲健身为目的的体育用品和器材（不包括竞技体育部分）、矫正视力用眼镜、护目眼镜和角膜接触镜（隐形眼镜）等各类眼镜、净水器和空气净化器、家用美容、保健护理电器具、口腔清洁用品的零售活动，不包括通过互联网电子商务平台开展的其他健康产品零售活动	5236 * 钟表、眼镜零售 5242 * 体育用品及器材零售 5272 * 日用家电零售

续表

代码			名称	说明	国民经济行业分类代码及名称（2017）
大类	中类	小类			
		0728	药品及其他健康产品综合零售	指百货、超市销售的药品、医疗用品及其他健康相关产品零售活动	5211 * 百货零售 5212 * 超级市场零售 5219 * 其他综合零售
		0729	药品及其他健康产品互联网零售	指通过互联网电子商务平台开展的药品、医疗用品及其他健康相关产品销售活动	5292 * 互联网零售
	073	0730	健康设备和用品租赁服务	指医疗设备、休闲娱乐用品设备、体育健身设备及器材（不包括竞技体育部分）租赁和出租服务活动	7115 医疗设备经营租赁 7121 休闲娱乐用品设备出租 7122 * 体育用品设备出租
	074	0740	药品及其他健康产品仓储、配送	指药品、医疗用品及器材、营养和保健品、医学护肤品、健身产品（不包括竞技体育部分）等健康相关产品的仓储和配送服务活动	5960 中药材仓储 5990 * 其他仓储业 6010 * 邮政基本服务 6020 * 快递服务 6090 * 其他寄递服务
08			其他与健康相关服务		
	081	0810	健康法律服务	指在医疗卫生、食品、药品、环境、体育等健康领域的法律服务，包括律师及相关法律服务、互联网法律咨询平台服务等	6432 * 互联网生活服务平台 7231 * 律师及相关法律服务
	082	0820	医疗仪器设备及器械专业修理服务	指对医疗仪器设备及器械的专业修理服务	4330 * 专用设备修理
	083	0830	其他未列明与健康相关服务	指为各健康活动提供支持的市场调查、健康产品和服务策划、制作的有偿宣传活动，健康工程管理与勘察设计服务，医疗卫生机构等健康场所、用品、器具及设备的清洁服务，健康投资咨询服务	7242 * 市场调查 7249 * 其他专业咨询与调查 725 * 广告业 748 * 工程技术与设计服务 821 * 清洁服务
09			医药制造		
	091	0910	化学药品原料药制造	指供进一步加工化学药品制剂所需的原料药生产活动	2710 化学药品原料药制造
	092	0920	化学药品制剂制造	指直接用于人体疾病防治、诊断的化学药品制剂的制造	2720 化学药品制剂制造

续表

代码			名称	说明	国民经济行业分类代码及名称（2017）
大类	中类	小类			
	093	0930	中药饮片加工	指对采集的天然或人工种植、养殖的动物、植物和矿物的药材部位进行加工、炮制，使其符合中药处方调剂或中成药生产使用的活动	2730 中药饮片加工
	094	0940	中成药生产	指以中药材为原料，在中医药理论指导下，为了预防及治疗疾病，按规定的处方和制剂工艺将其加工制成一定剂型的中药制品的生产活动	2740 中成药生产
	095	0950	生物药品制品制造	指利用生物技术生产生物化学药品、基因工程药物和疫苗制剂的生产活动	276 生物药品制品制造
	096	0960	卫生材料及医药用品制造	指卫生材料、外科敷料以及其他内、外科用医药制品的制造	2770 卫生材料及医药用品制造
	097	0970	药用辅料及包装材料制造	指药品用辅料和包装材料等制造	2780 药用辅料及包装材料制造
	098	0980	制药设备制造	指口腔清洁用品、化学原料和药剂、中药饮片及中成药专用生产设备制造	3543＊日用化工专用设备制造 3544 制药专用设备制造
10			医疗仪器设备及器械制造		
	101	1010	医疗诊断、监护及治疗设备制造	指用于内科、外科、眼科、妇产科、中医等医疗专用诊断、监护、治疗等方面的设备制造	3581 医疗诊断、监护及治疗设备制造
	102	1020	口腔科用设备及器具制造	指用于口腔治疗、修补设备及器械的制造	3582 口腔科用设备及器具制造
	103	1030	医疗实验室及医用消毒设备和器具制造	指医疗实验室或医疗用消毒、灭菌设备及器具的制造	3583 医疗实验室及医用消毒设备和器具制造
	104	1040	医疗、外科用器械制造	指各种手术室、急救室、诊疗室等医疗专用手术器械、医疗诊断用品和医疗用具的制造，不包括兽医用手术器材、医疗诊断用品和医疗用具的制造	3584＊医疗、外科及兽医用器械制造

续表

代码			名称	说明	国民经济行业分类代码及名称（2017）
大类	中类	小类			
	105	1050	机械治疗及病房护理设备制造	指各种治疗设备、病房护理及康复专用设备的制造	3585 机械治疗及病房护理设备制造
	106	1060	康复辅具制造	指假肢、矫形器、轮椅和助行器、助听器和人工耳蜗等产品和零部件的制造，以及智能仿生假肢、远程康复系统、虚拟现实康复训练设备等其他康复类产品的制造	3586 康复辅具制造
	107	1070	眼镜制造	指以促进健康为目的的眼镜成镜、眼镜框架和零配件、眼镜镜片、角膜接触镜（隐形眼镜）及护理产品的制造	3587 * 眼镜制造
	108	1080	其他医疗设备及器械制造	指外科、牙科等医疗专用家具器械的制造，以及其他未列明的医疗设备及器械的制造，不包括兽医用家具器械的制造	3589 * 其他医疗设备及器械制造
11			健康用品、器材与智能设备制造		
	111		营养、保健品和医学护肤品制造		
		1111	营养和保健品制造	指营养品、保健品的制造	1491 营养食品制造 1492 保健食品制造
		1112	医学护肤品制造	指医学护肤品的制造	2682 * 化妆品制造
	112	1120	健身用品与器材制造	指包括以健身为目的的球类、专项运动器材及配件、健身器材、运动防护用具及其他体育用品制造，武术、散打器械和用品制造，运动枪械及其用弹制造，不包括竞技体育部分	2441 * 球类制造 2442 * 专项运动器材及配件制造 2443 健身器材制造 2444 * 运动防护用具制造 2449 * 其他体育用品制造 3329 * 其他金属工具制造 3399 * 其他未列明金属制品制造
	113	1130	家用美容、保健护理电器具制造	指养生桑拿蒸汽机、养生美体美容仪、养生理疗枕、养生塑身机、养生制氧机、运动恢复用电动按摩器等家用美容、保健护理电器具的制造	3856 * 家用美容、保健护理电器具制造

续表

代码			名称	说明	国民经济行业分类代码及名称（2017）
大类	中类	小类			
	114	1140	医用橡胶制品制造	指医用橡胶制品的制造活动，包括医用橡胶手套、医疗用橡胶制衣用品、输血胶管、插管及类似医疗用胶管、洗肠用灌肠器及胶球、冰袋、氧气袋及类似医疗用袋等的制造	2915＊日用及医用橡胶制品制造
	115	1150	医疗卫生用玻璃仪器制造	指医疗卫生用各种玻璃仪器和玻璃器皿以及玻璃管的制造	3053＊玻璃仪器制造
	116	1160	口腔清洁用品制造	指用于口腔或牙齿清洁卫生制品的生产活动	2683 口腔清洁用品制造
	117	1170	医学生产用信息化学品制造	指医学和其他生产用感光材料、冲洗套药等化学制剂制造	2665 医学生产用信息化学品制造
	118	1180	环境处理专用药剂材料和设备制造	指对水污染、空气污染、固体废物、土壤污染等污染物处理所专用的化学药剂及材料的制造，净水设备系统和空气净化器制造	2666 环境污染处理专用药剂材料制造 3463＊气体、液体分离及纯净设备制造 3591＊环境保护专用设备制造 3852＊家用空气调节器制造
	119	1190	健康智能设备制造	指由用户穿戴和控制，并且自然、持续地运行和交互的具有健康监测、评估等健康功能和目的的个人移动计算设备产品，和从事医疗或辅助医疗工作的医疗机器人或其他智能养生医疗设备的制造	3961＊可穿戴智能设备制造 3964＊服务消费机器人制造
12			医疗卫生机构设施建设		
	121	1210	医疗卫生机构房屋建设	指医院、基层医疗卫生机构、公共卫生机构及其他卫生机构的房屋建设	4790＊其他房屋建筑业
	122	1220	医疗卫生机构建筑安装	指医院、基层医疗卫生机构、公共卫生机构及其他卫生机构建筑物内各种设备的安装活动，以及施工中的线路敷设和管道安装活动，不包括工程收尾的装饰，如对墙面、地板、天花板、门窗等处理活动	4910＊电气安装 4920＊管道和设备安装 4999＊其他建筑安装

续表

代码			名称	说明	国民经济行业分类代码及名称（2017）
大类	中类	小类			
	123	1230	医疗卫生设施建筑装饰装修	指对医院、基层医疗卫生机构、公共卫生机构及其他卫生机构等设施建筑装饰和装修活动	5011＊公共建筑装饰和装修
13			中药材种植、养殖和采集		
	131	1310	动植物中药材种植、养殖和采集	指主要用于中药配制以及中成药加工的动植物药材原料的种植、养殖和采集	017 中药材种植 025＊林产品采集 0392＊蜜蜂饲养 0399＊其他未列明畜牧业 041＊水产养殖 042＊水产捕捞
	132	1320	非动植物中药材采选	指主要用于中药配制以及中成药加工的非动植物药材的采选	0919＊其他常用有色金属矿采选 1099＊其他未列明非金属矿采选

报告说明

一、面向对象

在生物医药、保健食品、医疗器械、辅助器具、基因治疗、休闲健身、健康管理等多个与人类健康紧密相关的生产和服务领域有一定背景知识基础的政策制定者、临床医护工作者、创业者、投资者、科研教育工作者、行业从业者以及其他相关专业但对健康产业有浓厚兴趣的人士。

二、内容范围

围绕全球、中国以及深圳健康产业发展及其新领域、新技术及相关应用，以及产业链、创新链、行业优秀企业等进行分析。本报告在时间维度上基于近年的信息梳理和归纳，立足于2022年，并展望未来；地理范围以中国大陆地区的行业分析为主，覆盖全球健康产业的前沿技术应用和产业格局。

由于行业特殊性和信息披露的时效性等因素，本报告内容难免存在不足，信息颗粒度可能无法满足所有场景，如有错漏，欢迎反馈指正；如需更大范围、更细颗粒度的信息需求或对内容有相关建议及合作意向，欢迎联系我们定制行研报告。

三、版权及免责声明

术研究和传播引用时请注明来自深圳市健康产业发展促进会；侵权必究。

深圳市健康产业发展促进会未受聘于任何单位从事此报告研究。本报告不得解释为深圳市健康产业发展促进会对行业发展的专业指导性意见，亦不得解释为对企业、产品前景的观点。读者接受本报告即视为同意以下声明：任何机构或个人在引用本报告信息时，须对本报告的数据和结果进行独立调查和判断；由于信息时效性，深圳市健康产业发展促进会对本报告所含信息的准确性或完整性不做任何保证，且明确声明对任何机构和个人不承担基于本报告决策而产生的任何责任。